笠原十九司・吉田 裕 編

現代歴史学と南京事件

柏書房

現代歴史学と南京事件　目次

現代歴史学と南京事件

総論　現代歴史学と南京事件

笠原　十九司
吉田　裕

南京大虐殺事件（南京事件と略称する）が歴史事実であることは、日本の歴史学界においては定説となっている。その証拠に、まともな歴史辞典であれば、南京大虐殺についての項目と記述がある。たとえば、高校生にも広く使われている山川出版社の『世界史小辞典〈改訂新版〉』（二〇〇四年）には、「南京事件」の項目で次のように記述されている。

南京大虐殺ともいう。日中戦争初期に、中国国民政府の首都南京を攻略した日本軍が、中国軍民に対して大規模な残虐行為を行った事件。一九三七年一二月一三日に南京を占領した日本軍は、住民を巻き込んだ包囲殲滅戦、残敵掃討戦を展開した。この時、すでに戦闘部隊の体をなさず、戦意を喪失した膨大な数の投降兵、敗残兵、捕虜、負傷兵を、戦時国際法に違反して処刑、殺害した。日本軍の軍事占領は翌年三月まで続き、この間に敗残兵狩り、便衣兵（私服になった兵士）狩りを行い、兵士の嫌疑をかけた成年男子市民も殺害した。中国女性の強姦、食糧や物資の略奪、人家の放火・破壊など軍紀の乱れによる不法行為も多発した。南京城内とその周辺さらに付近の農村も含めて一〇数万の中国軍民が犠牲になったと推測されている。

現在日本の中学校で使用されている歴史教科書のすべて、高等学校で使用されている日本史教科書のすべて、同じく高等学校の世界史教科書のほとんどに、記述の多寡はあるが、南京大虐殺（南京事件）は記述されている。

当然のことながら、全て文部科学省による検定を通過した教科書である。

たとえば、大口勇次郎・西脇保幸・中村研一らが執筆している『新中学校歴史』（清水書院、二〇〇二年度版。二〇〇六年度版の記述はこれよりやや後退している）では、次のように記述している。

日本軍の物資の補給体制はきわめて不十分だった。日本軍は、占領した地域で物資や労働力を徴発し、食料などもその地で確保した。このため物資の略奪・放火・虐殺などの行為もしばしば発生した。とくに南京占領にさいしては、捕虜・武器を捨てた兵士、老人・女性・子どもまでふくめた民衆を無差別に殺害した。戦死した兵士もあわせたこのときの死者の数は、多数にのぼると推定されている。諸外国は、この南京大虐殺事件を強く非難したが、当時の日本人のほとんどはこの事実さえ知らなかった。こうした日本軍の行為は、中国民衆の日本への抵抗や憎悪をいっそう強めることとなった。

〔註〕このときの死者の数については、数万人、十数万人、三〇万人以上などと推定されている。

次に高校の日本史教科書で、たとえば峰岸純夫・大日方純夫・君島和彦らが執筆している『高校日本史Ａ』（実教出版、二〇〇四年度版）は次のように記述している。

【歴史のまど】南京大虐殺

一九三七年一二月、日本軍は国民政府の首都南京を占領した。その前後数週間のあいだに、日本軍は、南京市内外で捕虜・投降兵をはじめ婦女子を含む中国人推計二〇万人を殺害し、略奪・放火や婦女子への暴行をおこなった。当時の中島師団長は、一二月一三日の日記に、捕虜はしない方針であり、佐々木部隊だけで約一万五〇〇〇人を「処理」したと記している。

南京での虐殺事件は、日本国内には知らされず、東京・名古屋・大阪などでは「南京陥落」を祝って提灯行列がおこなわれていたが、欧米では「ニューヨーク－タイムズ」などによって「捕虜全員殺される」と報道され、国際的な非難が沸き上がった（南京大虐殺）。

〔註〕現在、中国の南京市郊外の虐殺現場には侵華日軍南京大屠殺遇難同胞紀念館（一九八五年八月一五日開館）がある。中国側は、市民や武器を捨てた兵士など三〇万人以上の人々が日本軍によって虐殺されたと発表している。

さらに高校の世界史教科書、たとえば二谷貞夫・笠原十九司・油井大三郎らが執筆している『世界史A』（一橋出版、二〇〇四年度版）は次のように記述している。

中国軍が総退却をはじめると、首都をおとせば中国は屈服するだろうと考えた松井石根を司令官とする現地日本軍は、当初の計画を変更して、南京へ進撃した。上海から南京までの約三〇〇㎞の道のりを、後方補給をまったく無視して急進する日本軍は、そのあいだの食料のほとんどを現地での徴発でまかなった。南京を完全に包囲して中国軍を殲滅（皆殺し）する作戦をとった日本軍は、一二月一三日に南京を占領し、ひきつづいて市内の掃討戦（残留する敵軍をすっかり撃ちはらう作戦）をおこなった。このあいだに日本軍は大量の市民を虐殺したのをはじめ、女性への暴行、放火、略奪などの残虐行為をくりかえした（南京大虐殺事件）。

〔註〕この事件は、南京にいた外国人ジャーナリストや外交官をつうじて世界に報道されて、国際的な非難をあびた。日本の政府と軍部の指導者は南京事件の情報をえていたが、一般の日本国民には厳重な言論・報道統制によりその事実を知らさなかった。

右にみた教科書記述は、教科書によってそれなりの特徴があり、これまでの日本の歴史学における南京事件研究の成果がそれぞれに反映しているのがわかる。

日本の一般社会においても、たとえば日本で行われている南京大虐殺被害者の賠償請求裁判のなかで、東京地裁判決、東京高裁判決は、賠償請求は却下したが、南京事件が歴史事実であることは認定している。また南京事件の被害者である李秀英を偽証言者であると記述した著者と出版社を訴えた名誉毀損裁判において、東京地裁と東京高裁は名誉毀損を認める判決を下した。被告側が上告したが最高裁が却下したので李秀英の勝訴が確定した（二〇〇五年一月）。このように日本の司法界においても、南京大虐殺が歴史事実であることは認定されている。

以上のように日本の歴史学界、歴史教育界、司法界において、南京大虐殺が歴史事実であるとの認識が定着したのは、一九七〇年代以降に展開されたいわゆる南京大虐殺論争の結果、一般に〝南京大虐殺派〟と称されている歴史事実派（以下、事実派と称する）が学問的に勝利し、〝南京大虐殺まぼろし派〟〝南京大虐殺虚構派〟と呼ばれる南京大虐殺否定派（以下、否定派と称する）が完全に敗北した結果である。また、最近では日本政府も南京事件の存在を公的に認めていることに注意を促したい。現在、外務省のホームページに掲載されている「歴史問題Q&A」には、「南京大虐殺」がとりあげられているが、そこには、「日本政府としては、日本軍の南京入城（一九三七年）後、多くの非戦闘員の殺害や略奪行為等があったことは否定できないと考えています」と明記されているのである。

同時に、この論争の過程で、事件の実在を裏づける多数の史料や証言が発掘・公表されたことも、事実派の勝利を確かなものとした。これについては、すでに多くの資料集が刊行されているので、ここでは、二、三の新史料を紹介するにとどめたい。

一つは、一九三八年六月に第一一軍司令官として中国戦線に赴いた岡村寧次の記録である。一九五四年六月に厚生省引揚援護局が作成したこの記録、『岡村寧次大将陣中感想録』（靖国偕行文庫所蔵）には、三八年七月一三日のこととして、次のような記述がある。

中支戦場到着後先遣の宮崎参謀、中支派遣軍特務部長原田少将、杭州機関長萩原中佐等より聴取する所に依れは従来派遣軍第一線は給養困難を名として俘虜の多くは之を殺すの悪弊あり、南京攻略時に於て約四、五万に上る大殺戮、市民に対する掠奪、強姦多数ありしことは事実なるか如し。

なお、この記録の表紙には、「一切転載並公表を禁ず」とのただし書きが付されている。

また、最近、防衛研究所戦史部図書館で公開された早尾乕雄陸軍中尉のレポート、「戦場心理ノ研究（総論）」（一九三八年五月）にも、次のような記述がある。早尾は金沢医科大学教授の予備将校で、召集されて上海・南京戦に従軍した。

余ガ南京へ入ッタノハ陥落後一週間デアッタカラ市街ニハ頻々ト放火ガアリ見ル間ニ市内ノ民家ハ日本兵ニヨリ荒サレテ行ッタ。下関ニハ支那兵屍体ガ累々ト重リ是ヲ焼キ棄テルタメニ集メラレタノデアル。目ヲ揚子江岸ニ転ズレバ此処ニ山ナス屍体デアッタ。其ノ中ニ正規兵ノ捕虜ノ処置ガ始マリ海軍側ハ機関銃ヲ以テ陸軍ハ惨殺、銃殺ヲ行ヒ其ノ屍体ヲ揚子江へ投ジタ。死ニ切レナイ者ハ下流ニ泣キ叫ビツ、泳ギユクヲ更ニ射撃スル。是ヲ見テモ遊戯位ニシカ感ジナイ。中ニハ是非ヤラシテクレト首切リ役ヲ希望スル将兵モアル。〔中略〕揚子江ニ沈ンダ正規兵ノ屍体ハ凡二万人位ト言ハレル。

このような軍紀の退廃は、軍中央の知る所でもあった。田中新一陸軍省軍事課長の記録、『支那事変記録　其の四』(防衛研究所戦史部所蔵)によれば、三八年一月一二日の陸軍省局長会報において、中国戦線から帰国した阿南惟幾陸軍省人事局長は、中支那方面軍の軍紀について次のように報告している。

軍紀風紀の現状は皇軍の一大汚点なり。強姦、掠奪たえず、現に厳重に取締りに努力しあるも部下の掌握不十分、未教育補充兵等に問題なおたえず。

田中軍事課長自身も、この軍紀問題について、「陸軍内部における多年の積弊が支那事変を通じて如実に露呈せられたものとみるべく、その百弊醞醸の深刻さには改めて驚かされる次第なり」との「所見」を記している。

以上のように、軍の内部においては、南京事件は、当時から公然の事実だったのである。

右のような状況にもかかわらず、現在日本の書店に並んでいるのは、事実派の本よりも否定派の本が多い。またテレビ番組では否定派の論客の方が大勢出演して否定説を公言しているように、マスメディアにおいては否定説の方が多く流布されている。さらに、インターネット上でも、否定説が事実説をはるかに凌駕して虚偽の情報が飛び交っている。

それだけでなく、日本の学界やマスメディアでは、南京事件の事実を論証、叙述してきた研究者たちに「南京大虐殺派」というレッテルを貼って、「独断的」「政治イデオロギー的」であると一方的にみなし、南京事件論争そのものを「泥仕合」「イデオロギー論争」として嫌悪感、拒否感を示す傾向が強い。

事実、良識派に属する研究者の中にも、いわゆる南京大虐殺論争にたいして傍観の態度をとって発言しない、あるいは南京事件に関する研究成果をきちんと評価しようとせず、また学問的に破綻している否定論の横行を批判することもせずに、黙認、放任している人たちが少なくない。

たとえば、社会心理学者の中山治が書いた『日本人はなぜ多重人格なのか』（洋泉社、一九九九年）には、次のような記述がある（同書、一四二頁）。

今では、日本全体が南京大虐殺や従軍慰安婦問題、歴史教科書問題など日本の近現代史の評価をめぐって真っ二つに割れ、互いに誹謗、中傷、揚げ足取りの入り混じったドロ試合を繰り広げている。事実をしっかり認識するどころの騒ぎではなくなっているのである。こうなったら残念ながら収拾がつかない。お手上げである。

また、国際政治学者の藤原帰一『戦争を記憶する――広島・ホロコースト・現在』（講談社現代新書、二〇〇一年）は、次のように記している（同書、三三頁）。

南京大虐殺をめぐる論争など、記憶の戦いとも呼ぶべき、深刻な論争が相次いで生まれた。この論争が生産的なかたちをとることはあり得なかった。論争当事者が、自分の判断については疑いを持たず、相手の判断を基本的に信用しないため、自分の偏見を棚に上げて相手の偏見を暴露するというかたちでしか、この議論は進みようがなかったからである。異なる記憶の出会いが生み出した記憶の戦い、メモリー・ウォーズは、新たな認識を生むよりは、偏見の補強しか招いていない。

右の藤原氏の南京大虐殺論争の受け止め方は、実相とは異なっているように思えるが、日本の進歩的、良識派といわれる研究者でも、このように通俗的に理解し、否定的に評価し、嫌悪しているという意味では参考になる。

ドイツではナチスのユダヤ人抹殺の歴史と評価をめぐっていわゆる「ドイツ歴史家論争」がおき、ナチスの犯罪と普通の国民の関与をめぐって「ゴールドハーゲン論争」がおこり、アメリカでは広島・長崎へのアメリカの原爆投下をめぐって「エノラ・ゲイ論争」が展開され、多くの歴史家が論争を深化させる方向で論争に参加した。しかし、日本では歴史家の多くが南京事件をめぐる論争を回避しており、とくに専門的にも関係のある中国近現代史研究者の間にその傾向が強い。また、一般に歴史学会の研究大会の報告やシンポジウム、機関誌、学術雑誌などで扱う問題でないとされている。日本では南京事件の事実を前提として歴史家からの建設的な論争がおこらないために、前述したように南京大虐殺論争はイデオロギー的、政治的意図からの「ドロ仕合」であるというイメージを強めることになっているのである。

ところが実際には南京事件については、論文、歴史書、資料集などこれまで多くの歴史学研究の成果があり、歴史学の学問的到達点として、以下のような南京事件像をえがくことができるのである。

(1) 歴史的・社会的・政治的要因

南京事件の背景にあった歴史的・社会的・政治的諸要因としては以下のようなものが存在した。日中戦争そのものが軍の中央ならびに現地軍の拡大派に引きずられて開始されたように、南京事件を引き起こした南京戦も上海派遣軍と第一〇軍の独断専行により、なし崩し的に開始された。軍部の独走に迎合した近衛内閣は、「暴支膺懲」をかかげて国民精神総動員運動を展開し、マスメディアもそれに便乗して好戦意識を煽った。中国の首都南京を占領すれば国民政府は屈服し、日中戦争は勝利するという安易な「中国一撃論」が喧伝されるなかで、準備・装備も不十分な日本軍が当初の作戦計画にもなかった無謀な南京攻略戦を強行したことが南京事件の重要な要因となった。また、日本軍が非戦闘員の殺害や捕虜・投降兵の殺害を禁止した戦時国際法を遵守せず、兵士に教育もしなかった軍隊であったことが、南京事件を引き起こす背景にあった。さらに日本社会の基底にあった中国人蔑視意識や女性差別意識が、日本兵の虐殺行為や性暴力行為の心理的な要因になっていた。

（2）直接的要因

南京事件の直接的要因は南京攻略戦の作戦と指揮、戦闘のありかたの中に存在した。

松井石根中支那方面軍司令官・武藤章同参謀副長らの拡大派は参謀本部の統制に従わずに当初の作戦計画になかった南京攻略戦を開始した。上海から南京へ補給や装備を無視した行軍が強行されたため、部隊は食糧を掠奪で賄い、民家を占領して宿営した。こうした部隊行動が市民への暴力の主因になった。戦時国際法の無視または無知から、非戦闘員への暴力、不法行為が常習化した。参謀本部は不拡大方針をとっていたために、上海戦には軍紀の劣る予備役・後備役の兵士が多く投入され、上海戦からなし崩し的に強行された南京攻略戦に対して送られた補充兵も同様であった。また、不拡大方針をとる参謀本部の向こうを張って南京占領を急いだ中支那方面軍司令部は、麾下の軍隊に先陣争いをさせ、各部隊は強行軍、難行軍の代償として市民への暴力、とりわけ女性への性暴力を黙認、容認した。さらに「中国一撃論」に立った司令部は数十万の市民が残留する南京城内外において包囲殲滅戦、残敵掃討戦を展開した。南京占領後、司令部ならびに各部隊の指揮官たちは占領の報償として兵士の掠奪、強姦などの不法行為を黙認、容認した。近衛内閣は南京を占領しても屈服しなかった国民政府にたいして、「爾後国民政府を対手とせず」の声明を出したまま無策状態となり、軍事占領を続ける日本軍部隊による虐殺・暴行が絶えなかった。

（3）市民が被った暴力の実態

市民の被害の総体を南京郊外の陣地戦・包囲殲滅戦、南京城占領と残敵掃討戦、南京占領後の時期に区分して概観できる。南京事件において日本軍が中国市民におよぼした暴力の実態については、時期区分ならびに南京城内とその周辺、南京周囲の県城、近郊の農村といった地域区分に基づき、さらに虐殺、強姦・輪姦、掠奪、放火、拉致・強制連行など暴力の形態別に整理しながら詳述することができる。

（4）南京事件と現代歴史学

現代歴史学の課題の問題として、東京裁判ならびに南京軍事裁判における南京事件の審理と判決の批判的再検討、家永教科書裁判と南京事件叙述、日本におけるいわゆる南京大虐殺論争の経緯と結果などについて、これまでいくつかの文献で整理され、論じられてきている。また、現在の日本人と中国人の戦争認識、歴史認識の問題をめぐる齟齬と対立の現状とその要因を分析、整理して、南京事件のイメージと認識をめぐる対立と乖離をどのように克服するか、そのためにどのような対話と相互理解が必要であるかという問題についても、まさに現代歴史学の課題として、日本と中国さらにアメリカ、ドイツなど第三国の歴史研究者を含めた国際会議がたびたび開催されてきている。

とりわけ、中国における歴史学的な南京事件研究の進展は著しいものがある。南京大学民国史研究センターと南京師範大学南京大虐殺研究センターが中心になって重点研究として国家基金の援助をうけ、数年間にわたり史料収集と編集・翻訳作業を進めてきた全二八巻におよぶ『南京大屠殺史料集』（江蘇人民出版社、二〇〇五年）が出版され、それに基づいた「南京大虐殺史料国際学術シンポジウム」（二〇〇五年一二月、南京）が開催された。この作業に係わった若手研究者による報告と討論が行われ、成長著しい彼らの間では「三〇万虐殺」を主張する者はほぼ皆無であり、同シンポジウムの議論は、なぜ南京戦において、南京占領下において大虐殺が発生したのか、という問題に集中した。そこでは、日本国内では善人の日本兵がなぜ蛮行におよんだのか、その後の武漢占領、広東占領ではなぜ大虐殺が再発しなかったか等の問題も議論された。中国では実証研究に基づいた歴史学的な議論ができる環境になってきている。

以上のような研究成果が存在するにもかかわらず、日本の歴史学界やアカデミズムの世界において南京事件の問題を論議することへの拒絶反応や嫌悪感は依然として根強い。こうした状況を少しでも改善してゆくためには、さまざまな歴史学会の場や学会誌、研究誌などを通じて、より多くの研究者が南京事件についての論議に参加できるような環境をつくりあげることが重要である。そのためには、南京事件研究自体も研究対象や研究方法を広げ、従来のようないわゆる南京大虐殺論争とは異なる次元での論議を提起していく必要があろう。

本書、『現代歴史学と南京事件』は、以上のような問題意識に基づいて、南京事件研究を現代歴史学の中に新たに位置づけ直すために執筆された論文集である。したがって、事件があったのか、なかったのか、あったとすればその規模はどれだけのものか、といった次元の分析は従来の研究に譲り、新たな複眼的視角から南京事件研究に取り組むことを重視している。

本書でとりあげたのは、主として次の問題である。第一には、国際法の歴史のなかに南京事件を位置づけることである。南京事件の存否や事件の規模についてさまざまな見解が存在する理由の一つは、戦争犯罪の概念そのものに多様な解釈が存在することに求められる。本書では、当時の国際法解釈を重視しつつ、国際法の歴史のなかに南京事件を位置づけることによって、戦争犯罪の概念の歴史的性格を明らかにすることをめざしたい。

第二には、日本軍による性暴力の問題を日本近代史のなかに位置づけ直すことである。南京における大規模な性暴力の問題は当時から国際的にも大きな反響をよんだが、戦後の東京裁判においても、日本軍による性暴力の構造的・組織的性格が充分に解明されたわけではなかった。本書では、この問題に新たな光をあてたい。

第三には、「戦争の記憶」の問題である。南京事件をめぐる日中両国間の激しい応酬は、歴史的事実そのものについての争いであると同時に、二つの国民国家間の「戦争の記憶」をめぐる抗争でもあるという性格が色濃い。本書では、この抗争を相対化させるために、日本人の「戦争の記憶」そのものの歴史的分析に取り組みたい。

【付記】

本書の刊行にあたっては、日中平和友好交流計画歴史研究支援事業より出版助成をいただきました。記して感謝の意を表します。

第一章　南京虐殺の記憶と歴史学
――敗戦直後の日本国民の「忘却」の構図――

笠原十九司

はじめに

国際政治学者の藤原帰一（本章では、煩雑を避けるため敬称は省略）は、「戦争を忘れる日本」として日本国民は「時間が経ってから戦争が忘れられたのではない。見たくないものについては、早い時期から目をつぶってきたのだ」と述べている。(1) 日本国民が「見たくないもの」の一つが南京虐殺の事実であり、語りたくなかったのが南京虐殺の記憶であった。

「国民とはイメージとして心に描かれた想像の政治共同体である」と規定するアメリカの政治学者ベネディクト・アンダーソンは、国民国家という想像の共同体を創設するためには、内戦や異端の虐殺など不都合な歴史事実は、「国民の伝記」「国民の物語」といった想像される「記憶の共同体」から「忘却」される必要があるのだと指摘する。(2) そうであるならば、日本国民という「国民意識」を形成させるうえで南京虐殺の記憶は「記憶の共同体」から「忘却」されなければならないものになる。

南京虐殺の記憶の「忘却」について、政治学者の石田雄は著書『記憶と忘却の政治学』の中でこう指摘している。

南京大虐殺の歴史的検討をしようとする集会に右翼の街宣車が現われ、この虐殺の事実を忘却することを強制しようとする試みもみられる。この企てが物理的暴力の脅威によって特定の事実を忘却しようとするのに対して、いつまでも過去にこだわるなという言説は、過去の特定の（「不名誉」と思われる）事実から目をそらすことによって、結果として忘却を招こうとするものである。(3)

アンダーソンは、国民のアイデンティティの物語としての「国民の伝記」を組み立てるさいに、戦争における国民の死が特別な意味を付与されるとして「模範的な自殺、感動的な殉国死、暗殺、処刑、戦争、ホロコースト」などの「暴力的な死は『われわれのもの』として記憶／忘却されなければならない」と述べている。(4) アンダーソンに従えば、南京虐殺の記憶は、「誇り」ある「日本国民の伝記」を組み立てるためには「忘却」されなければならない。しかし、逆に中国国民にとっては南京虐殺の記憶は「われわれのもの」として「記憶」されなければならないのである。したがって、日本と中国の国民の「記憶の共同体」において、日本国民は南京虐殺の記憶を「忘却」しようとし、中国国民は「記憶」しようとする。この「忘却」と「想起＝記憶」という相剋が、南京虐殺の記憶をめぐる日中両国民の「歴史認識」の乖離、対立をもたらし、歴史教科書問題として国際的な政治問題にまで発展してきている。

本章では、従来日本の歴史学では研究対象とされることが少なかった「記憶」の問題について、「国民の記憶」に焦点をあてて検討する。具体的には、日本国民の南京虐殺の記憶の「忘却」の構図について、敗戦直後の時代を取り上げ、アメリカ占領軍によって南京虐殺の「記憶化」がはかられながらそれが不成功に終わり、逆に東アジア冷戦による「逆コース」の到来とともに日本政府・戦前保守勢力による「忘却」がはかられ、それが一定の成功をおさめたことについて、その経緯と要因を歴史学的に分析・検討する。

フランスの歴史学者で「アナール学派第三世代」のリーダーであるジャック・ル・ゴフは、「集合的記憶」（本章でいう「国民の記憶」）に対する政治権力の関与について、以下のように指摘する。

集合的記憶は権力をめぐる社会的諸勢力の闘争における重要な武器でもあった。記憶や忘却を支配することは、歴史的社会を支配する階級、集団、個人にとっての大いなる関心事の一つだったのである。歴史の忘却、沈黙は、集合的記憶の操作のこのような隠されたメカニズムを明らかにする(5)。

記憶は、個人的なものであれ、集合的なものであれ、かつて《アイデンティティ》と呼ばれたものの本質的な要素であるが、その追求は現代の個人や社会にとって苦悩に満ちた基本的な活動の一つとなっている。けれども、集合的記憶は、単に獲得されるものではなく、権力の道具であり、目標でもある。記憶と伝統を支配するためのこうした戦い、あるいは記憶のこのような操作が最もよく垣間見られるのは……あるいは文字化された集合的な記憶がまさに作られようとしている社会においてである(6)。

戦時中と戦後では日本の国家形態が大きく変わったが、右のような権力による南京虐殺の記憶をめぐる「忘却」の操作の仕方はどう変化したのか。日本をめぐる東アジアの国際政治環境が大きく変化し、国内政治も変化するなかで、南京虐殺に対する「国民の記憶」の在り方にどのような変容があったのか。本章では、こうした日本国民の南京虐殺の記憶の変容について、歴史学的に整理し、分析してみたい。

ここで、本章で使う記憶の用語について簡単に説明しておきたい。記憶の問題を日本の歴史学界で本格的に論ずるようになったのはまだ最近のことであり、記憶をめぐる日本語の用語は翻訳語であるため、概念もふくめて日本語として馴染み難いものもある。

ジャック・ル・ゴフは、「記憶」という概念を「記憶とは、何らかの情報の貯蔵庫であり、まず第一に、人間が過去の印象や情報を過去のものとして表象し、それを利用する、心理的な機能の総体と関係している」と説明する(7)。記憶の問題を歴史研究の立場から考察しようとした小関隆は、「過去を認識しようとするあらゆる営み、そしてこの営みの結果得られた過去の認識のあり方を記憶と呼ぶ」としたうえで、歴史学が記憶を問題にすることの意味を以下のように述べる。

記憶とはほとんどあらゆる人々が過去に関して抱く知や思いのアンサンブルである。こうした記憶の営みはいずれも表象行為である。すなわち、数知れぬ過去の出来事の中から、現在の想像力に基づいて特定の出来事を選択し呼び起こす行為、表象を媒介とした再構成の行為である。記憶とは過去の出来事の単なる貯蔵としてではなく、現在の状況に合わせて特定の出来事を想起し意味を与える行為として理解されなければならない。それゆえ、記憶はその担い手である現在に生きる人間、そしてその人間が所属する様々な集団のアイデンティティと本質的に絡み合っている(8)。

本章で南京虐殺の記憶を問題にするのは、右のような意味においてであり、現在の日本国民の南京事件の「忘却」の仕方を明らかにし、それが国民のアイデンティティの在り方にどう規定されているのかを検討するためである。

本章では、記憶の範疇と用語について、大別して「個人の記憶」と「国民の記憶」という翻訳用語を使うが、それぞれは次のような英語に対応している。

①個人の記憶 = individual memory, personal memory

②国民の記憶 = collective memory, popular memory, national memory, public memory, people's memory

個人の記憶は、文字通り「わたし」という個人の記憶、さらに家族や親戚を含めた「わたしたち」の記憶である。本章で取り上げる個人の記憶は、日常瑣末的な私的な記憶ではなく、それが背景となった時代や人間としての普遍性や社会性をもった記憶である。たとえば、南京事件を体験した個人や家族の記憶を知り、分析する作業を通して、その背景となった日中戦争の時代と社会を解明していけるような個人の記憶である。国民国家、大衆社会の時代においては、個人の記憶のなかに国民や社会の歴史があふれており、国民の記憶が投影されていることが多い。

国民の記憶は、日本のような国民国家において、国民であることの意識を形成させるための共通の記憶である。

国民国家は、国民の記憶を創成し、それを公式の歴史の編纂と学校教育、祝日や記念日、記念碑などを通じて国民に受容させせようとした。南京虐殺の記憶や戦争の記憶は、「忘却／想起」の両側面において、権力により容易に国民の記憶として操作されることになる。

石田雄は、「国民の記憶」の在り方がその国の未来の政治選択にとって重要な意味を持つことを次のように述べる。

記憶という行為は、現在の立場から過去を再構成し、そのことによって未来にむけた行為を意味づける作用を持っているといえよう。その意味で記憶は過去と未来の間にある行動主体が、現在において行う――意識しなくてもなされる――選択を伴う行為である。……過去の事実のある側面を忘却し、他の側面を想起するという両側面を持った記憶は、その時点における再構成によって過去を現在と結ぶ精神活動といえる。そしてその再構成が、現在の行動主体の未来にむけた志向という視点からなされるという意味で、現在と未来を結ぶ契機ともなる。(9)

私が南京大虐殺事件（南京事件と略称）を研究し、その成果が日本国民ひいては中国国民の南京虐殺の記憶化になんらかの影響をおよぼすように願っているのは、右のように、日本人と中国人の平和的な共存、共生に向けた未来、東アジア共同体の形成に向けた未来、さらには戦争と紛争、虐殺と殺戮のない平和な地球社会の実現に向けた未来を日中両国民が選択するようになるためである。(10)その際、ドイツ現代史研究者の石田勇治が『過去の克服――ヒトラー後のドイツ』（白水社、二〇〇二年）に述べているように、戦後のドイツ政府と国民が、東西ヨーロッパ世界との「和解」をめざして、第二次世界大戦におけるユダヤ人虐殺の記憶の共有に努め、今日のＥＵの形成に向けて、ホロコーストの過去を再構成し、「過去の克服」に努めてきた行動主体としてのドイツ国民の選択は、大いに参考とすべきであろう。

一　証拠の焼却による記憶の「忘却」

一九四五年八月一四日、日本がポツダム宣言を受諾して連合国に無条件降伏をする決定をしてから、八月二八日に連合軍先遣部隊が厚木飛行場に到着したのを皮切りに、連合軍が各地に進駐するまで、ほぼ二週間の「空白期」があった。この間に、「吾等ノ俘虜ヲ虐待セル者ヲ含ム一切ノ戦争犯罪人ニ対シテハ厳重ナル処罰ヲ加ヘラルベシ」というポツダム宣言に基づき、連合国による戦争責任追及が行われることを覚悟した政府と軍部は、閣議決定に基づいて、証拠隠滅のためにいっさいの関係書類の焼却を命じた。吉田裕「敗戦前後における公文書の焼却と隠匿」(11)に明らかなように、陸海軍の中央機関、政府の各省庁、さらに市町村の役所・役場にいたるまで、軍事関係文書の焼却が命ぜられた。一番徹底したのが陸軍で、参謀本部総務課長および陸軍省高級副官から、全陸軍部隊に対して、機密書類焼却の命令が下達された。憲兵司令部からは八月一四日・一五日の両日と八月二〇日にわたり各憲兵隊に対して秘密書類の焼却を指示する周到ぶりであった。軍部からは新聞社にまで戦争に関する記録写真を焼却すべしという圧力が加えられた。『不許可写真　1』(毎日新聞社、一九九八年)および『不許可写真　2』(同、一九九九年)は旧大阪毎日新聞社の写真部がその時の指示に従わないで秘かに所持したものである。

南京虐殺の記録ならびに記憶との関係でいえば、最も関係のある陸軍、海軍そして内務省、外務省の文書焼却が最も徹底していた。

内務省は戦時中の言論・思想・報道統制の中心になった省庁であるが、それだけに戦後の追及を予想して公文書焼却に懸命であった。当時、官房文書課事務官であった大山正は「内務省の文書を全部焼くようにという命令が出まして、後になってどういう人にどういう迷惑がかかるか分からないから、選択なしに全部燃やせということで、内務省の裏庭で、三日三晩、炎々と夜空を焦がして燃やしました」とその徹底ぶりを回想している。(12)

当時、内務省地方局の事務官であった奥野誠亮は、内務省中央の焼却命令を口頭で伝達するために各地方庁を直に廻っている。口頭命令にしたのは占領してくるアメリカ軍に証拠を残さないためであった(13)。奥野は戦後、内務省の後身である自治省の官僚となり、自治事務次官まで登りつめた後、自民党国会議員となり、竹下登内閣国土庁長官であった一九八八年、「日中戦争で日本に侵略の意図はなかった」と発言して、中国、韓国から反発を受け、閣僚を辞任している。奥野は自民党の「歴史・検討委員会」(一九九三年八月結成)の顧問として、同委員会が国民の南京虐殺の記憶を「忘却」させるための策動を展開したことに加担している(14)。

奥野の戦前・戦後の経歴と政治活動は、南京虐殺の記憶の「忘却」をはかる権力者が戦前・戦後と継続していることの事例として、重要な意味をもっている。ドイツ政府・社会においては考えられないことである。

外務省は他の省庁よりも日本の降伏に対応する措置が早く、一九四五年八月七日には「充分早キニ及ンテ全部焼却ス」という方針を決裁し、「極秘記録」として特別扱いされていたものを含み、日本の外交を中心とした記録類の多くを「非常焼却」に付した(15)。焼却の優先順位は、「中国関係」、「ソ連関係」、「枢軸関係」の順とされた。南京の日本大使館から外務省に送信された南京事件に関する膨大な文書や、世界各国の日本大使館あるいは領事館から送られた南京虐殺に関する世界の反応に関する報告、さらにはアメリカ、イギリス、ドイツなどの政府から寄せられた南京事件に関する問い合わせと警告の文書など、南京事件に関する外交文書のほとんどを「非常焼却」してしまった。外務省による南京虐殺の記録と記憶の抹殺である。

南京事件の内容が発生と同時に南京の日本大使館から外務省に送られ、さらに陸軍省、海軍省当局に伝えられていた事実は、当時外務省の東亜局長であった石射猪太郎が後述する東京裁判において弁護側証人として出廷したさいに朗読された宣誓口供書の中に、より具体的に供述されている。少し長くなるが、経緯がよくわかるので次に引用する。

〔一九三七年〕十二月十三日頃、我軍が南京に入城する、其のあとを逐つて、我南京総領事代理(福井淳氏)

も上海から南京に復帰した。同総領事代理から本省への最初の現場報告は我軍のアトロシテーズ〔「それは南京に入城したわが軍による強姦・放火・掠奪というようなことを含んでおりました」と石射は証言の中で説明している――笠原〕に関するものであつた。此の電信報告は遅滞なく東亜局から陸軍省軍務局長宛に送付された。当時、外務大臣は此の報告に驚き且心配して、私に対し早く何とかせねばならぬと御話があつたので、私は電信写は既に陸軍省に送付されて居る事、陸海外三省事務当局連絡会議の席上、私から軍当局に警告すべき事を大臣に御答へした。其の直後、連絡会議が私の事務室で行はれ……其の席上、私は陸軍省軍務局第一課長に対し右アトロシテーズ問題を提起し、苟も聖戦と称し皇軍と称する戦争に於いてこれは余りにヒドイ、早速厳重措置をする事を切実に申し入れた。

同課長も全く同感で、右申入れを受け入れた。其の後いくばくもなくして在南京総領事代理から書面報告が本省へ到着した。それは南京在住の第三国人で組織された国際安全委員会が作成した我軍アトロシテーズの詳報であつて、英文でタイプされてあり、それを我南京総領事館で受付け、本省に輸送して来たものである。私は逐一之に目を通し、その概要を直ちに大臣に報告した。そして大臣の意を受けて、私は次の連絡会議の席上、陸軍軍務局第一課長に其の報告書を提示し、重ねて厳重措置方を要望したが、軍は最早既に現地軍に厳重に云つてやつたとの話であつた。

其の後、現地軍のアトロシテーズは大分下火になつた。翌一九三八年一月の末頃と記憶するが、陸軍中央は特に人を現地軍に派遣したあとで、其の派遣された人物は本間少将であることがわかつた。それ以後、南京アトロシテーズは終止した。(16)

以上のことから、南京事件の情報は事件当時に南京の日本総領事館員から外務省・外務大臣へ、そして陸軍省、海軍省へと伝えられており、日本の政府・軍指導者はリアルタイムで南京虐殺の記憶をもつ立場にあったことがわかる。

現在、南京事件に関するアメリカ国務省文書は私が中心になって収集して、南京事件調査研究会編・訳『南京事件資料集①アメリカ関係資料編』（青木書店、一九九二年）に収録されている。ドイツ外務省文書は石田勇治編集・翻訳『資料・ドイツ外交官の見た南京事件』（大月書店、二〇〇一年）として公刊されている。南京のイギリス大使館員が本国に送信した南京事件に関する報告文書についても、その所在が確認され、一部が中国でも紹介されている。[17] 日本の外交史料館に所蔵されている当時の外務省記録からは、南京事件に関する公文書はみごとに抹消されていて、「充分早キニ及ンテ全部焼却ス」がいかに徹底して実行されたかがわかる。まさに日本の外務省当局による南京事件の証拠隠滅であり、現在でいえば証拠湮滅罪（証憑湮滅罪ともいう）に相当する犯罪行為であり、日本の政府当局による南京虐殺の記憶の「忘却」の策動であった。

南京事件当時、南京の日本総領事館員が事件に関する現地の報告を外務省に送り、駐日アメリカ大使のジョセフ・C・グルーから事件に関する抗議や申し入れが外務省に対して文書で行われ、またアメリカ、イギリス、ドイツなどに駐在した日本の大使館や領事館からは、外国で報道された南京事件とそれに対する各国の反応もふくめた報告が外務省へ送信されていた。これらの南京事件に関する公文書を焼却してしまった日本の外務省および政府は、関係者が南京虐殺の記憶を否定したり、沈黙しさえすれば、記憶の「忘却」に「成功」することになる。

岡崎勝男は、事件当時、中国駐在の無任所総領事として、日本軍占領後の南京で事件の処理にあたった当事者であり、東京裁判へ提出した宣誓口供書において、「南京安全地帯国際委員会ハ、同市内ニオイテ行ハレタト主張セラレテ居ル暴行ニ関スル報告ヲ南京駐在ノ日本領事ニ行ヒ、ソシテ私ガ南京滞在中、同市内ノ事態ニツイテ殆ンド毎日私ノ所へ話シニ来マシタ。福田トクヤス（福田篤泰）氏ハ当時、大使館付ノ外交官補デアリマシタ。……南京安全地帯国際委員会ノ報告ハ南京ノ日本領事館デ受取リマシタ時、ソノ報告書ノ概要ハ電報デ東京ニ送ラレ、報告書其物モ亦郵便デ東京ノ外務省ニ送ラレマシタ」と供述している。[18]

岡崎は戦中・戦後と継続して外務省の高官に就き、第一次吉田茂内閣、片山哲内閣、第二次吉田内閣の外務次官を務めた後、第三次～第五次吉田内閣の外務大臣を歴任し、晩年は国連大使を務めた。アメリカと日米安全保障条約を結び（一九五一年九月）、アメリカへの軍事基地提供を認めた日米行政協定を調印し（一九五二年二月）、戦後今につづく日米軍事同盟体制の成立と日本の再軍備の開始に重要な役割を担ったのが岡崎外相であった。

しかし、岡崎は彼が見聞したであろう南京虐殺の記憶を日本国民に語ることはなかった。彼が南京虐殺の記憶について追及されることもなく、沈黙したままでいられたのは、彼も関知した外務省文書の証拠類を焼却したことが「幸い」したといえよう。

福田篤泰は、日本大使館付外交官補として一九三七年三月から南京に在勤、翌年三月に南京の日本総領事館の領事官補となった人物で、南京安全区国際委員会の要請を受けて南京事件の現場にも立ち会わされた。国際委員会委員であったアメリカ人宣教師やドイツ人たちの記録にも彼の名前が登場する。

福田は、外務省情報局秘書課長を経て、一九四三年に陸軍に召集され、陸軍少尉として大本営陸軍報道部に勤務した。戦後は吉田茂首相秘書官を務めたあと四九年の総選挙で当選（自由党）、以後二五年間衆議院議員を務め、第二次、第三次池田勇人内閣の防衛庁長官、三木武夫内閣の郵政大臣などを歴任して自民党の長老となった。福田は、南京事件の否定派の文献には登場するが[19]、事件当時、「〔日本大使館員は〕日本軍に対して無力ではあるが被害者の中国人には同情してくれていた」と南京安全区国際委員会の委員たちが記録しているような立場からは、南京虐殺の記憶を語っていない。岡崎と同じように、彼自身が係わっていた証拠となる外務省記録が焼却されていることに「助けられて」、南京虐殺の記憶を厳密に問われることなく、真相を沈黙していられたといえよう。

外務省の関係者で、南京虐殺の記憶を誠実に語っているのは、石射猪太郎『外交官の一生』（読売新聞社、一九五〇年）や上村伸一『破滅への道』（鹿島研究所出版会、一九六六年）などと少ない。

公文書、公的記録の焼却と隠匿が最も大規模に行われたのが、軍部と軍隊で、陸海軍の中央官庁から現地軍の末端部隊まで、徹底して証拠隠滅がはかられた。南京戦を遂行した中支那方面軍（上海派遣軍と第一〇軍）に編制された連隊の総数は七〇を超えるが、連隊の公式記録である「戦闘詳報」が防衛庁防衛研究所図書館に所蔵されているのは約三分の一に過ぎない（藤原彰調べ）。偕行社が編集した『南京戦史資料集』（一九八九年）『南京戦史資料集Ⅱ』（一九九三年）には、同図書館所蔵の資料も含めて、南京戦に関連した日本軍の公的な資料が最も豊富に網羅的に収録されているが、そこに収録されているのは、師団の戦闘詳報でいえば、中支那方面軍編制下の全九個師団のうち、四個師団分に過ぎず、連隊の戦闘詳報も七〇を超える連隊の中の十数個連隊に過ぎない。七〇を超える歩兵連隊の下には通常三個の大隊があり、歩兵連隊の下には通常三ないし四個の中隊があり、それぞれの大隊、中隊で戦闘詳報、陣中日誌等を公式に記録していたから、全体では膨大な数になるが、これも各部隊で徹底した焼却、隠匿が実行され、同資料集に収録されているのは、ごく一部に過ぎない。南京戦に参加した中支那方面軍の全部隊ぐるみで、南京事件に関する証拠隠滅を行ったのである。

南京虐殺を遂行した当の日本軍部隊が組織的な部隊記録の焼却、隠匿を行った結果、南京事件の全体像、とくに犠牲者の数を歴史学的に解明するうえで、大きな障害になっている。戦闘詳報、陣中日記といった各部隊の公的記録には、婦女凌辱行為はもちろん記録されないが、民間人も混在した中国兵の殺害については、戦闘あるいは作戦上の戦果としてその総数が記録されていることが多い。徴発の名目で行った掠奪についても、戦闘生活の一環として不法行為の意識をもたずに記録されている。部隊記録は、各部隊が何処でどのような行動をとっていたかが判明するので、もしも、南京戦に参加した全部隊の公的記録がそろって公開されていれば、南京虐殺の犠牲者総数は、現在よりもはるかに実数に近いものが算定できるはずである。

南京事件における犠牲者数の問題で明確な結論が出せないのは、第一には、当時、本格的な調査機関によって調査を実施する歴史的条件がなかったためであり、第二には、日本軍の各単位の部隊が記録していた中国側の戦死者、投降兵、捕虜、敗残兵等に関する公的記録類が焼却、隠匿されてしまったからである。南京大虐殺の歴史事実をめぐって展開されたいわゆる南京大虐殺論争で、学問的には破綻した否定論者たちが、最後に依拠しようとしている否定のための論拠が、「三〇万人虐殺が証明されなければ、南京大虐殺は虚構である」という犠牲者総数の問題である。日本軍側の証拠隠滅により、今となっては、正確な総数判明が困難になっている状況を利用した、まさに南京虐殺の記憶の「忘却」のためだけの主張である。[20]

南京戦に参加した中支那方面軍編制下の各部隊の公的な記録の多くが焼却、隠匿させられてしまった次善の策として、総数二〇万人にも達したという中支那方面軍の全兵員の一部であったとしても、膨大な数の兵士たちが個人の陣中日記、従軍日記を書いていたはずであり、それらの発掘収集が考えられる。日常的に上官の検閲があり、帰還にさいしてはさらに厳重な検閲を受けたが、それでも現在公刊されている同類の資料集[21]を見れば分かるように、南京虐殺の記憶の一端が記録されており、これらの兵士の陣中日記を中支那方面軍所属の全部隊について、収集して公刊できれば、南京事件の実態と全体像はより克明になるはずである。

しかし、現実には大きな障害があるのは、前述した兵士に南京虐殺の記憶を語らせない旧日本軍の特質と構造が現在でも機能しているからである。私はこれまで、南京戦に従軍した兵士の陣中日記の実物を見たり、存在を確認したりしたことが何回かあったが、いずれも本人あるいは家族が、公刊すれば予想される戦友会、旧軍関係者、南京大虐殺否定論者さらには右翼団体等から、脅迫まがいの圧力や嫌がらせがあるのを恐れて、公開や出版に反対された。公刊した場合「面倒なことが起こる」「厄介なことになる」「騒がれることになる」「まわりに迷惑がおよぶ」という拒絶の理由が、日本社会に厳然として存在する南京虐殺の記憶を「忘却」させるための構造を物語っている。南京虐殺の記憶を公刊したり、証言した場合、部隊の「身内の恥」を世間に漏らした、部隊仲間の逸脱行為を「内部告発」したとして、旧軍兵士たちの精神的な共同体である戦友会から排除され、村八分的な制裁を受けることが、公開、公刊を拒絶させる最大の要因として厳存した。

昭和天皇が侵略戦争を公式に反省、謝罪しなかったために、あるいは今上天皇も明快な表明を回避しているために、天皇を頂点とした厳格なヒエラルキーをもった皇軍＝日本軍は、兵士の分際で侵略、残虐行為を告白あるいは告発し、反省、謝罪することは皇軍の規範として許されないのである。

このような天皇の軍隊の規範が現在でも機能している一つの要因として、天皇制が象徴天皇制という新たな装いで戦後も継承されたように、敗戦でいったん崩壊したかに見えた日本軍は、陸軍は警察予備隊、保安隊、陸上自衛隊となって継承され、海軍は海上警備隊、海上自衛隊となって継承された。旧日本軍の幹部が多量に自衛隊という新日本軍の幹部に滑り込んで皇軍の規範を戦後社会、特に旧軍人社会に持ち込んだことがあげられる。(22)

たとえば、独立軽装甲車隊小隊長として南京戦に参加した畝本正己が、戦後は陸上自衛隊の幹部となり、防衛大学校教授となり、偕行社の機関誌『偕行』によって南京大虐殺を否定するための編集企画を行ったように(23)、戦前の陸軍の幹部が戦後の陸上自衛隊の幹部となり、南京大虐殺否定派の中心的論客として、旧日本軍将兵に隠然たる影響力を行使する立場にあったのがその典型である。

海軍では、第二連合航空隊の参謀として南京戦に参加した源田実が、戦後は航空自衛隊の幹部となり、航空幕僚長を務めた後、一九六二年から参議院議員(自民党)となり、自民党国防部会長などを務めた。源田は阿羅健一のインタビューに対して、南京虐殺について「知りません。そういう武士道に反することは海軍に関する限りありません」(噂で聞いたことは)「全然ありません」(陸軍ではあったと言う人もいますが)「陸軍のことはよくわかりません。……しかし、海軍では、捕虜を殺したり、抵抗のできないものを殺すことはいけない、もしあれば厳重に処罰する、と言ってます」と南京虐殺を否定する応答を行っていた(24)。

以上の事例が示すように、日本の軍部と軍隊においても、特に戦争観や皇軍精神、軍人社会の規範意識などにおいて、戦前と戦後が継承され、旧日本軍兵士の南京虐殺の記憶を「抑圧」し、「忘却」させるための機能を果たしていることは、日本軍の「過去の克服」を著しく困難にさせている。

南京戦に参加し、南京虐殺に関わった中支那方面軍の諸部隊においては、敗戦直後に徹底して証拠の焼却、隠匿を行った結果、公的な文書記録によって南京虐殺への関与が追及される恐れがなくなり、後は兵士たちの陣中日記、従軍日記の類の公刊を抑止し、兵士たちが南京虐殺の記憶を証言するのを阻止すれば、南京虐殺の記憶の抹殺に「成功」し、日本国民の記憶からの「忘却」に「成功」することになる[25]。

しかし、このような南京虐殺の記憶の「抹殺」と「忘却」の策動は、日本国民に対してはある程度は有効であっても、リアルタイムで南京虐殺が記憶されている国際社会では通用しないばかりか、南京事件の事実まで否定しようとする戦後の政治家たちの言動は、証拠隠滅をはかったうえでの確信犯と受け取られ、日本政府と国民に対する国際的信用を失墜させるだけである。

二　東京裁判と南京虐殺の記憶

国民の記憶化の試み

敗戦後の日本で、国民にいち早く南京虐殺の記憶を問いかけたのは、戦時中発禁処分を受けた石川達三『生きてゐる兵隊』の発行であった（一九四五年一二月、河出書房より）。同書の前書きで、石川は「いま、国家の大転換に際会し、はからずもここに本書を刊行する機会が与へられて、感慨ふかいものがある。有罪の理由として判決書に記載されてゐる（皇軍兵士の非戦闘員殺戮、掠奪、軍紀弛緩の状況を記述したる安寧秩序を紊乱する事項）といふ点は私の作品を俟たずして世界にむかつて明白にされつつあり……今さら安寧秩序を紊すことも有るまいし、皇軍の作戦に不利益を生ずる畏れもない」と書いている。同書の奥付には、初版五万部と記してあるから、出版社も相当売れることを見込んでいたと思われる。

しかし、文芸界では「あの戦争下に『八紘一宇』の精神を熱っぽく説いてまわりながら、敗戦となるやいちはやく自身の発禁作品である『生きてゐる兵隊』を持ち出して、みずからの被害を最大限に宣伝し始めた」という批判に代表されるように[26]、「新聞紙法違反」で起訴され禁固四ヵ月の有罪判決を受けて以後、石川が戦争協力に転じたことと関連させて、評判はあまり良くなかった。このことについては拙稿で論じたことがあるので[27]、ここでは、当時、『生きてゐる兵隊』を批判した作家や評論家たちの多くが、南京虐殺事件の記憶をすでに共有していて、それを前提に論評していた事実に注目しておきたい。たとえば、評論家の小田切秀雄は、「南京虐殺事件などについてのこんにちの報告をまつまでもなくこの『生きてゐる兵隊』の何人かの笠原（主人公の伍長）によつて示されてゐる通りである。この小説に描き出された幾つもの残虐事件はその生々しさをもつて私達をうち、生々しさに於いて描かれてゐるといふことそれ自体が一つの訴へとなつてゐる」（一九四五年一一月三〇日脱稿の文章）と述べている[28]。

小田切が「こんにちの報告」といっているのは、連合軍総司令部（ＧＨＱ）が松井石根を含む一一名の戦争犯罪人容疑者に逮捕命令を出し、同諜報部による彼らの「活動状況と経歴」の調査報告を新聞に報道したことを指していると思われる。同報告で、松井石根は「南京暴行事件、パネー号爆撃事件、英砲艦爆撃企図或はレイディバード号爆撃の責任を負ふべき支那派遣軍〔正確には中支那方面軍―笠原〕司令官の地位にあつた」と報じている[29]。

日本の真珠湾攻撃の四周年目にあたる四五年一二月八日、連合軍総司令部は、「日本人再教育のプラン」の一環として、連合軍司令部提供「太平洋戦争史――真実なき軍国日本の崩壊」を全ての全国紙に掲載させた。同連載は一七日まで続けられるが、記事の執筆には民間情報教育局（ＣＩＥ）の企画課長で、戦時中は戦時情報局（ＯＷＩ）の職員として心理戦に従事していた経歴を持つブラッドフォード・スミスがあたった[30]。

南京事件については、「支那事変」の章の中でかなり詳細に書かれている。連合軍側が最初に提供した南京虐殺のイメージとして重要なので、以下に全文を紹介する。

南京における悪魔

〔一九三七年〕十二月七日に南京の外郭陣地に対する日本軍の攻撃が開始され、一週間後には上海戦での中国側の頑強な抵抗に対する怒をここで爆発させて、日本軍は恐る可き悪虐行為をやつてしまつた。近代史最初の残虐事件として証人たちの述べる所によれば、このとき実に二万人からの男女、子供達が殺戮された事が確証されてゐる。四週間に亙つて南京は血の街と化し、切りきざまれた肉片が散乱してゐた。その中で日本兵はますます凶暴性を発揮し、一般市民に対し殺人、暴行を初めあらゆる苦痛を味はしめたのである。

日本軍が南京に入城して数日間といふものは、首都の情勢は全然解らなかつたと同時に、一部残留してゐた外国人の安否に関しても様子が判明しなかつた。日本軍はかかる事実が外部に洩れることを恐れてあらゆるニュースソースに対して厳重なる検閲を行つた。併しこの種ニュースも遂に外部に伝へられ日本軍の軍紀の混乱、無節操ぶりは遂に明るみへさらけ出された。

罪は将校達にも

大掠奪ならびに暴虐行為は全市に亙つて行はれ、中国軍が南京から撤退したために、やつと混乱と掠奪から逃れ得たと思つた市民は、より一層の恐怖に襲はれた。保定を初め華北で占領された都市や町々と同じ様に、南京の凶暴事件中には明らかに将校達によつて煽動された事件も多く、中には将校自身が街の商店の掠奪を指揮してゐたのさへ見受けられた。また中国軍の敗残兵狩をやつて縄でしばり上げ、四、五十人づつ一束にして死刑を行つた事件も将校たちが指揮してゐた。

婦人達は街頭であらうと屋内であらうと暴行を受けた。暴力に飽くまで抵抗した婦人達は銃剣で刺殺された。この災難を蒙つた婦人の中には六十歳の老人や十一歳の子供達までが含まれてゐた。

中国赤十字の衛生班が街路上の死体取除きをやつたとき、彼らの持つて来た棺桶は日本兵に奪はれ、日本兵はそれで勝利の祝火を燃やした。その上数名の赤十字従業員達は無残に斬殺されその死体は彼等が取除かうとしてゐた死体の上に積重ねられた。街のあるところでは、南京電力会社の従業員五十四名が斬殺されたが、クリスマスになつて日本軍司令部は、電灯を点けたいが電力会社の従業員達は何処に行つたのかと尋ねてきた。

或る午後男達は病院の裏庭に引連られ、さんざん斬殺の練習台に使はれた。二人づつ背中合せに縛られその目の前で教官は刺殺するのに何処を突けば最も効果的であるかを教へ込んだ。そして彼等の大部分は縄を解かれる前に、斬傷のために死んでしまつた。

日本の欺瞞宣伝

大虐殺を行ふ一方、日本軍は空から次のやうなビラを撒いた。

各自の家庭に帰つて来る良民には食糧と衣服を与へる、日本は蔣介石によつて踊らされてゐる以外の全中国人の善き隣人であることを希望する。

その結果としてビラが撒かれた翌日早くも数千の良民が避難先から爆撃で破壊されたかれ等の家に帰つて来た。ところが早くも次の朝には数々の悪虐事件が判明して、折角の空からの甘言も地上軍の凶行によつて目茶々々になつてしまつた。母親は暴行され、子供はその側で泣き叫んでゐた。又或る家では三、四歳の子供が一間で突殺され、家族の者は一室に閉込められて焼殺されてゐた。南京地区官憲は、後になつて暴行を受けた婦人の数を少なくとも二千名と推定した。

大晦日に中国難民区の役員が日本大使館に呼び出されて、

〝明日はお祝いを実施するから、各自自発的に間に合せで良いから日本の旗を作つて旗行列をやつて貰ひたい。内地の日本人は日本軍がこんなにも歓迎されてゐるニュース映画を見てきつと喜ぶ事だらう〟と大使館員は説明した。斬殺は次第に減少した。三月に入つて官製の東京放送局は次の様なヨタニュースを全世界に放送した。

中国人がこんなに沢山殺されたのは、不良中国人達の仕業であり、私有財産の破壊者達は既に逮捕され死刑を執行した。彼等の大部分は蔣介石陣営に不満を抱く中国敗残兵達であつた。

死人に口なし、併し日本兵は彼等自身が持つてる写真で、その恐る可き犯行を十分証明する事ができる筈である。この南京の残虐行為こそ、結局中国を徹底抗戦に導く結果になつたのである。(31)

「南京は血の街と化し、切りきざまれた肉片が散乱してゐた」というオーバーな表現があり、さらに日本軍は空から帰宅を促すビラを撒いたという事実については私は確認できていないが（南京城攻撃前に投降勧告のビラが飛行機から撒かれ、難民区解散前に帰宅勧告文が掲示されたことは事実である）、全体的には実相をふまえたものになっている。内容的にはすでに世界に報道されていた情報が元になっている。残虐行為の事例も、石川達三の『生きてゐる兵隊』を読んでいれば、「青天の霹靂」とビックリ仰天するほどではない。「南京大虐殺は東京裁判でデッチ上げられた」という南京大虐殺否定論者の主張は、東京裁判より以前に報道されたこの記事によっても否定される。(32)

日本の敗戦の年一九四五年が終わり、翌年の四六年五月三日から東京裁判の審理が開始され、関連報道の中で南京事件も広く報道されるようになる。

四六年四月三〇日付『朝日新聞』には「第一級戦犯容疑者の起訴状発表」と題してその全文が掲載され、「第一類平和に対する罪」に続く「第二類殺人」の項の訴因と、その訴因の根拠となる事実、出来事を上げた附属書Aに、南京事件は次のように記されている。

（訴因四十五）被告荒木・橋本・畑・平沼・広田・板垣・賀屋・木戸・松井・武藤・鈴木及び梅津は、一九三七年（昭和一二年）十二月十二日及び其の後引続き…南京市を攻撃し、且国際法に反して該住民を鏖殺することを日本軍に不法に命じ為さしめ、且許すことに因り、不法に、目下その氏名及び員数不詳なる数万の中華民国の一般人及び武装を解除せられるたる軍隊を殺害し、殺戮せり。

（附属書A第二節中華民国の他の部分に於ける軍事的侵略）

一九三七年（昭和一二年）十二月十三日頃、日本軍は南京を攻略し、数万の一般人を鏖殺し、且其の他非道なる行為を行ひたり。

ついで、四六年六月四日に行われたキーナン首席検事の冒頭陳述の要旨が、翌六月五日の『朝日新聞』の第一面に報道され、その中で「残虐無比・南京事件　到る処　人命無視の蛮行」という小見出しで、こう記されている。

> 南京占領は俘虜、一般人、婦女子数万に対する組織的且つ残忍なる鏖殺、暴行並びに拷問及び凡そ軍事的必要を超えたる家屋財産の放埒無差別なる大量破壊を特徴として居る。此の行為は普通「南京掠奪暴行事件」と呼ばれて居るが、近代戦史に於て之に匹敵する例はない。
>
> 南京は日本人が彼等の侵略計画の一部として、その性質と規模において、殆ど信じ難いほどの残虐行為を遂行する事に依り、人民の戦意を破摧しようとした幾多の中華民国都市中の一つに過ぎなかつたのである。この非人道的な戦闘型式は地理的分布および遂行の時期のいづれもが極めて普遍的であつた為に、事実上日本の軍事的侵略の凡ての場合を特色づけてゐる。阿片が人民の士気を沮喪させ彼等の戦意を破摧する武器として且つ日本軍の資金調達の収入財源として使用せられた。パネイ号、レディーバード号その他の中立国艦船に対する攻撃(33)も、人命及び財産に対する放恣にして無謀なる無視の追加的証拠として示されるであらう。

東京裁判で裁かれることになった南京事件が、当時の日本国民にとって、全くの寝耳に水のニュースでなかったことは、『読売新聞』が『生きてゐる兵隊』の著者としての石川達三に次のような南京虐殺の目撃談を掲載していることからもわかる。

> 【裁かれる残虐『南京事件』】東京裁判の起訴状第二類「殺人の罪」において国際検事団は南京事件をとりあげ、日本軍の残虐行為を突いてゐる。掠奪、暴行、刺殺、殴殺、昭和十二年十二月十七日、松井石根司令官が入城したとき、なんとこの首都の血なまぐさかつたことよ、このころ南京攻略戦に従軍した作家石川達三氏は、このむごたらしい有様を見て〝日本人はもつと反省しなければならぬ〟ことを痛感しそのありのままを筆にした。昭和十三年三月号の中央公論に掲載された小説『生きてゐる兵隊』だ。

しかしこのため中央公論は発禁となり石川氏は安寧秩序紊乱で禁固四ケ月執行猶予三年の刑をうけた。いま国際裁判公判をまへに〝南京事件〟の持つ意味は大きく、軍国主義教育にぬりかためられてゐた日本人への大きな反省がもとめられねばならぬ。石川氏に当時の想ひ出を語つてもらふ。(34)

同記事は「河中へ死の行進　首を切つては突落す」という見出しと「語る石川達三氏」という顔写真をつけて、彼が見聞した南京虐殺現場の様子が記されている。石川は『生きてゐる兵隊』の作品では、南京城内での残虐事件の描写は控えめにしているが、実際は現地で見聞していたことがわかる。先の「太平洋戦争史」と東京裁判の起訴状ならびにキーナン首席検事の冒頭陳述等、当時連合軍側から流された南京虐殺のイメージと比較するために以下に引用する。

入城式におくれて正月私が南京へ着いたとき、街上は死体累々大変なものだつた。大きな建物へ一般の中国人数千をおしこめて床へ手榴弾をおき、油を流して火をつけ焦熱地獄の中で悶死させた。

また武装解除した捕虜を練兵場へあつめて実弾の一斉射撃で葬つた。しまひには弾丸を使ふのはもつたいないとあつて、揚子江へ長い桟橋を作り、河中へ行くほど低くなるやうにしておいて、この上へ中国人を行列させ、先頭から順々に日本刀で首を切つて河中へつきおとしたり、逃げ口をふさがれた黒山のやうな捕虜が戸板や机へつかまつて川を流れて行くのを下流で待ちかまへた駆逐艦が機銃のいつせい掃射で片ツぱしから殺害した。

戦争中の興奮から兵隊が無軌道の行動に逸脱するのはありがちのことではあるが、南京の場合はいくら何でも無茶だと思つた。三重県からきた片山某といふ従軍僧は読経なんかそツちのけで殺人をしてあるいた。左手に数珠をかけ右手にシャベルを持つて民家にとびこみ、にげまどふ武器なき支那兵をたたき殺して歩いた。その数は廿名を下らない。彼の良心はそのことで少しも痛まず、部隊長や師団長のところで自慢話してゐた。支那へさへ行けば簡単に人も殺せるし女も勝手にできるといふ考へが、日本人全体の中に永年培はれてきたのではあるまいか。

ただしこれらの虐殺や愚行を松井司令官が知つてゐたかどうかは知らぬ。「一般住民でも抵抗するものは容赦なく殺してよろしい」といふ命令が首脳部からきたといふ話を聞いたことがあるが、それが師団長からきたものか部隊長からきたものかそれを知らなかつた。

何れにせよ南京の大量殺害といふのは実にむごたらしいものだつた。私たちの同胞によつてこのことが行はれたことをよく反省し、その根絶のためにこんどの裁判を意義あらしめたいと思ふ。

石川が南京に着いた時、取材をした第一六師団の佐々木支隊の部隊が、査問工作により摘発した敗残兵の容疑者(民間人を含む)数千人を長江岸の下関で殺害していたことは、拙著『南京事件』(二〇六頁)に記したとおりである。石川の見聞談のうち、長江での虐殺場面は直接目撃した可能性はあるが、他は日本軍の南京占領直後の場面であり、石川が取材で聞いた話であろう。「支那へさへ行けば簡単に人も殺せるし女も勝手にできる」という考えが一般に流布していたことは、私自身も元兵士から直接同様な記憶を聞き取っているから[35]、事実であったことを確認できる。

新聞に掲載された石川の南京虐殺の見聞談と、それまで新聞で報道されていたGHQおよび東京裁判の南京虐殺の情報とを比較してみると、死者総数の問題を除いて、残虐行為のイメージについては、さほど違いがないといえよう。

当時、すでに南京事件に代表される中国民衆への残虐行為を取り上げて、「国民的な罪科であり、その責任は国民全体が負はなければならない」という民衆自身の加害責任を自覚した論調もあったのである[36]。南京虐殺の情報は、今日思われているほど、東京裁判で戦勝国側から一方的に流された、当時の日本国民にとって「寝耳に水」「青天の霹靂」ではなかったのである。それは、戦時中にすでに「身内の世界の論理」で広まっていた南京虐殺の記憶が存在したからである[37]。

ところで、CIEは、日本人を「再教育」するために、NHKラジオ番組「真相箱」を四六年二月一七日より開始していた（毎日曜日夜八時から三〇分間）。「完全な敗北に初めて目覚めた日本国民は、真相を求め……連合国最高司令部民間教育局あてに寄せられる種々の疑問」に答えるという番組だった。その中に「日本が南京で行った暴行についてその真相をお話し下さい」という質問に答えるものがあった。放送日時はわからないが、東京裁判の審理の始まりに前後して放送されたと思われる。回答の台本はさきの「太平洋戦史」であるが、それとは、受ける印象が全く異なるものに変わっている。当時の日本国民の南京虐殺の記憶のあり方に一定の影響を与えた放送なので、以下に全文を紹介する。

我が軍が南京城壁に攻撃を集中したのは、昭和十二年十二月七日でありました。これより早く上海の中国軍から手痛い抵抗を蒙った日本軍は、その一週間後その恨みを一時に破裂させ、怒濤の如く南京市内に殺到したのであります。

この南京の大虐殺こそ、近代史上稀に見る凄惨なもので、実に婦女子二万名が惨殺されたのであります。南京城内の各街路は、数週間にわたり惨死者の流した血に彩られ、またバラバラに散乱した死体で街全体が覆われたのであります。この間血に狂った日本兵士らは、非戦闘員を捕え手当たり次第に殺戮、掠奪を逞しくし、また語ることも憚る暴行を敢えて致しました。

日本軍入城後数週間というものは、一体南京市中でどういうことが起こったのか、非戦闘員たる中国人の保護に任ずるため踏み止まった外国人が、一体どういう運命に遭遇したのか、これは杳として知ることは出来ませんでした。というのはかかる真相の漏洩より予想される不測の反響を慮った我が軍部が、あらゆる報道の出所を封じて、厳重なる検閲を実施したからであります。だが結局この真相は白日の下に露呈されました。そしてかかる日本軍の常軌を離れた行動そのものに対しては、その大部分の責任が、これを抑え切れなかった軍部自体の負うべきものなることが判明致しました。

集団的な掠奪、テロ行為、暴行等人道上許すべからざる行為は、市内至るところで行われました。はじめ南京城市民は、もしも日本軍さえ入城してくれるなら、中国軍の退却のドサクサにまぎれた暴行も終わるだろう、と期待したものです。ところが彼等の希望は無残にも裏切られたのみならず、更に大なる恐怖に直面することとなったのであります。こうした暴行事件は南京初め保定その他華北の占領都市でも見られることですが、これは明らかに日本軍将校が煽動して起こしたものであり、彼等の中には自ら街頭に出て商店の掠奪を指揮したものもあったといわれています。日本軍の捕虜となった中国兵を集め、これを四五十人ずつロープで縛り、束にして惨殺したのもまた日本軍将校の命令であったのです。

日本軍兵士は、街頭や家庭の婦人を襲撃し、暴行を拒んだものは銃剣で突き殺し、老いたるは六十歳の婦人から、若きは十一歳の少女まで見逃しませんでした。

そして中国赤十字社の衛生班が、街路上の死体片付けに出勤するや、我が将兵は彼等の有する木製の棺桶を奪い、それを「勝利」のかがり火の薪に使用致しました。赤十字作業夫の多数は惨殺され、その死体は今まで彼等が取片づけていた死体の山に投げ上げられました。また市内の発電所では、日本軍により技師五十四名が殺害されました。その後クリスマス当日には、日本軍当局は彼等の捜査に取りかかりましたが、それは発電所の復興に彼等の必要を感じたからでありました。

その日の午後、数名の者が市内の某病院に同行されました。それは一度試し斬りした上、早速手当てを加えるためだったのです。これらの人々は二人ずつ背中合わせに縛られ、我が教官が銃剣で突くには何処が一番効果的であるかを実物教育する間、じっと座っておるよう命ぜられました。だがその多くは、負傷のために縛目を解かれる前に絶命していました。

このような大規模な暴行は始終間断なく行われましたが、その間空から日本軍飛行機が次のように書いた宣伝ビラを撒いていました。即ち、

「中国に復帰するすべての善良なる中国人に対し、我が軍は食物並に衣類を給与すべし。支那国民が憎むべき蒋介石軍の圧制を脱し、我が親愛なる隣邦国民となることこそ、これ我が国の希望に外ならず」と。こうした宣伝によりこのビラの撒かれたその日のうちに、数千人の中国人がその一時的な避難先から、続々として戦火に破壊された我が家へ帰ったのです。しかもその翌朝、日本軍は恐るべき暴行を敢えて行いました。

大晦日の夜には、我が軍部は避難民宿舎の中国人首脳部を呼び出し、いわゆる住民の「発意」による祝典を行うべきことを申渡し、避難民達にすぐさま祝賀行列用の日章旗を作れと厳命致しました。当時日本大使館員はこれを説明して、日本国民はニュース映画によって、こうした日本軍の歓迎振りを見るならば、必ずや大なる満足を覚えるであろうと暴言したものです。

だが、こうした大規模な虐殺も、漸く日と共に下火になりました。そして昭和十三年三月政府の御用機関たる東京放送局は、次の如き出鱈目な虚報を世界に向かって送ったものです。

「南京においてかく多数を惨殺し、また財産を破壊した無頼の徒は、これを捕縛した上厳罰に処せられました。彼等は蒋介石軍にいて平素から不満を抱いていた兵士の仕業であることが判明致しました」と。死者が答えることはもとより不可能なことであります。しかしながら我が軍がかかる残虐行為を行った隠れもない事実は、我が将校の所持する写真によって、遺憾なく暴露されております。

南京の暴行、これこそ中国をして、最後まで日本に抵抗を決意せしめた最初の動機となったものであります。(38)

右の「真相箱」の放送は、企画から台本の作成、演出までCIEの職員が担当したものである。アメリカは東京裁判では指導者と国民を区別して、陸海軍の軍人を中心にした国家指導者の戦争責任だけを、それも昭和天皇は免責して追及する「指導者責任観」の方針で臨んだ。(39) その方針を受けて、右の放送は「軍国主義者のリーダーの犯罪と責任を日本の視聴者の心に植えつける」という意図が露骨のものになっている。

しかし、これを台本である「太平洋戦争史」（前掲）と照合すればわかるように、大きな改悪になっている。「太平洋戦争史」の語りの主語は外国人であるＧＨＱであり、史実をふまえた客観的な叙述になっているが、「真相箱」は語りの主語を「我が軍」としたために、日本人が日本軍の残虐行為を誇大に暴露し、非難するという、不自然な語りになり、一般日本人の心理からすれば違和感と反発を感ずる内容にしてしまったのである。さらに描写の誇大が過ぎて、「南京城内の各街路は数週間にわたり惨死者の流した血で彩られ、またバラバラに散乱した死体で街全体が覆われた……血に狂った日本兵らは、非戦闘員を捕え手当たり次第に殺戮」という実際はなかった場面も想像させるものになっている。

南京事件の現場にいた元日本軍将兵が南京虐殺を否定する場合、この「真相箱」で語られている誇大化されたイメージを前提にしている場合が多い。南京虐殺否定論者もこの「真相箱」を、連合軍の情報戦略に基づく南京虐殺の「デッチ上げ」の例証であるとして引用している。(40)

「真相箱」で南京虐殺の放送が流された頃、陸軍青年将校から一転して東京大学の学生になっていた藤原彰は、当時この放送を聞いた日本国民の多くは、アメリカ占領軍のプロパガンダと考え、放送で描写された残虐事件の内容が歴史事実とは思わなかったと、私に語ってくれた。

「真相箱」の南京虐殺の放送は、日本国民を「再教育」するために、南京虐殺を記憶させようとした企画としては失敗であり、むしろ逆効果の役割を果たしたといえよう。

報道されなかった被害者の記憶

東京裁判における南京事件の審理は、四六年八月から検察側の立証段階が開始され、四七年五月から弁護側の反証段階に入り、四七年二月から個人弁論段階、四八年二月から検察側の最終論告、同年四月から弁護側最終弁論が行われ、同年一一月に判決が下されるまで、二年余にわたり膨大な審理が行われたが、この間、法廷における南京虐殺に関する検察側証言、とくに中国人被害者の証言内容について、新聞はほとんど報道していない(41)。

『朝日新聞』を見ると、この間、弁護側の反証段階の報道だけがなされているのが特徴的である。まず、四七年五月一四日付に「南京虐殺は誇張」という見出しで、中山寧人(中支那方面軍参謀)の証言が紹介されている。中山は弁護側証人として当然であるが、松井石根被告の起訴事実を否定し、一、市民に対する虐殺はない、二、捕虜虐殺は敗残兵が難民区に逃げ込んだのを処刑したのが誤伝された、三、外国人財産の侵害は日本軍か中国軍の仕業かわからない、四、婦女子に対する暴行は遺憾ながら小規模にあった、と証言。ついで、松井石根被告に対する個人弁護段階に進んだ段階で、四七年一一月八日付に「南京虐殺の反証に集中」という見出しの小記事であるが、小川関治郎(第十軍法務部長)が松井石根から兵士の犯罪の処刑は厳正にせよといわれて実施したという証言、榊原主計(上海派遣軍参謀)、岡田尚(上海派遣軍嘱託・上海政治中学校教師)らが南京事件を否定し松井を弁護した証言を紹介している。

これに対して、『朝日新聞』は、圧倒的に膨大な検察側の証言はまったくといってよいほど報道していない。東京裁判では、当時南京虐殺の現場にいた南京難民区国際委員会のジョン・マギー、ロバート・O・ウィルソン、マイナー・S・ベイツらが直接法廷に立って重要な証言を行ったし、許伝音、尚徳義、伍長徳、陳福宝らの被害者も来日して直接法廷で被害体験の証言を行ったのである(42)。

以上の『朝日新聞』を典型とする日本のマスメディアの報道姿勢が、日本国民の南京虐殺の記憶化にある歪みをもたらしたと思われる。それは南京事件は連合軍側が東京裁判のために一方的に取り上げた問題であり、法廷で日本側はその事実と松井石根の責任を否認する証言を行ったが、最後は「勝者の裁き」によって有罪判決が出されたのだ、という記憶の仕方である。重要な欠落は、南京事件の被害者の立場が考慮されず、被害実態がほとんど記憶されなかったことである。この欠落と歪みが、時代の経過とともに、「勝者の裁き」として東京裁判を否定し、南京事件は同裁判で「デッチ上げられた」という南京虐殺の記憶の「忘却」をもたらす一要因になっていく。

いっぽう、南京虐殺については、BC級戦犯裁判の一つとして、中国で南京軍事法廷が開かれ（四六年二月開廷、四七年三月、一二月判決）、有罪判決を受けた日本軍将校四人の死刑が四八年一月までに執行された。同じく『朝日新聞』を例にとれば、同法廷については、三回、それもわずか数行の小記事で報道しただけで、[43] 日本国民には、審理内容も伝えられず、南京虐殺の実相は報道されないまま、不当、不公平感だけが残る結果となった。これも時代を経ると四人の日本軍人は冤罪で処刑されたという、鈴木明『「南京大虐殺」のまぼろし』（文藝春秋、一九七三年、後に文春文庫）に代表される南京虐殺の記憶の「忘却」論が流布する要因になっていく。

東京裁判における南京事件の審理は、四八年四月の弁護側最終弁論で結審となり、同年一一月一一日に判決文が言い渡された。翌一二日の『朝日新聞』には判決文の要旨が発表され、南京虐殺については「B部第八章通例の戦争犯罪（残虐行為）」に「南京暴虐事件」の見出しをつけて以下のように掲載された。判決文はもっと長大であるが、ここでは、一般国民が知りえた判決の内容として意味があるので、新聞記事の方を記しておく。

〈南京暴虐事件〉占領後の約一ケ月の間に約二万の強カン事件が発生し、男子に対する大量殺人は、中国兵が軍服を脱ぎ捨てて住民の中に混りこんでいるという口実で行われ、兵役年齢にあつた中国人男子二万人がこうして死んだほかに捕虜三万人以上が殺された。後日の見積もりによれば、日本軍が占領してから最初の六週間に南京とその周辺で殺害された一般人と捕虜の総数は二十万以上であつた。

武藤は、南京進撃の期間中松井とともにおり、この市の入城式と占領に参加した。世界で巻き起された世論の圧迫の結果として、日本政府は松井とその部下の将校約八十名を召還したが、かれらは遂に処罰されなかつた。

ついで、東京裁判最終日の四八年一一月一二日、被告各個人に対する刑の宣告が言い渡され、その判決文の抜粋が翌一三日の『朝日新聞』に大きく報道された。松井石根については「南京の残虐行為／この一訴因で絞首刑」

という見出しで、次のように記されている。

中支那方面軍を率いて、かれは一九三七年十二月十三日に南京市を攻略した。修羅の騒ぎは、一九三七年十二月十三日に、この都市が占拠されたときに始まり、一九三八年二月の初めまでやまなかつた。この六、七週間の期間において、何千という婦人が強姦され、十万以上の人々が殺害され、無数の財産が盗まれたり、焼かれたりした。これらの出来事が最高潮にあつたときに、すなわち十二月十七日に、松井は同市に入城し、五日または七日の間滞在した。自分自身の観察と幕僚の報告とによつて、かれはどのようなことが起こつているかを知つていたはずである。憲兵と領事館員から自分の軍隊の非行がある程度あつたと聞いたことを彼は認めている。

本裁判所は、何がおこつていたかを松井は知つていたという十分な証拠があると認める。これらの恐ろしい出来事を緩和するために効果のあることは何もしなかつた。かれは自分の軍隊を統率し、南京の不幸な市民を保護する義務をもつていたとともに、その権限をももつていた。この義務の遂行を怠つたことについて、かれは犯罪的責任があると認めねばならぬ。

当時の日本国民は判決文の原文を読む機会はなかったので、判決については、右のような新聞報道以外の情報は得られなかった。原文には「日本兵は市内に群がってさまざまな残虐行為を犯した」「日本兵は同市を荒らし汚すために、まるで野蛮人の一団のように放たれた」「兵隊は……全市内を歩きまわり、殺人・強姦・掠奪・放火を行った。…中国人の男女子供を無差別に殺しながら、兵は街を歩きまわり、遂には所によっては大通りや裏通りに被害者の死体が散乱したほどであった」「幼い少女と老女さえも、全市で多数に強姦された。そしてこれらの強姦に関連して、変態的と嗜虐的な行為が多数あった。多数の婦女は、強姦された後に殺され、その死体は切断された」というように過度に誇張された残虐場面の描写があるが(44)、新聞記事からはそのようなイメージは伝わらない。

これを読んだ日本国民は、犠牲者数の膨大さに違和感を感じ、何よりも松井石根が死刑を宣告されたことに驚いたと思うが、南京虐殺の記憶を具体的にイメージするには、あまりに簡単すぎる内容である。

国民の記憶化プランの頓挫

ドイツを占領したアメリカ軍は、ナチ時代の巧みな戦争宣伝の結果、正しい情報が欠如していると考えて、ドイツ人に罪を自覚させるためのキャンペーンに力を入れた。石田勇治によれば、一九四五年の夏、連合軍が解放したベルゲン・ベルゼン収容所のおびただしい数の犠牲者の遺体と所内の惨状を撮影した写真と報道を載せ、「これは君たちの罪だ」という暫定的な文句を添えたポスターが全ドイツの都市と農村に掲示された。一九四五年末には、強制収容所内部の組織と権力構造、劣悪な生活環境とさまざまな犯罪の実態を克明に描いた『SS国家──ドイツ強制収容所のシステム』（著者は政治犯として捕らえられていたドイツ人政治学者オイゲン・コーゴン）を出版させ、広く読ませた。さらにアメリカ軍は、ナチドイツを裁いたニュルンベルク裁判（一九四五年一一月二〇日〜四六年一〇月一日）をドイツ人にナチ支配の本質を理解させ、かれらをナチズムから引き離す「再教育」の場として活用した。ニュルンベルク裁判においては、裁判の進捗状況が逐一新聞・ラジオなど統制下のメディアを使って公表された。被告の罪状について大きな紙面が割かれ、厳重な報道統制のもとで細かな記事の一文一文にまで入念なチェックが施され、各地の新聞社は裁判報道用に紙の特別配給を受けた。さらに、アメリカ軍は、ナチの残虐行為を実写したフィルムで再現した宣伝教育用の短編映画『死の挽き臼』を制作し、戦犯抑留施設、公民館、学校、映画館などでの上映を義務づけたのである(45)。

東京裁判においても、その開始時期においては、本稿で述べたように、日本国民を軍国主義から引き離す「再教育」をめざす試みがNHKラジオやGHQが統制下においている全国紙を利用して行われた。しかし、本章で『朝日新聞』報道を事例に見てきたように、アメリカ軍が南京虐殺における日本軍の罪を自覚させ、日本国民に南京虐殺の記憶をもたせようと東京裁判の最後まで努力したようには思えない。

荒井信一が指摘するように、ニュルンベルク裁判では、四二巻におよぶ公判記録と判決が公刊されたのにくらべれば、東京裁判については、アメリカ政府は、資料が広範に利用されるような措置はとらなかった。当時裁判所で配付された記録か、そのマイクロフィルムによる複製が特定の場所で利用できる程度であった。戦犯裁判の歴史的意義が、大衆にたいする広義の教育的機能にあったとすれば、この面でも、アメリカはきわめて中途半端なかたちで裁判を終わらせてしまったのである。(46)

南京虐殺否定論者は、アメリカが情報戦略の一つとして、東京裁判で南京事件をデッチ上げ、それを日本国民の戦争犯罪意識を喚起するために利用しようとしたと主張しているが、実際は、アメリカは南京事件を利用して日本国民を「再教育」する熱意を喪失してしまったのである。南京虐殺否定論者は、東京裁判の判決に反対したインド代表のラダビィノッド・パル判事の意見書を、誤用、悪用しているが、(47)彼でさえも、「本件〔南京暴行事件〕において提出された証拠に対し言い得るすべてのことを念頭に置いて、宣伝と誇張をでき得る限り斟酌しても、なお残虐行為は日本軍そのものがその占領した或る地域の一般民衆、はたまた戦時俘虜に対し犯したものであるという証拠は圧倒的である。問題は被告〔松井石根〕にかかる行為に関し、どの程度まで刑事責任を負わせるかにある」と述べている。(48)つまり、東京裁判の法廷に提出された圧倒的な証拠によって、南京暴行事件の事実は認定されると判定しているのである。

もしも、アメリカが最後まで日本国民の南京虐殺の記憶化をめざしたのであれば、パル判事でさえ認めざるをえなかった圧倒的な証言記録を公表し、新聞にも大々的に報道させ、日本国民に読ませるようにしたはずである。判決文でさえ当時の一般国民に全文を読ませるような措置はとらなかったのである。

ただし、東京裁判の判決文に叙述された南京虐殺像を日本国民が記憶として受け入れるべきであったかどうかは別問題である。東京裁判の判決文ならびに南京軍事裁判の判決文はあくまでも戦争犯罪の立証、すなわち多数の非武装化した中国人捕虜や一般市民が組織的あるいは頻繁に虐殺されたという「事実認定」を論証したものであって、歴史学的に南京事件の全体像を叙述したものでなかった。これらの判決文に基づいて誤った南京事件イメージが日本でも中国でも流布されていることについては、拙著で指摘したことがあるので、[49]ここでは述べない。しかし、判決文がそうなってしまったのは、日本側にも大きな責任があった。第一は、本章で詳述したように、日本政府と軍部が南京事件に関する重要な公文書類を徹底的に焼却、隠匿してしまったために、南京虐殺の立証が、被害者側の証言・書証にもっぱら依拠せざるを得ず、判決文も被害者側の告発、糾弾を反映したものになり、部分的には誇張や虚説も含まれたものになってしまったのである。第二は、日本軍部・政府が被告となり、連合国が原告であるという対立構図が明確だったために、日本人の証人が、南京事件の事実を解明するために証言することは「身内を売る行為」「利敵行為」と見なされる状況にあった。そのため、日本人の証言は、南京虐殺を否認ないし、責任の無所在を主張せざるをえないものとなり、日本側から南京事件の歴史事実はこうであったという証言ができなかった。したがって、被害者側の証言をベースにした南京虐殺の事実認定がなされ、それが判決文にも記されたのである。

以上のような理由から、東京裁判の判決文は、裁く側が、もっぱら被害者側の証拠、証言、書証を基にして作成した内容となり、史実を厳密にふまえていない描写があり、日本人の南京虐殺の記憶とするには馴染まない部分が混入されている。

東京裁判を推進したアメリカは、当初は、東京裁判を軍国主義に冒された日本国民の「再教育」の場と位置づけて、ＮＨＫ番組「真相はこうだ」（一九四五年一二月九日から四六年二月一〇日まで一〇回シリーズで放送）「真相箱」などを作成して、「日本人再教育プラン」に着手したが、裁判開始後急速に進行した東アジアの冷戦の中で、日本に対する占領政策を、初期の非軍事化、民主化という目的からはなれて、しだいに日本の再軍備と反共国家化をめざすものに転換していったため、戦争責任の究明ということ自体に熱意を失ってしまった。それだけでなく、日本国民の「再教育」が成果をあげて、民主化が「過度」に進展し、戦争責任追及が昭和天皇にも及び、当時の社会主義勢力が主張していた人民民主主義国家の建設を求める政治運動が活発になることに対して危惧を抱くようになっていたことも事実である。

敗戦前後の昭和天皇とアメリカ軍、政府との関係は、アメリカ側の資料を利用した新たな研究書で、相当明らかにされてきているが[50]、最近新聞で一部が公表された昭和天皇と連合国軍最高司令官マッカーサーとの会見記録によって、日本国民の「再教育」の進展に危惧を抱くようになってきたアメリカと昭和天皇との間に政治的「談合」が成立していたことが判明する[51]。そのことが東京裁判の終盤において、アメリカが日本国民の南京虐殺の記憶化には関心をもたなくなったこととも関連しているように思える。

東京裁判ではアメリカの強い介入で天皇の戦争責任は免責されていたが、ソ連の東アジアに対する政治的影響力が拡大し、朝鮮民主主義人民共和国成立（一九四八年九月）、中華人民共和国成立（一九四九年一〇月）への動きが加速されるなかで、アメリカも昭和天皇も日本国内の労働組合運動の発展、拡大に脅威を感ずるようになり、日本国内で天皇を含む戦争指導者の戦争責任追及運動に最も熱心であった共産党勢力の影響力の拡大にも脅威を覚えるようになった。昭和天皇が最も恐れたのは、中国と朝鮮北部で社会主義革命政権が樹立され、その影響力が日本にもおよんで天皇制打倒を掲げる日本国内の革命運動が激化することであった。そのためにマッカーサーとの会見で昭和天皇は「日本の安全保障を図るためには、アングロサクソンの代表者である米国が、そのイニシアチブを執ることを要する」とアメリカ軍の長期駐留を期待することを表明したのである。

東京裁判の終盤には、アメリカ政府と昭和天皇との間に政治的「談合」が成立していたことは、東京裁判の結審直後に昭和天皇が同裁判首席検察官のジョセフ・B・キーナンを通じてトルーマン大統領へメッセージを渡したことからも推測できる。一九四八年一二月四日付『朝日新聞』に「天皇・米の寛大に感謝／キーナン検事を通じてトルーマン大統領へ伝言」という見出しで次のようなメッセージが掲載された。

天皇は米国と最も密接な関係をかためるためにできるかぎりの努力をしたいと思っている。天皇は米占領軍の寛大な態度と他国に対する思いやりのある取扱いを感謝している。天皇は立憲君主としての地位で、米国のような民主主義を日本国民の中に育成するために最善をつくしたい。

右のメッセージは、東京裁判の審理進行中に日本国憲法が天皇の名で公布され（一九四六年一一月三日）、象徴天皇制という「立憲君主制」を日本国民も歓迎している実績をふまえて、アメリカ軍の長期駐留の下に天皇主導による「民主主義」を育成することの方が、日米両国にとって利益になるとアピールしたものである。

東京裁判の開始時期に試みられた日本国民の「再教育」のプランも、民主化の進展による国民の共産主義化をともに恐れるアメリカと昭和天皇との間に政治的「談合」が成立して以後は、すでに色あせたものになっていた。天皇の軍隊としての構造的特質から発生した南京虐殺の記憶が日本国民の常識として定着することは大元帥であった天皇にとっては忌避したいことであり、当時すでに日本の再軍備を計画していたアメリカにとっては、旧日本軍の幹部と組織と技術を継承して利用する必要があったから、日本国民の間に南京虐殺の記憶が定着し、旧日本軍の戦争犯罪を批判、追及する意識が浸透することは回避する必要があった。こうしたアメリカと昭和天皇の政治的「談合」の背景があって、東京裁判を日本国民の「再教育の場」と位置づけ、南京虐殺の記憶を日本国民に定着させようとしたCIEの初期のプランはうやむやにされたといえよう。

本章で見てきてように、南京暴虐事件の責任者として松井石根を死刑にしたにもかかわらず、国民には被害者側の証言記録を公開して提示することもせず、南京事件の実態を広く日本国民に記憶させる努力もせず、国民から見れば、真相が不明のまま、松井石根の死刑に納得のいかないまま、「勝者の裁き」という強い印象をもたせて東京裁判が終わったことになる。

ここで、東京裁判による日本国民の南京虐殺の記憶化のプランが頓挫したというのは、ニュルンベルク裁判によりドイツ国民がアウシュヴィッツをはじめとする収容所におけるユダヤ人虐殺の記憶を具体的イメージをもって共有するようになったことと比較してのことである。つまり、日本国民が南京事件の歴史実態に基づいた南京虐殺の記憶を共有するにいたらなかった、という意味である。それは、当時の日本の歴史学研究者が南京事件の全体像を解明して国民に提示するという発想も関心もなかったことも原因している。国民が記憶すべき南京事件の歴史像がGHQ、CIEからも、あるいは日本の歴史学者からも提供されなかったのである。

それでも、南京虐殺が事実あったというレベルの記憶は、東京裁判の以前から知識人を中心に国民の間にも存在していたのが、東京裁判の審理と判決を経て、より多くの国民に共有されるようになったのは事実である。当時は南京虐殺を事実として記述する書物が出版されても、(52) それが、現在のように否定説を唱える右翼、保守勢力から脅迫まがいの批判を受けるという現象は存在しなかった。

一九五〇年代前半の日本社会において、南京虐殺が事実あったという記憶が多くの国民に共有されていたことを証明するものとして、南京事件が小説の題材にされたことがあげられる。三島由紀夫「牡丹」(『文藝』一九五五年七月号)は短編小説であるが、南京虐殺で五八〇人の中国人女性を殺害した日本軍大佐が描かれている。当時は三島由紀夫でさえも南京虐殺を事実として記憶して小説にしたのである。

堀田善衛『時間』は、一九五三年二月から五五年一月にかけて、『世界』『文学界』『改造』の三種の雑誌に連載された後、五五年四月に単行本が新潮社から出版された。同小説は南京虐殺そのものをテーマにし、中国人の犠牲者家族を主人公にして、日本軍の加害・残虐行為を描いたものである。もしも『時間』がベストセラーになっていれば、あるいは映画化されていれば、日本国民の南京虐殺の記憶化の推進に大きく貢献したと思うが、当時の日本社会と国民の意識にはそのような条件はなく(現在も変わっていないが)、『時間』(新潮文庫)は絶版のままで、それを収録した『堀田善衛全集　2巻』(筑摩書房、一九九三年)も現在は絶版となり、おそらく多くの日本国民からは「忘却」されてしまっているのが現実である。

『時間』が発行された当時は、文壇の評価は好意的であり、評論家たちも南京虐殺は事実あったという記憶を前提に論議していた事実、さらに現在のようにことさらに政治問題化されて、文壇で取り上げて論議するのを回避するような状況もなかったことは確認しておいてよいであろう。

南京事件を題材にした石川達三『生きてゐる兵隊』、三島由紀夫「牡丹」、堀田善衛『時間』については、拙稿「日本の文学作品に見る南京虐殺の記憶」で執筆の動機、内容、反響もふくめて詳述したので、参照されたい(53)。

おわりに――「逆コース」時代と南京虐殺の記憶の「忘却」

本章で検討してきた敗戦直後における日本国民の南京虐殺の記憶の最大公約数的なものを、以下のようにまとめることができよう。

戦時中は口コミの世界を通して、残虐行為の断片が伝えられ、記憶されていた(54)。敗戦により政府・軍部が強制していた箝口令が消滅すると、戦時中すでに南京虐殺の記憶をもっていた政府・軍部の指導クラス、軍人、ジャーナリスト、知識人などが記憶を語れるようになり、それらが相当自由になった言論出版を通じで一般国民にも広まっていった。東京裁判に前後してGHQ、CIEなどから与えられた南京虐殺事件の情報は、イメージが残虐にすぎ、プロパガンダ臭が強く、日本国民の記憶とするには抵抗があり、多くの国民はそれを受容しなかった。東京裁判で松井石根、広田弘毅、南京裁判で四人の日本軍将校が死刑にされたのは大きな衝撃であったが、日本兵の強姦行為や捕虜の殺害などについての断片的な記憶はあったから、南京虐殺は事実あったという記憶は多くの国民が共有するものとなった。しかし、南京虐殺事件のイメージは、日本国内でもかなり出回っていた残虐写真と同様に断片的なままであった。当時、南京事件全体を描いたドキュメンタリーフィルムのような映像的な資料を見させられることもなく、南京事件をわかりやすく記述した歴史書も出版されておらず、石川達三『生きてゐる兵隊』や堀田善衛『時間』の読者も限られていたので、南京虐殺は具体的なイメージとして記憶されることなく、東京裁判の判決文にある二〇万以上の中国人が虐殺されたというスケールの事件は想像できないままであった。

ただし、三島由紀夫「牡丹」や堀田善衛『時間』が公刊された一九五五年段階では、同作品に対する文壇やジャーナリズムの反応から推し測って、南京虐殺が事実あったという記憶は日本国民の多くに共有されていたといえる。しかしそれは、南京虐殺の現場は中国という外国であって身近に見聞する機会はなく、被害者の中国人は周囲にはおらず、南京事件の映像記録や写真を見せられることもなく、南京戦に参加した元将兵たちが虐殺の記憶を語り、証言することも例外的でしかなかったなどの諸条件から、体験的な事実あるいは具体的な事実、とくに視覚的なイメージに裏打ちされた記憶ではなかったのである。そのため、為政者、権力側が「忘却」の策動、操作を行えばその影響を受けやすい脆さをもっていた。

そうした日本国民の南京虐殺の記憶が「忘却」をめざして大きく抑圧され、沈黙を強いられるのが、一九四九年を契機に急激に推進された「逆コース」時代であり、その結果として成立した「五五年体制」の時代であった。たとえば、一九五五年以前の中学校、高等学校の歴史教科書には、文部省が発行した『日本の歴史』(中学校用も高校用も同じタイトル)にも南京虐殺が記述され、その後教科書会社が発行するようになった中学社会、高校社会の教科書にも「南京暴行事件」は記述されていた。しかし、一九五五年に民主党が社会科教科書の「偏向」攻撃を行い、同年民主党と自由党が保守合同をして成立した「五五年体制」の下で教科書検定が強化され、一九五五年以降から六〇年代を通じて、南京虐殺の記述が教科書から消されてしまったのである。南京虐殺が教科書に再び記述されるようになるのは、家永三郎教科書検定訴訟が行われ、文部省の教科書検定を違憲であるとした杉本判決(一九七〇年)が出されて以降になってである。(55)

「逆コース」時代になぜ日本国民の南京虐殺の記憶の「忘却」がはかられるようになったのか。(56) それは、アメリカが、東アジアの冷戦の進展にともなって日本に対する占領政策を民主主義国家の建設から反共国家の樹立へ、非軍国主義・非軍事化から再軍備へと大きく転換させ、岸信介らA級戦犯容疑者の釈放、さらに東京裁判で禁固刑を受けたA級戦犯全員の釈放、かつての軍国主義者・国家主義者をはじめ、戦前の天皇制ファシズム体制を支えた官僚、軍人、資本家、各界指導者に対して行った公職追放の解除などの一連の措置によって、彼等が政界、官界、財界、軍界（自衛隊）などに復帰し、戦時中に日本国民の南京虐殺の記憶の「忘却」をはかった権力構造を復活させたからである。それに連動して、天皇の責任もふくめて戦争責任追及の先頭に立って、南京虐殺の記憶を共有していた共産党員（共産主義者）、ジャーナリスト、教員、労働運動指導者らをレッド・パージで追放している。

「五五年体制」が成立して後は、日本では歴代の自民党政権が日本の戦争の侵略性を否定するという姿勢をとりつづけ、教科書検定に見られるように南京虐殺の記憶の「忘却」をはかる施策をとりつづけたのである。このため、吉田裕が指摘するように、日本では戦争の侵略性を認めるか否かが、保守と革新を分かつ政治的な分岐点とされ(57)、南京虐殺の記憶の問題も、「想起」を主張するのが革新・左翼で、「忘却」を策するのが保守・右翼という政治対立の構図ができてしまった。西ドイツでは同じころ政権の座にあった保守政治家のアデナウアー首相が、「ドイツ民族の名において筆舌につくしがたい犯罪がおこなわれた」ことを率直に認め、犠牲者となったユダヤ人に対する「道徳的、物質的補償をおこなう義務」があることを言明したように(58)、保守党もナチドイツの戦争責任を追及し、「過去の克服」に努力したことが日本の保守党と決定的に違っている。

「逆コース」時代と「五五年体制」の確立によって、本稿で詳述した戦時中に南京虐殺の「忘却」を強制した政治と社会の構造が復活した側面があった。

その側面を事例的に上げれば、一つは、旧日本軍の「復活」である。これにより、戦時中、南京戦従軍兵士に南京虐殺の記憶を国民に語らないように強制した、日本軍の規範が精神的なものとして復活したのである。朝鮮戦争勃発を契機に、まず旧日本軍人の公職追放が解除され、ついで発足させた警察予備隊に、旧帝国軍隊の幹部が続々と採用され、入隊者も軍隊経験者が約半数を占めた。予備隊がその後、保安隊から自衛隊と拡充されていくにつれて、旧軍人の地位はしだいに強化され、幕僚長をはじめ上級幹部の多くを旧軍将校が占めるようになった。こうした旧日本軍の復活は、本章ですでに詳述してきたように、皇軍の威信を失墜させることになる南京虐殺の記憶を、南京戦参加の日本軍兵士に語らせないという皇軍精神の規範が、現在にいたるも強力に機能しつづけているきっかけとなった。南京戦に参加した陸軍将校畝本正己と海軍士官の源田実が自衛隊の幹部となり、南京虐殺の記憶を「忘却」させるための言論活動をしているのは、その象徴的な事例であるが（本書三三頁）、ドイツにおいて、旧ドイツ国防軍将校がそのような活動をすることは考えられないことである。

「逆コース」時代の到来とともに、天野貞祐文相が、愛国心教育の必要を唱えて、君が代、日の丸の掲揚を各大学ならびに全国の教育委員会に通達し（一九五〇年一〇月）、昭和天皇が靖国神社参拝を復活したように（五二年一〇月）、天皇制イデオロギーを復古させる反動風潮が強まるなかで、南京虐殺の記憶を「忘却」させようという旧皇軍の規範もより堅固になっていったのである。

もう一つの側面は、南京虐殺をリアルタイムで記憶し、証言すべき立場にあった外交官が「逆コース」時代を推進する政府指導者になり、沈黙、隠匿を続け、「忘却」に加担したことである。「逆コース」時代を担った吉田茂首相は、南京事件当時、駐英イギリス大使の職にあったから、南京のイギリス大使館員が本国に送信していた虐殺関係に関する報告を間接的に知る立場にあったし、当時大使級の外交官であれば、本章で紹介した南京虐殺を非難する世界の動きを報告した日本外務省文書を回覧により見ていたことはほぼ間違いない。しかし、吉田茂は、西ドイツのアデナウアー首相とは違い、侵略と加害の戦争を反省、謝罪を言明することもなく、南京虐殺の記憶を国民に語ることもなかった。

さらには、南京事件の現場にいて、強姦された女性の案内で現場検証に行ったアメリカ大使館員のジョン・M・アリソンが酒に酔った日本軍将校に平手打ちをくらって外交問題となったアリソン事件[59]の当事者のアリソンが、

「逆コース」時代の駐日大使をつとめ、同じく南京事件の現場にいて、日本総領事として事件の処理にあたった岡崎勝男が「逆コース」時代の外務大臣を務めたのである。岡崎とアリソンは日米軍事同盟下に日本の軍隊を拡充するためのMSA（相互安全保障）協定を締結する（一九五四年三月）。アリソンは回想録John M. Allison, *Ambassador from the Prairie or Allison Wonderland*, Houghton Mifflin Company Boston, 1973. を書いているが、南京事件については、アリソン事件とアメリカ人財産施設の掠奪に関する記述だけが詳しく、日本軍の残虐行為と中国人が被った犠牲については、ほとんど触れていない。彼は事件当時、アメリカ国務省に南京虐殺に関する報告を送っていたのである。岡崎も東京裁判で南京事件の現場で処理にあたったことを宣誓口供書で証言していながら（本書、二九頁）、外務大臣として南京虐殺の記憶を語るようなことはしなかった。(60) 彼も報告作成に関わっていたと思われる南京虐殺に関する外務省文書を、敗戦前後に徹底的に焼却してしまっていたので、南京事件との関係を問われることもなく、沈黙による「忘却」を策することが可能だったのである。

南京事件の現場にいた日本とアメリカの外交官が、日米合作による「逆コース」時代を推進し、日本国民の南京虐殺の記憶の「忘却」に加担したことは、東京裁判後のアメリカが、日本国民の南京虐殺の記憶の「忘却」に果たした役割を象徴的に物語っている。

「逆コース」時代に続く「五五年体制」の成立と継続により、日本国民の南京虐殺の記憶は沈黙、封印され、「忘却」の策動は功を奏するかに思われたが、一九六〇年代後半に日本国内で広く展開されたベトナム戦争反対運動を契機にして、日本国民の間に、過去の日本の戦争の侵略性や加害性を再記憶する気運が浸透した。そして、いくつかの拙稿で整理したように、(61) 一九七〇年代から、南京虐殺は事実か「虚構」「まぼろし」かその記憶化をめぐるいわゆる「南京大虐殺論争」が開始されたのである。同論争を経て、一九九〇年代には南京虐殺は事実あったという記憶はようやく日本国民の共通のものとして定着しはじめ、日本政府の閣僚も現在では、その事実を否定する発言を公的な場ではできない状況になっている。現在が敗戦直後と決定的に違うのは、一九八四年に結成された南京事件調査研究会のメンバーを中心に歴史学研究の成果として多くの資料集、歴史書が次々に公刊され、中学校や高等学校の歴史教科書のすべてに南京事件が記述され、歴史学辞典類のほとんどに項目と解説が掲載されるようになったからである。

しかし、一九九〇年代後半になると、南京虐殺の記憶が国民の記憶となることを阻止し、「忘却」させるために、政府と民間が一体となった攻勢が再び強化されるようになった。政府サイドでは、自民党国会議員の多数派が組織する「歴史・検討委員会」（一九九三年結成）や自民党の「終戦五〇周年国会議員連盟」（一九九四年結成、奥野誠亮会長、板垣正事務局長）さらに同連盟が発展的に改組された「明るい日本・国会議員連盟」（一九九六年改組、会長、事務局長同じ）、「日本の前途と歴史教育を考える若手議員の会」（一九九七年結成、中川昭一代表、安倍晋三事務局長、二〇〇四年に「若手」をとって「教科書議連」と略称）などが中心になり、民間サイドでは、「自由主義史観研究会」（藤岡信勝を会長に一九九五年結成）や「新しい歴史教科書をつくる会」（一九九七年結成）などが中心になって、南京大虐殺否定論の大キャンペーンを展開、日本の歴史教科書から南京大虐殺の記述を後退させ、やがては削除させようという、第三次の教科書攻撃を推進し、現行の中学校教科書の南京事件の記述を後退させることに「成功」している。

一九九〇年代後半の南京大虐殺否定派の大運動と歴史教科書攻撃の展開については、拙稿「戦争肯定論の軌跡と現在——日本人の南京大虐殺認識をめぐって」(62)、拙稿「南京大虐殺と教科書問題」(63)、拙稿「南京事件の記憶の抹殺者たち」(64)に比較的詳細に論じたので参照していただきたい。

拙稿「言論・報道界のなかの『南京大虐殺否定の構造』」(65)で論じたように、日本のジャーナリズムや出版界には日本国民が南京虐殺の記憶を共有することを阻害し、「忘却」をはかる根深い構造がある。その主要な原因は、本章の「はじめに」に書いたように、日本政府と社会が、日本国民を統合していくために「日本人としての誇り」を持たせる必要があり、そのためには南京虐殺の記憶を「記憶の共同体」から「忘却」させなければならないという考えに呪縛されているからである。

しかし、歴史の流れは、日本人が日本国家という枠を超えて、東アジア共同体の形成に向けて、南京虐殺の記憶を東アジア世界において「共有」しなければならない時代に来ている。拙稿「ナショナルな記憶からグローバルな記憶へ」(66)で展望したように、これからは日本と中国で、さらに韓国・北朝鮮、台湾を含めた東アジア世界で「共有」できる南京虐殺の記憶のあり方をめざして、歴史学・歴史教育の交流と対話が必要とされる時代になっているのである。(67)

【註】

(1) 藤原帰一「論題時評・戦争の語り方」(『朝日新聞』二〇〇二年七月三一日)。
(2) ベネディクト・アンダーソン著、白石さや・白石隆訳『増補　想像の共同体――ナショナリズムの起源と流行』NTT出版、一九九七年、二四、三二六~三三五頁。
(3) 石田雄『記憶と忘却の政治学――同化政策・戦争責任・集合的記憶』明石書店、二〇〇〇年、一一頁。
(4) ベネディクト・アンダーソン前掲書、三三五頁。
(5) ジャック・ル・ゴフ著、立川孝一訳『歴史と記憶』法政大学出版局、一九九九年、九四頁。
(6) 同右、一五八頁。
(7) 同右、九一頁。
(8) 阿部安成・小関隆ほか『記憶のかたち――コメモレイションの文化史』柏書房、一九九九年、七頁。
(9) 石田雄前掲書、一二~一三頁。
(10) このことは拙著『アジアの中の日本軍――戦争責任と歴史学・歴史教育』(大月書店、一九九四年)、同『南京事件と三光作戦――未来に生かす戦争の記憶』(大月書店、一九九九年)、同『南京事件と日本人――戦争の記憶をめぐるナショナリズムとグローバリズム』(柏書房、二〇〇二年)をお読みいただければわかるように、私が南京事件研究で一貫して追求している研究目的である。

(11) 吉田裕『現代歴史学と戦争責任』青木書店、一九九七年、所収。
(12) 同右より再引用、一二九頁。
(13) 同右、一三六頁。
(14) 奥野誠亮が自民党「終戦五〇周年国会議員連盟」(一九九四年一二月結成)会長として一九九五年に国会が侵略戦争反省決議をするのを阻止する運動の中心になったことや、自民党「歴史・検討委員会」が南京大虐殺の「虚構説」を主張して、国民の南京虐殺の記憶の「忘却」を策動していることについては、拙稿「逸したアジアとの『和解』——戦後五〇年、国民の選択」(同『南京事件と三光作戦』大月書店、一九九九年、所収)を参照されたい。
(15) 外務省百年史編纂委員会編『外務省の百年(下)』原書房、一九六九年、一二九六頁。
(16) 洞富雄編『日中戦争　南京大残虐事件資料集　第一巻　極東国際軍事裁判関係資料編』青木書店、一九八五年、二二〇頁。
(17) 楊夏鳴・王衛星訳「英国外交档案中有関侵華日軍南京大虐殺史料一組」(『民国檔案』二〇〇二年一号)。
(18) 洞富雄編前掲資料集、三八二頁。
(19) たとえば、鈴木明『「南京大虐殺」のまぼろし』(文藝春秋、一九七三年)、一二四頁。阿羅健一『聞き書　南京事件』(図書出版社、一九八七年)、二九二頁。
(20) 南京虐殺の犠牲者総数の問題にのみ論点を絞り、「三〇万人虐殺でなければ南京大虐殺ではない」という南京大虐殺否定論のトリックへの批判は、笠原十九司「数字いじりの不毛な論争は虐殺の実態解明を遠ざける」(南京事件調査研究会編『南京大虐殺否定論13のウソ』柏書房、一九九九年)を参照されたい。
(21) 第一六師団所属の歩兵第二〇連隊の兵士たちの日記を収録した、井口和起・木坂順一郎・下里正樹編集『南京事件京都師団関係資料集』(青木書店、一九八九年)および、第一三師団所属の歩兵第六五連隊の兵士たちの陣中日記を収録した、小野賢二・藤原彰・本多勝一編『南京大虐殺を記録した皇軍兵士たち』(大月書店、一九九六年)。
(22) 藤原彰『日本軍事史　下巻戦後編』(日本評論社、一九八七年)の「第二章　再軍備の開始」を参照。
(23) たとえば、南京戦に参加した日本軍部隊の小隊長、中隊長であった、畝本正己・鵜飼敏定・土屋正治らの「『南京大虐殺』報道の虚構に、われらはもう我慢できない」と題した座談会「『南京虐殺』参戦者の証言」(『文藝春秋』一九八四年一二月号)。畝本正己は、南京攻略戦に参加した将校たちの証言を募集して、南京虐殺が「まぼろし」の事件であったと証明するために、『偕行』(陸軍士官学校出身の旧軍将校の親睦団体・偕行社の機関誌)『証言による南京戦史』(一九八四年四月号~八五年二月号に連載)を編集したことがある。ところが、彼の意図に反して虐殺をやった、見たという証言や記録がかなり出てきてしまい、連載終了後の『偕行』(一九八五年三月号)には、編者の畝本が書いた総括をボツにして、編集部自身が「その総括的考察」を書き、南京虐殺を行われた事実を認めて「中国人民に深く詫びるしかない。まことに相すまぬ、むごいことであった」と結んだのであった。しかし、畝本正己はその後も南京大虐殺を否定する言論活動を活発に続けた。

(24) 阿羅健一『「南京事件」日本人48人の証言』(小学館文庫、二〇〇二年)、二六九頁。海軍も南京虐殺を行った事実は、笠原十九司「南京大虐殺に加わった海軍」(同『日中全面戦争と海軍』青木書店、一九九七年)、一六八~一七三頁に詳述したので、参照されたい。なお源田実が言及を避けた陸軍の虐殺行為については、彼と同じ第二連合航空隊に所属して南京爆撃を行った奥宮正武が著書『私の見た南京事件』(PHP研究所、一九九七年)で、自分が見た南京虐殺の現場の記憶を書いている。

(25) 松岡環編著『南京戦——閉ざされた記憶を尋ねて——元兵士102人の証言』(社会評論社、二〇〇二年)は、第一六師団第三三連隊を中心とした元兵士たちの南京虐殺の記憶を収録しており、「忘却」の構造に風穴を開けるものである。

(26) 高崎隆治「文藝春秋と十五年戦争」(斎藤道一・高崎隆治・柳田邦夫『危うし!?文藝春秋』第三文明社、一九八二年)、一六七頁。

(27) 笠原十九司「日本の文学作品に見る南京虐殺の記憶」(都留文科大学比較文化学科編『記憶の比較文化論——戦争・紛争と国民・ジェンダー・エスニシティ』柏書房、二〇〇三年)。

(28) 小田切秀雄「『生きてゐる兵隊』批判——戦争と知識人の一つの場合」(『新日本文学』創刊号、一九四六年三月)二五頁。

(29) 『朝日新聞』一九四五年一一月二〇日。

(30) 吉田裕『日本人の戦争観——戦後史のなかの変容』岩波書店、一九九五年、三一頁。

(31) 『朝日新聞』一九四五年一二月八日。

(32) 同否定説の批判については、藤原彰「『東京裁判によるデッチ上げ』説こそがデッチ上げ」(南京事件調査研究会編『南京大虐殺否定論13のウソ』柏書房、一九九九年)を参照されたい。

(33) 一九三七年一二月一二日に南京上流の長江で発生した日本海軍機によるアメリカ砲艦パナイ号撃沈事件に対する裁判は、日本政府、海軍部が最も恐れたものの一つで、パナイ号事件関係の重要な公文書は、外務省記録の中からほとんどが焼却されていた。ただし、笠原十九司『日中全面戦争と海軍――パナイ号事件の真相』(青木書店、一九九七年)に詳述したように、日本政府は誤爆事件として迅速に謝罪ならびに損害賠償を行い、当時のアメリカ政府も「誤爆」は認めなかったが、謝罪と賠償を受け入れたので、外交問題としては一応の結着を見た問題であったこともあり、東京裁判では改めて本格的に追及することなく終わった。陸軍砲兵隊によるイギリス砲艦レディーバード号砲撃事件も同じく、日本側の謝罪と賠償で一応の外交結着を見ていた。

(34) 『読売新聞』一九四六年五月九日。前掲の阿羅健一『聞き書 南京事件』には、「従軍作家・石川達三氏」からもらった返事に、「私が南京に入ったのは入城式から二週間後です。大殺戮の痕跡は一片も見ておりません。何万の死体の処理はとても一、三週間では終わらないと思います。あの話は私は今も信じておりません」と書いてあったと記している(同書、二九七頁)。この記事からも阿羅の本がどのようなものかがわかる。

(35) 私がインタビューした赤木三郎は、「日中戦争から帰還した兵士が、自分がやったとはいわないが、戦友がやったとして、『戦地に行けば支那女性が強姦できる』と自慢話、手柄話をしていたから、召集兵たちは戦地に行けば好き勝手なことができると思っていた」と語っている(笠原十九司『南京事件と三光作戦』大月書店、一九九九年、一九五頁)。なお、石川の談話で言及されている従軍僧が『生きてゐる兵隊』に登場する従軍僧片山玄澄のモデルであることがわかり、同小説は石川が兵士たちから聞き取った話をもとに書いたルポルタージュに近いことが判明する。

(36) 吉田前掲書『現代歴史学と戦争責任』は、金子廉二「天皇の軍隊」(『人民評論』二巻三号、一九四六年)が、南京事件に代表される中国民衆への残虐行為を取り上げ、民衆自身の加害責任をはっきりと自覚した論を展開していたことを紹介している(同書、一八五頁)。

(37) 拙稿「日中戦争時における日本人の南京虐殺の記憶と『忘却』上、下」(『季刊中国』第八四号、第八五号、二〇〇六年三月、六月に掲載予定）に詳述されている。
(38) 櫻井よしこ『GHQ作成の情報操作書「真相箱」の呪縛を解く』小学館文庫、二〇〇二年、三九四～三九八頁より再引用。原書は、連合国最高司令部民間情報局編『真相箱――太平洋戦争の政治・外交・陸海空戦の真相』（コズモ出版、一九四六年八月二五日発行）。
(39) 吉田前掲書『現代歴史学と戦争責任』一五九頁。
(40) たとえば、櫻井前掲書がそうである。藤岡信勝「戦時プロパガンダと『南京大虐殺』」（同『近現代史教育の改革――善玉・悪玉史観を超えて』明治図書、一九九六年）は、「真相箱」の文章の私が引用して否定した「南京城内の各街路は……死体で街全体が覆われたのであります。」の文章を掲載して、「笠原十九司氏に問う。右の私の判断（ラジオの描写がウソであるという判断）は正しいのか誤りなのか。機会をみてお答えねがいたい。」（同書、二一四頁）とあるので、本稿はその回答でもある。
(41) 東京裁判における南京事件の審理の経緯と内容については、本書所収の戸谷由麻論文に詳述されているので参照されたい。
(42) 南京難民区国際委員会ならびに同メンバーの記録文書は、南京事件調査研究会編・訳『南京事件資料集①アメリカ関係資料編』（青木書店、一九九二年）に収録、東京裁判における被害者ならびに被害者側の証言は、洞富雄編前掲資料集に収録されている。
(43) 『朝日新聞』に報道された南京軍事法廷についての三つの記事は、全文を笠原十九司『南京事件』（岩波新書、一九九七年）七～八頁に掲載したので、参照されたい。
(44) 洞富雄編前掲資料集、三九五～三九六頁。
(45) 石田勇治『過去の克服――ヒトラー後のドイツ』白水社、二〇〇二年、六七頁。
(46) 荒井信一『現代史におけるアジア――帝国主義と日本の戦争責任』青木書店、一九七七年、四七頁。
(47) 田中正明『パール博士の日本無罪論』（慧文社、一九六五年）がその典型。
(48) 洞富雄編前掲資料集、四〇一頁。
(49) 前掲『南京事件』、一〇～一四頁、および拙稿「中国において南京大虐殺はどのように記憶されてきたか」（笠原十

九司『南京事件と日本人』柏書房、二〇〇二年、所収)。

(50) たとえば吉田裕『昭和天皇の終戦史』(岩波書店、一九九二年)、中村正則『象徴天皇制への道』(岩波書店、一九八九年)。

(51) 「昭和天皇・GHQ最高司令官会見録入手/天皇、東京裁判の対応に謝意/マ元帥、米軍駐留の構想示す」(『朝日新聞』二〇〇二年八月五日)。

(52) たとえば、田中隆吉『裁かれる歴史〈敗戦秘話〉』(新風社、一九四八年)は「南京と通州の悲劇」の項で捕虜の大量虐殺について記している。ジョセフ・C・グルー、石川欣一訳『滞日十年 上巻』(毎日新聞社、一九四八年)は、一九三八年二月十日の日記に、南京虐殺の事実が記されている。石射猪太郎『外交官の一生』(読売新聞社、一九五〇年)は「南京アトロシティーズ」の項で同時代の南京虐殺の記憶を記している。

(53) 都留文科大学比較文化学科編『記憶の比較文化論——戦争・紛争と国民・ジェンダー・エスニシティ』柏書房、二〇〇三年、所収。

(54) 日中戦争当時の日本人の南京虐殺に関する記憶については、前掲拙稿「日中戦争時における日本人の南京虐殺の記憶と『忘却』上、下」にまとめたので参照されたい。

(55) 俵義文『教科書攻撃の深層』学習の友社、一九九七年、一六九頁。

(56) 「逆コース」時代については、歴史学研究会編『日本同時代史② 占領政策の転換と講和』(青木書店、一九九〇年)を参照した。

(57) 吉田前掲書『現代歴史学と戦争責任』、一七五頁。

(58) 石田勇治前掲書、一二八頁。

(59) アリソン事件については、笠原十九司『南京難民区の百日』(岩波現代文庫、二〇〇五年)、三四四~三四六頁にその経緯を記したので参照されたい。

(60) 岡崎勝男は一九五二年から五四年にわたり、吉田茂内閣の外務大臣を務めた。その外交政治は、前掲『外務省の百年(下)』の「第五編第四章岡崎外務大臣時代」に詳述されている。

(61) 日本国民の南京虐殺の記憶の変遷については、笠原十九司「日本人の南京事件の記憶の歴史」(同『南京事件と三光作戦』大月書店、一九九九年)、同「日本人は南京大虐殺をどのように記憶してきたか」(同『南京事件と日本人』柏書房、二〇〇二年)にまとめている。また「南京大虐殺論争」の経緯については、笠原十九司「南京大虐殺と歴史研究」(同『アジアの中の日本軍』大月書店、一九九四年)、同「戦争肯定論の軌跡と現在——日本人の南京大虐殺認識をめぐって」(同『南京事件と三光作戦』)にまとめているので、それぞれ参照されたい。

(62) 拙著『南京事件と三光作戦』大月書店、一九九九年。

(63)『季刊　戦争責任研究』第三六号(二〇〇二年六月)。

(64) 拙著『南京事件と日本人』柏書房、二〇〇二年。

(65) 前掲拙著『南京事件と三光作戦』。

(66) 前掲拙著『南京事件と日本人』。

(67) その試みの一つが、日本と中国と韓国の研究者、教育者が三年間にわたり一〇回の国際会議を重ねて共同編集・執筆して三国同時に出版した日中韓三国共通歴史教材委員会編『未来をひらく歴史　東アジア三国の近現代史』(高文研、二〇〇五年五月)である。同書は南京虐殺を一つのテーマに取り上げて見開き二頁に記述している。三国、とくに日本と中国の編集委員の間で激しい討論を闘わせた結果、歴史叙述の「共有」が可能になったのである。

第二章　南京事件論争と国際法

吉田　裕

はじめに

南京事件をめぐる周知の論争は、一九九〇年代以降、その論点を微妙に変化させ、国際法の解釈に関する論争が大きな比重を占めるようになった。それは、南京事件の実態の解明が急速に進んだことの直接的な結果として、たとえ「まぼろし」派の人々であっても、南京である種の非行が行われた事実そのものは否定できなくなったという事実に起因している。そのため、新たに国際法の解釈を持ち出すことによって、捕虜や投降兵、敗残兵などの殺害を正当化する方向に向かわざるをえなかったのである。

国際法の面からみた南京事件の位置づけについては、すでに拙稿「南京事件と国際法」(1)の中で、かなり詳しく論じておいた。また、独特の国際法解釈によって、「まぼろし」派の中心的「論客」となった東中野修道氏の「奇書」、『「南京虐殺」の徹底検証』（展転社、一九九八年）の国際法理解の誤りについては、拙稿「破綻した南京大虐殺の否定論者たち」(2)および「国際法の解釈で事件を正当化できるか」(3)の中で具体的に指摘しておいた。しかし、東中野氏は、誤りの一部を事実上認めたものの、論点を巧みにずらしつつ、相変わらず事件の否定に躍起になっている。(4)

そこで本稿では、東中野氏の所論に反論を加えることを主眼としつつ、あわせてその他の論者の主張についても、若干言及することにしたい（学術論文としての性格上、本稿では、論争相手の場合以外、敬称を用いない）。

一　論争の経緯

まず初めに、この間の吉田・東中野論争の流れを簡単に整理しておこう。東中野氏の主張する所によれば、「陸戦ノ法規慣例ニ関スル条約」（日本は一九一一年に批准）の付属書である「陸戦ノ法規慣例ニ関スル規則」（ハーグ陸戦規則）の第一条では、交戦者の資格として次の条件を定めているという。

一、部下ノ為ニ責任ヲ負フ者其ノ頭ニ在ルコト
二、遠方ヨリ認識シ得ベキ固著ノ特殊徽章ヲ有スルコト
三、公然兵器ヲ携行スルコト
四、其ノ動作ニ付戦争ノ法規慣例ヲ遵守スルコト

少し説明すると、第一項は、その軍隊が責任ある指揮官を有していること、第二項は、その兵員が一般民間人と明確に区別することの出来る徽章などを身につけていること、を意味している。ところが、南京の防衛にあたっていた「支那軍正規兵」は、（一）最高司令官である唐生智の逃亡により「無統制の集団となった」（第一項違反）、（二）軍服を脱ぎすて一般民間人の服を身にまとって難民区に潜伏した（第二項違反）、（三）武器を難民区内に隠匿した（第三項違反）、（四）以上の行為により国際法に違反した（第四項違反）。したがって彼らは、交戦者としての国際法上の資格を満たしておらず、国際法の適用外にあるそうした中国軍正規兵の処刑は何ら違法ではない、これが東中野説の核心である。(5)

これに対して、前掲二論文の中で、私は次のような批判をくわえた。問題のハーグ陸戦規則の第一条は、「戦

争ノ法規及権利義務ハ、単ニ之ヲ軍ニ適用スルノミナラズ、左ノ条件ヲ具備スル民兵及義勇兵団ニモ之ヲ適用ス」として右の四条件を掲げており、これは、直接的には、民兵や義勇兵が交戦資格を与えられるための条件を示したものである。それにもかかわらず、そのことを明示しないで、この四条件が正規軍の交戦資格を直接規定した条項であるかのような書き方をするのは、読者を惑わすための明らかな詐術である。

もちろん、正規軍の場合でもこの四条件の遵守が求められており、それに違反して行われる敵対行為は、国際法上の「戦時重罪」（戦争犯罪）を構成する。(6) しかし、そうした国際法違反の行為が仮にあったとしても、その処罰には軍事裁判（軍律法廷）の手続きが必要不可欠であり、南京事件の場合、軍事裁判の手続きをまったく省略したままで、正規軍兵士の集団処刑を強行した所に大きな問題がはらまれていた。以上が私の主張の中心的論点である。

これに対して、東中野氏は、前掲「南京の支那兵処刑は不法か」の中で、「たしかに第一条は『民兵ト義勇兵』を問題とする」として私の指摘を事実上認めた。認めた以上、氏の立論の前提そのものがすでに崩壊している訳だが、それにもかかわらず再反論を試みている。その論旨は、はなはだ曲がりくねっていて意味のとりづらい部分が少なくないが、(7) その核心部分は、次の二点に整理できるだろう。

（一）　吉田は、正規軍による四条件違反の行為として、立作太郎『戦時国際法論』（一九三一年）を引用しながら、「正規の兵力に属する者が、敵対行為を行ふに当り、制服の上に平人の服を着け又は全く交戦者たるの特殊徽章を付したる服を着さざる時」などをあげているが、立自身はこれらの行為を「戦時重罪」にあたるとは考えていない。したがって、その違反者の処刑には、軍事裁判の手続きを必要としない。

（二）　立は、右の著作の中で、正規軍の将兵が、四条件に違反した場合には、「交戦者たるの特権を失ふに至る」としている。つまり、これらの将兵は捕虜としての処遇を受ける権利を有せず、したがって、その処刑は違法ではない。

しかし、これは私の主張への反論にまったくなりえていない。以下、この点について具体的に説明したい。

二 「戦時重罪」についての理解の誤り

東中野氏は、立が「戦時重罪」としてとりあげている行為の中に、正規軍兵士による四条件違反の行為が含まれていないことをとりあげて、正規軍兵士による四条件違反の行為は、「戦時重罪」ではないと主張する。しかし、これは、あまりにも無理な法解釈である。念のため、立の指摘を引用すれば、次の通りである。

戦時重罪中最も顕著なるものが五種ある。(甲) 軍人（交戦者）に依り行はるる交戦法規違反の行為、(乙) 軍人以外の者（非交戦者）に依り行はるる敵対行為、(丙) 変装せる軍人又は軍人以外の者の入りて行ふ所の敵軍の作戦地帯内又は其他の敵地に於ける有害行為、(丁) 間諜、(戊) 戦時叛逆等是である(8)〔傍点＝引用者、以下同様〕。

言うまでもないことではあるが、立は、ここで主要な「戦時重罪」を例示しているにすぎない。その例示の中に正規軍による四条件違反の敵対行為が直接あげられていないからといって、それが「戦時重罪」にあたらないとは結論づけることはできないのである。

それでは、立は、正規軍による四条件違反行為をどのように位置づけていたのだろうか、それを考える直接の手がかりとなるのは、立の次の指摘である。

民兵又は義勇兵団に属すると称する者も、(イ) 部下の為に責任を負ふ者其頭に在ること、(ロ) 遠方より認識し得べき固着の特殊徽章を有すること、(ハ) 公然兵器を携帯すること、(ニ) 其の行為に付き戦争の法規慣例を遵守すること等の条件を具備せざるときは、戦時重罪人として処罰し得べきである（ハーグ陸戦条規第一条参照）(9)。

立は正規軍による四条件違反行為が「戦時重罪」にあたることを当然の前提とした上で、その原則は民兵や義勇兵にも適用されるとしているのである。そう判断するのが自然だろう。ましてや東中野氏の場合は、前掲「南京の支那兵処刑は不法か」の中で、この四条件は、「全交戦者の義務」と明言している。それにもかかわらず、それへの違反行為が、民兵や義勇兵の場合にだけ、なぜ「戦時重罪」に問われることになるのだろうか。また、なぜ正規軍の違法行為は許容されるのだろうか。東中野説では、こうした疑問に答えることはできない。

「戦時重罪」の位置づけをより明確な形で述べているのは、同時代の著名な国際法学者、信夫淳平である。信夫は、「戦律罪」（「戦時重罪」のこと）について、次のように指摘している。

> 戦律罪を以て論ぜらるべき事項は、その総てではないが、多くは国際法規の上に禁止のことが規定されてある（例えば陸戦法規慣例規則第一条および第二条に依り適法の交戦者と認められざる者の敵対行為、第二十三条の各号、第二十五条、第二十八条等の禁止事項、赤十字条約の諸規定、一九三〇年の倫敦海軍条約中の潜水艦の遵由すべき法則等の違反の如き）[10]。

念のため、東中野氏のために簡単な解説をくわえておくと、右の指摘は、次の二点が重要な意味を持っている。第一には、国際法の上で明文をもって禁止されている行為だけが、「戦律罪」ではないということである。そして、第二に、ハーグ陸戦規則の第一条に規定されている四条件に違反する行為は、「戦律罪」とみなされていることである。

さらに重要なのは、信夫が「戦律罪」として言及しているハーグ陸戦規則の第二十三条である。同条は、「特別ノ条約ヲ以テ定メタル禁止ノ外、特ニ禁止スルモノ左ノ如シ」として、（イ）から（チ）までの八項目をあげているが、そのうちの（ヘ）、「軍使旗、国旗其ノ他ノ軍用ノ標章、敵ノ制服又ハ『ジュネヴァ』条約ノ特殊徽章ヲ擅ニ使用スルコト」について、信夫は次のように指摘しているのである。

> 敵の制服の擅用禁止に関する本へ号の条句は、文字の上に不備の点が少なくも二つある。その一は、本号

禁止の制服は単に敵のそれに係り、中立人の制服又は平服の擅用に関しては何等説及してないことで、その二は、本号は単に敵の制服の擅用を禁ずるに止まり、敵兵が一般に平服を擅用することに関しては、これ亦明規する所ないことである。〔中略〕二の戦場に於て敵兵が常人の平服を擅用することに関しては、本へ号の上では明晰を欠くも、本規則〔ハーグ陸戦規則のこと〕第一条に於て交戦者たる正規軍の要求する条件の精神から推して、それは許されざるものと解釈すべきであらう[11]。

明らかに信夫は、正規軍の将兵が民間人の平服を身につけて行動することを、「戦時重罪」にあたるとみなしていたのである。

三　明文の禁止規定について

東中野氏のもう一つの問題点は、立の国際法論を拡大解釈している点に求められる。氏は立の次の指摘に注目して、武器を所持せず、民間人の平服を着て難民区内に潜伏していた中国正規軍の将兵の処刑を正当化しようとする。

上述の正規の兵力に属するものも、不正規兵中、民兵又は義勇兵団に必要とする後述の四条件を備へざることを得るものではない。正規の兵力たるときは、是等の条件は、当然之を具備するものと思惟せらるるのである。正規の兵力に属するものが、是等の条件を欠くときは、交戦者たるの特権を失ふに至るのである[12]。

しかし、「交戦者たるの特権を失ふに至るのである」という一節から、四条件に違反した正規軍将兵は、捕虜としての処遇をうける資格を持たず、したがって、彼らを軍事裁判の手続きを省略して処刑しても違法ではない、という結論を導き出すのは明らかに論理の飛躍である。

このことは、さすがの東中野氏自身も一応自覚しているようであり、そのため、氏は次のような「論理」を持ち出すことによって自説を補強しようとする（前掲「南京の支那兵処刑は不法か」）。

このように支那軍が降伏せず抵抗を継続しているさなか日本軍の行った「非捕虜の処刑」の違法性は、国際法のどこにも明記されていない。明確に禁止されていない限り、それは合法であったことになる。「非捕虜」とは、ここでは、四条件に違反したため捕虜としての処遇をうける資格を喪失したと氏がみなしている中国正規軍の将兵で、日本軍により捕えられた者のことをさしている。氏が案出した独特の概念である。しかし、明文をもって禁止されていない行為はすべて合法であるという考え方は、当時の国際法学界の中では明確に否定されていた。信夫淳平は、陸戦に関する諸条約について、この点を次のように指摘している。

> これ等諸条約の規定する所とても、陸戦の凡ゆる行動を律するに就て決して全掩的のものではない。戦闘手段の中には、成文の交戦法規の上に規定するに至らざりしものも多々あり、その当然違法行為を以て論ずべきものにして、明文の上には特に禁止又は制限されてないものも少なくない。然しながら、その規定がないからとて、違法が化して適法となるに非ざるの理は銘記するを要する。陸戦法規慣例条約の前文には、『実際ニ起ル一切ノ場合ニ普ク適用スベキ規定ハ此ノ際之ヲ協定シ置クコト能ハザリシト雖、明文ナキノ故ヲ以テ規定セラレザル総テノ場合ヲ軍隊指揮官ノ擅断ニ委スルハ亦締結国ノ意思ニ非ザリシナリ。』又、『締約国ハ其ノ採用シタル条規ニ含マレザル場合ニ於テモ、人民及交戦者ガ依然文明国ノ間ニ存立スル慣習、人道ノ法規、及公共良心ノ要求ヨリ生ズル国際法ノ原則ノ保護及支配ノ下ニ立ツコトヲ確認スルヲ以テ適当ト認ム。』と特に宣言した。即ち苟も文明国間の慣例に反し、将た人道に悖戻すること明白なる行為は、たとひ法規に明文なしと雖も、之を戒飭すべきは当然である。[13]

「陸戦法規慣例条約」とは、「陸戦ノ法規慣例ニ関スル条約」のことだが、その前文から引用されている二つ目の文章は、「マルテンス条項」[14]として知られるものであり、国際法の人道主義的な運用という面で大きな力を発揮してきたと評価されている。そして、「陸戦ノ法規慣例ニ関スル条約」の前文は、このマルテンス条項に言及して、陸戦規則の第一条および第二条は、「特ニ右ノ趣旨ヲ以テ之ヲ解スベキモノナルコトヲ宣言ス」としていた。つまり、四条件違反者に対する処罰に人道的な配慮を求めていたのである。もっとも、この場合は主として民兵や義勇兵などが想定されているが、明文をもって禁止されていない行為はすべて合法であるという考え方自体が否定されていることが重要である。念のために書きそえておけば、アジア・太平洋戦争当時の国際法において、原子爆弾の使用は、明文をもって禁止されていない。したがって、東中野説によれば、アメリカによる原爆投下は完全に合法的な行為ということになる。

立の場合は、この点を、信夫ほど明確に指摘しているわけではない。しかし、それでも、ハーグ陸戦規則は、「陸戦に関して、規定を欠ける点が多い」(15)とした上で、条約前文の信夫が引用した二つの文章を同じように引用して注意を促しているところをみると、信夫と同様の法解釈をしていたものと判断できる。

なお、東中野氏が自説の直接の根拠にしているのは、足立純夫の著作の中にある次の一節である。

武装部隊は、戦争法規で明確に禁止されていない一切の手段をもって敵を攻撃し又は敵に抵抗する権利を有し、敵が抵抗を継続している限りそれを破摧することができる。(16)

しかし、この見解は、率直に言って暴論である。すでに述べたように、少なくとも戦前の国際法研究においてすら、このような考え方は明確に否定されていた。念のため、もう一つだけ例をあげるならば、敗戦後の一九四六年九月二六日に陸軍省の業務を継承した第一復員局がまとめた「軍律に関する見解」は、この点を次のように述べていた。

海牙条約付属書〔ハーグ陸戦規則のこと〕第二十二条は「交戦者は害敵手段の選択に付無制限の権利を有するものに非ず」と規定し、現代交戦法規の根本原則を為す最も厳粛な規定を設けてゐる。〔中略〕同規則第二十三条は特に禁止する行為を列挙してあるが、第二十二条に依り禁止せらるる行為は固より右に限らるべきではない(ハーグ条約前文第二項参照)。(17)

さらに、東中野氏が、足立の見解を曲解していることも見逃すことができない。足立が述べているのは主として害敵手段についてであり、それも、「敵が抵抗を継続している限り」という重要な前提条件が付せられている。ところが、東中野氏が問題にしている四条件違反の正規軍将兵の場合、抵抗を行える状況にはない。改めて繰り返すまでもないかもしれないが、四条件違反とは、責任ある指揮官を持たず、軍服を脱ぎすてて民間人の平服を身につけ、武器すら公然とは携行せず、そして国際法も遵守しない状態をさしているからである。もっとも、武器の公然たる携行という条項は、本来民間人の平服の下に武器を隠し持って、襲撃する場合などを主として想定しているが、東中野氏の場合は、武器を難民区の中に隠匿したことを指すと理解している。[18] しかし、その場合でも武器を直接所持していないことは前提となっている。つまり、ここにきて、東中野氏の議論は袋小路に入りこんでしまっているのである。武器を持たない集団を抵抗を継続しているとみなすことはできないからである。

四　東中野氏の自己矛盾

以上、東中野氏の所説に逐一反論をくわえてきたが、ここでは角度を変えて、東中野説が、どのような自己矛盾に陥っているかを具体的にみてみることにしたい。なぜなら、氏の議論の仕方の最大の特徴は、批判の鉾先をかわすために次々に新たな論理を持ち出してくるという点にあり、その結果、論理全体の整合性や一貫性は、明らかに無視ないし軽視される傾向にあるからである。

第一に指摘しなければならないのは、国際法における明文禁止の問題である。先にみたように、氏は、国際法の上で明文をもって禁止されていない行為はすべて合法であると主張して、四条件に違反した正規軍将兵の処刑を正当化する。しかし、法理上は四条件遵守が当然の前提とされているとはいえ、ハーグ陸戦規則のどこにも、正規軍は四条件を遵守しなければならないとは書かれていない。ただ、民兵や義勇兵などが交戦資格を認められるために必要な四条件が明記されているにすぎない。だからこそ東中野氏自身も、前掲「南京の支那兵処刑は不法か」の中で、ハーグ陸戦規則第一条に規定する四条件の正規軍への適用問題に関連して、「従って四条件を守った正規兵でなければ正規兵とは認められないという、暗黙の大前提が存在していたことになる」、「〔戦場においては〕全交戦者が最低限守らなければならない鉄則がある。それは正規兵にとっては言わずもがなの自明の鉄則であった。だから特に明記されなかったのである」と書かざるをえなかったのである。つまり、正規軍は四条件に違反する行為を行ってはならない、とは規則のどこにも書かれてはいないことを氏自身が認めているのである。だとするならば、正規軍による四条件違反行為は合法である、という結論にならざるをえない。端的にいえば、氏の国際法解釈自体が処刑合法説を否定しているのである。

第二に指摘しなければならないのは、主として南京の難民区内に潜伏していた中国軍将兵の位置づけの問題である。この点について私は、従来から難民区内には本来の意味での「便衣兵」は存在していなかったと主張してきた。「便衣兵」とは、本来、民間人の平服を身につけて、武器を秘匿しながら攻撃を行う戦闘者のことを指す。ところが、難民区の中に逃げこんでいたのは、軍服と武器を捨て、民間人の服を身につけた敗残兵だったからである。また、たとえ、南京に本来の意味での「便衣兵」が存在したとしても、その処刑には軍事裁判（軍律法廷）の手続きが必要不可欠であり、裁判抜きの処刑は違法であるというのが、私の主張である。

これに対して氏は、前掲、「南京の支那兵処刑は不法か」の中で、「安全地帯〔難民区のこと〕には民兵や義勇兵や便衣兵はいなかった」として、「便衣兵」の存在をはっきりと否定する。(19) しかし、より厳密には、否定せざるをえなかったというべきだろう。なぜなら、「便衣兵」の存在を認めるならば、軍事裁判を省略した形での処刑の違法性が問われることになるし、また、すでに指摘したように、東中野氏がいうところの四条件違反の中国正規軍の将兵は、武器を所持していない以上、実際の敵対行動を行う「便衣兵」とは明らかに異なる存在だからである。

ところが、ここで氏は大きな矛盾に逢着する。氏が論拠の一つとしている足立純夫『現代戦争法規論』は、「敵が抵抗を継続している限り」という留保をつけた上で、国際法上、明文をもって禁止されている以外の一切の害敵手段を行使して敵を破摧できるとしていた。そして、これを根拠に東中野氏は、国際法上、明文をもって禁止されていない四条件違反の正規軍の処刑は合法であるとしていたのだった。つまり、「便衣兵」も存在せず、抵抗も終息していたということになれば、処刑合法説の根拠が失われることになるのである。

実は、東中野氏は、この矛盾に気がついているように思われる。すでに引用した文章ではあるが、説明のために再引すると、前掲論文中には、次のような一見奇妙な、しかしある意味では用意周到な一節がみられるからである。

このように支那軍が降伏せず抵抗を継続しているさなか日本軍の行った「非捕虜の処刑」の違法性は、国際法のどこにも明記されていない。明確にされていない限り、それは合法であったことになる。

ここで東中野氏は抵抗を続ける「支那軍」と処刑された四条件違反の「非捕虜」とを各々別の存在として区別することによって、矛盾を解消しようとしているようにみえる。しかし、足立説の場合、抵抗している主体と破摧されるべき主体は明らかに同一である。なお、念のため指摘しておくならば、東中野氏のいう「支那軍」の「抵抗」には明らかな誇張がある。旧陸軍正規将校の編纂した『南京戦史』でも、「城内における中国軍の抵抗は予期に反して微弱であり[20]」とされているのである。

ともあれ、東中野説の破綻はもはや明らかである。事実、私以外の論者の中からも、氏の説に対する批判が次々に現れている。とくに、軍事裁判抜きの処刑の違法性については、東中野氏を除いて共通の認識が形成されてきたように思う。たとえば、秦郁彦は、「南京事件の場合、日本軍にもちゃんと法務官がいたのに、裁判をやらないで、捕虜を大量処刑したのがいけないんです。〔中略〕これが日本側の最大のウィークポイントなんです[21]」と明言しているし、原剛も次のように述べる。

まぼろし説の人は、捕虜などを揚子江岸で銃殺もしくは銃剣で刺殺したのは、虐殺ではなく戦闘の延長としての戦闘行為であり、軍服を脱ぎ民服に着替えて安全区などに潜んでいた「便衣兵」は、国際条約「陸戦の法規慣例に関する規則」に違反しており、捕虜の資格はないゆえ処断してもよいと主張する。しかし、本来、捕虜ならば軍法会議で、捕虜でないとするならば軍律会議で処置を決定すべきものであって、第一線の部隊が勝手に判断して処断すべきものではない[22]。

さらに、中垣秀夫の「南京事件の検証（2）」も、「かなり中国側に譲渡した考えであることを承知の上で、裁判なき捕虜殺害イクオール虐殺とした[23]」と結論づけている。なお、中垣は元防衛大学校教授で、東中野氏が中心となっている日本「南京」学会の理事でもある。東中野氏の孤立は、もはや明らかである。

なお、念のため、南京の日本軍の行為の違法性を明確にするために、一九三二年の第一次上海事変の際の日本軍の行動についてみてみることにしたい。この時、日本軍は「便衣隊」の激しい敵対行動に直面したが、恐怖にかられた在留邦人の中には、自警団を組織して「便衣兵狩り」を行い、そのため一般の中国人まで「便衣兵」に誤認されて殺害されることになった。海軍の戦史は、この点について「長期ノ排日・抗日ニ因リテ激昂動揺セル在留邦人ハ、更ニ便衣隊ニ対スル不安ノ為ニ益平静ヲ失ヒ、遂ニ恐慌状態トナリ、流言頻々トシテ底止スル処ヲ知ラズ、初メ自警団ヲ組織シテ便衣隊ニ備ヘタリシガ、其ノ行為常軌ヲ失シ、便衣隊以外ノ支那人ヲモ之ヲ惨殺スルノ傾向ヲ現出シ、且陸戦隊ニアリテモ、居留民ノ言ヲ信ジテ過テル処分ヲ行フ者ヲ生ジタ[24]」と記している。

また、在上海の重光葵公使も一九三二年二月二日付の外務大臣宛電報の中で次のように報じている。

二十九日事件当初海軍側ハ手薄ノ為在郷軍人団及一時青年団又ハ自警団ヲ閘北占拠地内ノ治安維持ニ用ヒタル行懸モアリ彼等ノ行動ハ便衣隊ニ対スル恐怖及憎悪ト共ニ恰モ大地震当時ノ自警団ノ朝鮮人ニ対スル態度ト同様ナルモノアリ支那人ニシテ便衣隊ノ嫌疑ヲ以テ処刑（殺戮）セラレタルモノ既ニ数百ニ達セルモノ[25]ノ如ク中ニハ外国人モ混入シ居リ将来ノ面倒ナル事態ヲ予想セシムル為ニ支那人外国人ハ恐怖状態ニアリ

こうした深刻な事態が生じたため、二月九日には、「第三艦隊命令ヲ以テ、捕縛セル支那人（便衣隊）ノ処分法」が改定され、「一、租界外ニ於テ捕縛セルモノハ、之ヲ憲兵隊ニ送致シ、憲兵隊ニ於テ調査処理ス。二、租界内ニ於テ捕縛セルモノハ、一旦之ヲ憲兵隊ニ於テ調査ノ上、工部局警察ニ引渡ス」[26]こととされた。

また陸軍でも「今次上海事件並同方面ノ国際的特質ニ鑑ミ」、植田謙吉第九師団長が、三月一日に、「逮捕セル支那正規兵及便衣隊同容疑者取扱手続」を指示しているが、その中で「便衣隊及同容疑者」に関しても、「租界外ニ於テ逮捕セルモノハ（中略）憲兵隊ニ於テ調査処理ス」、「租界内ニ於テ逮捕セルモノハ前項処置後憲兵隊ヨリ工務局警察ニ引渡スモノトス」とまったく同様の規定をおいていた[27]。このような先例が存在したにもかかわらず、南京の日本軍は「便衣隊容疑者」の憲兵隊送致という手続きすら講ぜず、彼らを直ちに殺害したのである。

おわりに

最後に、他の論者の主張にも簡単にふれておくことにしよう。それは、西岡香織氏の『報道戦線から見た「日中戦争」』（芙蓉書房出版、一九九九年）である。この著作は、南京事件そのものを主題としたものではないが、日中戦争当時の中国正規軍を、「焦土・略奪等を当然とする土匪的軍隊」[28]などと決めつけ、中国軍将兵の国家観念の欠如と軍紀・風紀の退廃ぶりをことさらに強調する。そして、そのことによって、略奪・放火・強姦などの南京における戦争犯罪の大部分が中国軍自身の手によって行われたことを示唆しようとしている。しかし、中国軍に対するこうした見方は、中国における抗日ナショナリズムの台頭と、それを背景にした中国軍の旺盛な戦意という新たな歴史的事態を完全に見落としている。この点については、日本軍首脳部の中にも、西岡氏よりは、偏見にとらわれない人々が存在した。たとえば、日中戦争の初期に華北戦線を視察した教育総監部第二課長の鈴木宗作大佐は、「支那軍」は、「予想ニ反シ著シク頑強性ヲ発揮シタリト見ルヲ妥当トスル部面ヲ有シ或意味ニ於テハ寧ロ我軍ニ比シ優越シアリト見ルヘキモノ亦少シトセス」とした上で、次のように続けている。

第二軍司令官西尾中将カ予ニ対シ今次ノ作戦ノ経験ヲ語ルヘク真先キニ発セラレタル言ハ「支那軍ハ予想ニ反シ著シク頑強ニシテ其程度ハ日露戦争ニ於ケル露軍ニ比シ優ルモノアリ」トノ事ナリキ。此事実ハ第二十師団長川岸中将モ亦是認セラレ日露戦ノ経験ナキ若キ将校等ハ比較スヘキ経験ヲ有セサルモ其ノ支那軍ノ頑強性ニ就テハ何レモ予想ニ反セシコトヲ口ヲ揃ヘテ痛言セリ。(29)

また、華北戦線を転戦した遠藤三郎野戦重砲兵第五連隊長も、日本軍の軍紀の劣悪さを、中国軍と対比させながら、次のように述べている。

軍紀ノ刷新ニ就キマシテハ上下共ニ一段ノ努力ヲ要スルモノト痛感致シマシタ。況ヤ本次作戦ノ目的ヲ考ヘル時支那民族ニ与ヘル悪影響ヲ思ヘバ冷汗三斗ノ思カ致スノテアリマス。不軍紀ノ代表ノ様ニ思ツタ支那軍ハ案外軍紀カ厳粛ニ保レテ居ツタ様ニ見受ケマシタ。(30)

中国の地方軍の中には、未だに軍閥軍的性格を脱し切れていないものが存在したし、南京防衛軍の中にも、なかば強制的に拉致され、ほとんど訓練も受けていない新兵や雑兵が存在した。(31) しかし、だからと言って、中国正規軍の全体を「土匪的軍隊」とするのは、明らかな偏見である。

以上、南京事件をめぐる国際法論争を東中野氏の言説を中心に検討してきた。東中野氏からの反論を期待したい。

【註】

(1) 吉田裕『現代歴史学と戦争責任』青木書店、一九九七年、所収。
(2)『週刊金曜日』三〇二号、二〇〇〇年、所収。本章末尾に補論(1)として再録した。
(3) 南京事件調査研究会編『南京大虐殺否定論13のウソ』柏書房、一九九九年、所収。
(4) 東中野修道「南京の支那兵処刑は不法か」『月曜評論』二〇〇〇年三月号、同「日本軍の支那兵処刑は不法か（続）」

同右二〇〇〇年四月号。
(5) 前掲『「南京虐殺」の徹底検証』一六一頁、一九三～一九六頁。
(6) なお、前掲「南京の支那兵処刑は不法か」の中で東中野氏は、「この四条件の規程は氏〔吉田のこと〕が言うように正規兵には完全に無関係なのであろうか」などとして、あたかも私が四条件は正規軍には適用されないと主張しているような書き方をしている。しかし、これは明らかな曲解である。ただし、正規軍により行われる四条件違反の敵対行為を論ずる際に、立作太郎を引用する形で第二項違反の行為にだけ言及したのは、正規軍がこの四条件のすべてに違反して敵対行為を行った場合、そのような軍隊を正規軍とよべるか、あるいは、そのような軍隊はすでに正規軍としての実質を喪失しているのではないか、という疑問が私の中にあったからである。
(7) 一例として、「南京の支那兵処刑は不法か」の中の「もし便衣兵が非正規兵であったならば、南京の正規兵は非正規兵としての便衣兵とは無関係となる」という文章をあげておく。本人以外には(あるいは本人にも)、まったく意味不明の文章である。
(8) 立作太郎『戦時国際法論』日本評論社、一九三一年、四一頁。
(9) 同前、四五頁。なお、引用文中の「ハーグ陸戦条規」とは、「ハーグ陸戦規則」のことである。
(10) 信夫淳平『戦時国際法講義』第二巻、丸善、一九四一年、八七〇頁。
(11) 同前、三八三～三八四頁。
(12) 前掲『戦時国際法論』、五五頁。
(13) 前掲『戦時国際法講義』第二巻、一四頁。
(14) 国際法学会編『国際法辞典』鹿島出版会、一九七五年、六四九頁。
(15) 前掲『戦時国際法論』一七頁。
(16) 足立純夫『現代戦争法規論』啓正社、一九七九年、五二頁。
(17) 『俘虜取扱に関する国際法学者の研究綴』(靖国偕行文庫所蔵)所収。引用文中にある「前文第二項」は、先の「マルテンス条項」であり、同条項を参照するよう明記していることに、注目する必要がある。
(18) ただし、この点については、座談会=「問題は『捕虜処断』をどう見るか」(『諸君!』二〇〇一年二月号)の中で、秦郁彦が、東中野氏を批判して、「隠匿しているといっても、その兵士たちが個々に隠していたわけではない場合もあったろうし、安全区の中で見つかったからといっても、ただおき去りにしていただけかもしれない。すべてが反抗のために準備された兵器で、いざという時にその兵士たちが使える状態にあったと見なすのは無理がある」と指摘しているのが重要である。難民区の掃蕩を担当した第七連隊は、一九三七年一二月一六日までに掃蕩をほぼ終え、その後は、一九日、二〇日、二一日、二三日に同連隊の一部が掃蕩を実施している。そして、同連隊の「戦闘詳報」によれば、この間、一五センチ砲・二〇センチ級砲・高射砲・山砲・迫撃砲・対戦車砲・機関砲＝三〇門、各種機関銃＝四六挺、拳銃＝一〇三挺、小銃＝九六〇挺、手榴弾＝五五、一二二発などのほか多数の弾薬を「鹵獲」している（南京戦史編集委員会編『南京戦史資料集』偕行社、一九八九年、六三〇頁）。難民区は、面積八・六平方キロメートル、南京城内の八分の一にあたるかなり広大な地域であり（笠原十九司『南京難民区の百日』岩波書店、一九九五年、七二頁）、武器・弾薬の本格的な隠匿が行われていたとするならば、短期間の掃蕩でこれほど多数の武器・弾薬が押収されるのは不自然である。恐らく、その多くは、難民区に逃げこむにあたって、中国軍が遺棄したものだろう。

(19) このことは、南京事件をめぐる論争の中では、画期的な意味を持っている。いうまでもなく、従来「まぼろし」派は、田中正明『〝南京虐殺〟の虚構』（日本教文社、一九八四年）に代表されるように、難民区の中にいたのは「便衣兵」であり、その処刑は戦闘行動の一環であると主張していたからである。東中野氏は、「まぼろし」派の重要な論拠の一つを自ら否定したことになる。

(20) 南京戦史編纂委員会編『南京戦史』偕行社、一九八九年、一五〇頁。

(21) 坂本多加雄ほか『昭和史の論点』文春新書、二〇〇〇年、九六頁。

(22) 板倉由明『本当はこうだった南京事件』日本図書刊行会、一九九九年、八頁。ちなみに、一九三八年二月制定の「作戦要務令」は、「俘虜ヲ獲タルトキハ（中略）上級指揮官ニ送付スルヲ要ス」と定めており、「捕虜を捕獲部隊が勝手に『処断』することは認められ」ていなかった（喜多義人「旧陸軍の国際法教育（2・完）」『陸戦研究』二〇〇〇年四月号）。

(23) 『郷友』二〇〇〇年二月号、所収。

(24) 田中宏巳・影山好一郎監修『昭和六・七年事変海軍戦史』第二巻、緑蔭書房、二〇〇一年、二〇八〜二〇九頁。
(25) 外務省編『日本外交文書　満州事変（第二巻第一冊）』外務省、一九七九年、四二頁。
(26) 前掲、『昭和六・七年事変海軍戦史』第二巻、二二〇頁。
(27) 憲兵司令部編『日本憲兵昭和史』極東研究所出版会、一九六九年、七七一〜七七二頁。
(28) 同書、四七頁。
(29) 教育総監部『日支事変ノ教訓　第二号』一九三八年、一三〜一四頁（靖国偕行文庫所蔵）。なお、教育総監部『事変ノ教訓　第四号　歩兵訓練ノ部』（一九三八年）も、「今次支那軍ガ各方面ニ於テ意外ニ頑強ナル抵抗ヲ為シ今尚之ヲ持続シツツアル根本ハ民族意識ノ喚起即チ永年ニ亙ル思想的教育ガ其ノ最大ノ原因ヲ為シアルモノタルハ之ヲ否定シ得ザルモノナリ」としている（五頁）。
(30) 同前、一三八頁。
(31) 笠原十九司『南京事件』岩波新書、一九九七年、一一四〜一一五頁。

【付記】

この論文は、すでに数年前に脱稿していたものだが、諸般の事情により、本書の刊行がかなり遅れたため、南京事件をめぐる論争の現状からは、いささかずれた内容のものとなってしまった。北村稔『「南京事件」の探究』（文春新書、二〇〇一年）が、国際法をめぐる「まぼろし派」と「虐殺派」の論争は、「『虐殺派』優勢のうちに展開している」と指摘しているように、この間、「まぼろし派」の劣勢が明白になった。このため、「まぼろし派」は、国際法の「戦線」で戦闘を継続することの不利を悟って、早々にこの「戦線」からの「転進」を決定したように思われるからである。事実、ここ数年の「まぼろし派」の論稿では、国際法問題への言及は、ほとんどみられない。しかし、私としては、国際法の理解をめぐる、研究者の立場からすれば、かなりばかげた論争にこの際、決着をつけておきたいという思いもあり、必要な加筆を施したうえで、本稿をこの論文集に収録させていただくこととした。

補論⑴ 破綻した南京大虐殺の否定論者たち

——学者の資質すら問われる 東中野修道氏と藤岡信勝氏

吉田裕

ここ数年間の南京事件をめぐる論争の最大の特徴は、国際法の独特な解釈を持ち出すことによって、事件の正当化=事実上の虐殺ゼロ説を主張する論者が登場したことだろう。その代表が東中野修道氏だが、ここにきて氏の議論の破綻が明確になりつつある。

東中野氏の議論の核心的部分は、藤岡信勝氏との共著、『ザ・レイプ・オブ・南京」の研究』(祥伝社、一九九九年)で示されているように、「ハーグ陸戦法規は『交戦者ノ資格』として」、「部下ノ為ニ責任ヲ負フ者其ノ頭ニ在ルコト」、「遠方ヨリ認識シ得ベキ固著ノ特殊徽章ヲ有スルコト」、「公然兵器ヲ携行スルコト」、「其ノ動作ニ付戦争ノ法規慣例ヲ遵守スルコト」の四条件を規定しているというものだ。ところが、国際安全区(難民区)に逃げこんだ「支那軍正規兵」は、「1(司令官の逃亡により——吉田注)指揮官を戴かず、2軍服を脱ぎ捨て、3公然と武器を携帯することなく隠し持ち、4そうすることにより戦争の法規慣例を踏みにじっ」た。したがって、彼らは国際法の適用外にあり、捕虜となる資格を持たない存在であると氏は主張する。

しかし、南京事件調査研究会編『南京大虐殺否定論13のウソ』(柏書房、一九九九年)の中ですでに指摘しておいたように、これはペテンに近い論法である。なぜなら、問題のハーグ陸戦法規の第一条では、「戦争ノ法規及権利義務ハ単ニ之ヲ軍〔正規軍〕ニ適用スルノミナラズ、左ノ条件ヲ具備スル民兵及義勇兵団ニモ之ヲ適用ス」と前置きして前述の四条件をあげていたからである。

つまり、東中野氏は、民兵や義勇兵に関する規定を無理やり「支那軍正規兵」にあてはめることによって、中国軍将兵の処刑を正当化しているのである。

この点と関連して重要なのは、昨年の七月三一日に自由主義史観研究会の主催で開催された「20世紀最大のウソ『南京大虐殺』にとどめを刺す連続講座とシンポの集い」である。この集会で、東中野・藤岡両氏などとともに報告に立った元外交官の色摩力夫氏は、ハーグ陸戦法規は正規軍には無条件で、民兵・義勇兵には先の四条件付きで適用されると明言した。それだけでなく色摩氏はシンポの中の発言で、司令官が逃亡した軍隊の将兵は当然のこと、軍服を脱ぎ便衣(民間人の服)に着がえた正規軍兵士の場合でも、実際に敵対行為を行わない限り、捕虜となる資格を持つと主張したのである。

これは名指しこそ避けてはいるものの、東中野氏の国際法理解に対する正面からの批判だった。これに対して東中野氏は、南京安全区国際委員会のメンバーは、日本軍による捕虜の処刑を違法であるとは認識していなかったという意味のことを簡単に述べただけで、まともな反論をいっさい行えなかった。しかし、国際委員会のメンバーがかりに違法性を正確に認識していなかったとしても、どうしてそれが日本軍による処刑が合法的であったことの理由になるのだろうか。

史料の恣意的解釈

以上のような詐術的手法にくわえて、東中野氏の学者としての資質に疑問を抱かざるをえないのは、氏が資料の改《かい》竄《ざん》を行っている事実である。東中野氏は、『「ザ・レイプ・オブ・南京」の研究』の中で、敗戦直後に日本に進駐してきたアメリカ軍は、一九四五年八月三〇日の一日だけでも、神奈川県下だけで三一五件の強かん事件をひきおこしたと指摘し、右のシンポでも八月三〇日から九月一〇日までの一二日間で、一三三六件の米軍による強かん事件が発生したと強調している。占領には強かんがつきものだといいたいのだろう。

ところが、同書の中で氏が参考文献としてあげているドウス昌代『敗者の贈物』(講談社、一九七九年)をみてみると、確かに三一五件、一三三六件という数字が「米軍による事件発生数」としてあげられてはいるが、ドウス氏は、「このうち、何件が強姦事件だったかは、はっきりしない」と明記しているのである。それが東中野氏の手にかかると、たちまちのうちに、三一五件、さらには一三三六件の強かん事件に早変りしてしまう。

それでは、実際にどれだけの強かん事件が発生していたのだろうか。九月八日付の神奈川県知事の内務大臣宛報告によれば、九月五日の段階で県当局が知りえた県下における米軍による「事故発生」件数は、八月三〇日から九月五日までの累計で八二一件、このうち強かん事件は未遂二件を含めても合計六件であり、他は自動車、武器、物品などの強奪事件である(粟屋憲太郎・川島高峰編『敗戦時全国治安情報(2)』日本図書センター、一九九四年)。そもそも、ドウス氏の著作自体が典拠も示さずに断定的に叙述するという問題を持っている。そうした著作をさらに改竄して使用する東中野氏に、はたして学者としての資格があるのだろうか。

同時に、安全区に逃げこんだ中国軍兵士の処刑を合法だと主張する東中野氏の議論は、「便衣兵」の国際法上の位置という面からみても成り立たないことが、この間の論争の中で明白になりつつある。「便衣兵」とは、本来、民間人の服(便衣)を身につけてゲリラ的な敵対行動に従事する戦闘者のことをいう。しかし、前掲『南京大虐殺否定論13のウソ』の中でも指摘しておいたように、南京では実際の敵対行動を行った「便衣兵」はほとんど存在しなかったし、またかりにそのような「便衣兵」が存在したとしても、捕えた「便衣兵」の処刑には、軍事裁判(軍律法廷)の手続きが必要だった。事実、小山精一郎『大戦国際法論　総論陸戦之部』(偕行社、一九二〇年)をみても、「軍人が平和人民と択ぶ所無き平服を纏《まと》ふて斯かる行動〔敵対行動〕を為さば戦時重罪〔戦争犯罪〕に問はる可きものなり」としつつも、そこに次のような条件を付していたのである。

「戦時叛逆を行ひたる者に対しては軍事裁判所又は其の他の交戦国の任意に定むる裁判所に於て審問を行ひ、総て死刑を以て論ずるを得。〔中略〕然れども審問を為さずして処罰することを得ざるものとす」

さらに、『諸君!』二〇〇〇年二月号の座談会の中で秦郁彦氏は、軍律法廷の手続きを全く省略して「便衣兵」と一方的に見なした中国人の集団処刑を強行したところに南京事件の最大の問題があるとした。これは、虐殺否定派が一貫して無視してきた私の従来からの主張と全く同一の見解である。

研究を尽くさない〝研究者〟

最後に、自ら史料に直接あたることをせずに、他人の所説に依拠して毒々しい政治的論議を展開するという点では、東中野氏以上に研究者としての資質に問題がある藤岡信勝氏の右のシンポでの放言にも最小限度の批判をくわえておこう。氏は、南京特務機関に勤務していた丸山進氏の「証言」なるものを鵜呑みにして、日本軍による南京占領地行政は、民生の安定に努めるなど、当時の「国際的標準」からみて、非難されるようなことは何一つしていないと、いとも簡単に断言する。しかし、江口圭一氏の『日中アヘン戦争』(岩波新書、一九八八年)や『年報日本現代史』第三号(一九九七年)に掲載された小林元裕氏の最新の研究によれば、日本軍の特務機関は傀儡南京市政府の財源不足を補うためアヘン売買に関与し、一九三八年末の時点で市の収入の約二〇%はアヘンの販売によるものだった。これは日本も加盟していた国際条約に対する明白な違法行為である。そうした基礎的事実すら知らないとは、「教育学者」藤岡氏の、まさに「学力」が問われる問題だろう。

(『週刊金曜日』二〇〇〇年二月一一日号〈三〇二号〉に初出)

［付記］

米軍による強姦事件について、東中野氏は、その後の論争の中で、事実誤認があったことを認めた。

補論(2)
鈴木明著『新「南京大虐殺」のまぼろし』（飛鳥新社、一九九九年）の誤り

吉田裕

どのような新しい議論が展開されているのか大きな関心を持ちながらこの本を手にした。ところが読み進めてゆくうちに、すぐにこの本の内容に決定的なミスや誤断があることがわかってきた。文意不明の文章があまりに多いこの本の論旨を整理してみると、およそ次のようになるだろう。

H・J・ティンパーリが一九三八年に出版した『戦争とはなにか――中国における日本軍の暴虐』は、南京事件を告発した最初の著作としてよく知られている。アメリカ人の有名なジャーナリスト、エドガー・スノーは、この本を参考にして、一九四一年に『アジアの戦争』を出版した。そして、戦後の東京裁判の際に、アジアについての知識をほとんど持ちあわせていないアメリカ人検察チームは、スノーのこの本を最大の情報源にして裁判に臨んだ。その結果、『アジアの戦争』は「裁判のシナリオを作るに当っての原本ともいうべき」役割を果たした。

したがって、『正論』一九九九年七月号に掲載された鈴木氏の論文のタイトルにあるように、南京事件についての「虚報の真犯人はエドガー・スノーだ」ということになる。

田中上奏文への無知と誤解

しかし、この推理には大きな無理があり、それが成り立たないことは明らかである。以下、その理由を具体的に述べよう。

第一の誤りは、田中上奏文についての鈴木氏の無知に由来する。鈴木氏は、スノーの本の中に「世界を征服しなければならぬ《田中手記》」というわずかな一節があることに注目し、検察側はこの一節によって初めて《田中手記》――、正確には後述するように「田中上奏文」――の存在に気づき、この上奏文を侵略戦争の共同謀議が日本側に存在したことを示す核心的な文書として位置づけるようになったと推測する。「田中上奏文」とは、二七年に田中義一首相が天皇に上奏したとされる侵略計画であり、中国側の反日キャンペーンの中でくり返しとりあげられてきた文書だが、現在では偽書だというのが通説になっている。

しかし、忘れてならないのは、この上奏文のことはアメリカでもよく知られていたという事実である。稲生典太郎「『田中上奏文』をめぐる二、三の問題」(日本国際政治学会『日本外交史の諸問題I』有斐閣、一九六四年)によれば、この上奏文は英文としては三一年発行の『チャイナ・クリティック』第四巻第三九号で初めて紹介され、以後、さまざまな文献を通じてアメリカ国内でも広く知られるようになった。

また、清沢洌の有名な著作『日本外交史(下)』(東洋経済新報社、一九四二年)によれば、一九四〇年四月のアメリカ

下院の海軍委員会でもこの文書の問題がとりあげられ、在米日本大使館が反論の声明を発表したという。

さらに、アジア・太平洋戦争が始まると、この上奏文はアメリカの戦時プロパガンダの中心にすえられた。フランク・キャプラ監督の有名なプロパガンダ映画のシリーズ『なぜ戦うのか』は、何百万もの米兵が観た作品だが、その七作の中の一作が『中国の戦い』である。この映画は、現在ビデオで観ることができるが、その中で田中上奏文は「タナカ・メモリアル」として大々的に取りあげられている。

ジョン・ダワー『人種偏見』(TBSブリタニカ、一九八七年)がいうように、アメリカの戦時プロパガンダの中で田中上奏文は、ヒトラーの『わが闘争』とならぶ「日本のわが闘争」として位置づけられていたのである。鈴木氏は、『アジアの戦争』の中のほんのわずかな一節が、検察側の唯一の情報源であったかのような書き方をしているが、田中上奏文自体はアメリカではきわめてよく知られた文書だった。

「メモリアル」か「メモランダム」か

第二には、鈴木氏が「田中上奏文」の英語表記を完全に誤解した上で論を立てていることである。日本では、「田中上奏文」に関して、「田中メモランダム(田中覚書)」などという不正確な訳語がしっかり定着してしまっている。しかし、「田中上奏文」に正確に対応する英語は、「タナカ・メモリアル」である。事実、スノーは一貫して、「タナカ・メモリアル」と記しているし、清沢の先の著作にも、この上奏文について、「The Tanaka Memorial を以て知られてゐる」としている。また、「タナカ・メモリアル」を「田中手記」などと訳すのも不正確で、あくまで「田中上奏文」でなければならない。

ところが、鈴木氏はメモリアルという英語に「上奏文」という意味があることを知らない。たとえば、鈴木氏は、メモリアルの訳語として、「記念物、記念碑、議会への請願書」という日本語をあげ、「どちらにしても、『ある歴史的な価値を持つ』ものに対してでなければ、使われることはない」などと意味不明のコメントを付している。逆に鈴木氏は、「『上奏文』の英語訳に対して、『メモリアル』というような変った訳語を使っている」と書いているように、田中上奏文に対応する英語は、「タナカ・メモランダム」だと信じて疑わない。

さらに、鈴木氏が、スノーの著作の英語原本に直接あたることをせず、訳書に依拠して論を進めていることが、混乱を倍加させている。鈴木氏はスノーが一九三四年に刊行した『極東戦線』の中で、「たしかに『田中メモランダム』と書いている。しかし改めて確かめてみると、『アジアの戦争』では、それが突如、『田中メモリアル』に変っていたのである」などと思わせぶりな書き方をしている。

しかし、筆者の手もとにあるニューヨーク版の『極東戦線』では、スノーははっきりと、「タナカ・メモリアル」と書いているのである。おそらく鈴木氏は、邦訳の『極東戦線』(筑摩書房、一九八八年)が「田中覚書」と表記し、「覚書」に「メモランダム」とルビをふっているのに拠ったのだろう。

このことは、実は単純な誤訳の問題ではなく、鈴木氏の著作の全体の論旨にかかわってくる問題なのである。なぜなら、鈴木氏の主張によれば、東京裁判当時、田中上奏文を「『メモリアル』と書いた一番有名な本がスノーの『アジアの戦争』であ」り、日本に派遣されたアメリカ人記者たちが「田中メモリアル」という変った英語を使っているのは、スノーの本を唯一の情報源としていた証拠だということになるからである。

しかし、くり返しになるが、「田中上奏文」に対応する自然な英語は「タナカ・メモリアル」であって、決してスノーだけがこの「特殊」な英語を使っているという訳ではない。

それなのになぜ、戦後の日本社会で、田中メモランダムなどという不正確な訳語が定着してしまったのだろうか。これは全くの推測になるが、この文書を「上奏文」あるいは「メモリアル」と表現すると、天皇の戦争責任という論点を浮上させる可能性がある。そこで、天皇の戦争責任回避を図った日本側の弁護団が、東京裁判の中で田中メモランダム(田中覚書)という表現をあえて使い、それが歴史用語として定着してしまったと考えられる。

東京裁判に関する不十分な知識

鈴木氏の著作における第三の問題点は、東京裁判に関する知識の底の浅さである。ここでは、とりあえず二つの問題点をとりあげたい。

一つは、田中上奏文が裁判の中で実際にはどのように取り扱われたのかという問題である。確かに、一九四六年五月三日の開廷直後の段階まで、国際検察局(ＩＰＳ)が、田中上奏文の存在を信じ、これを探していたのは事実である。ところが、五月五日付の『ニューヨーク・タイムズ』に、公職追放の処分を受けた鳩山一郎のインタビュー記事が載った。その中で、田中義一内閣の書記官長だった鳩山は、上奏文が偽文書であることを強く主張し、ＩＰＳ関係者を動揺させた。

さらに、同じ五月には、元国務省極東局長のＪ・バランタインが来日した。バランタインは、「親日派」の天皇制擁護論者であり、駐日大使をつとめたＪ・Ｃ・グルーなどと同じ政治的系譜に属する外交官である。このバランタインがＩＰＳ関係者に接触して、田中上奏文が実際には存在しないことを説明し、この結果ＩＰＳはこの上奏文をさがし出すことを断念したのである(Meirion and Susie Harries, *Sheathing the Sword*, London, 1987)。

鈴木氏は、スノーの本を通じて田中上奏文が裁判の中で重要な役割を果たしたように書いているが、実際には田中上奏文による侵略戦争の共同謀議認定というシナリオは開廷早々の段階で放棄されていたというべきだろう。そして、鈴木氏は全くふれていないが、一九四八年一一月に下された東京裁判の実際の判決では、田中上奏文にではなく、右翼の大川周明の著作に侵略戦争の共同謀議のための具体的計画書の役割が与えられていたのである。

なお、IPSの文書類には、田中義一に関するファイルが存在していて、数通の調書が収められている。この調書によってIPSが一九四六年初めから「タナカ・メモリアル」について関心をよせていたことがわかる（粟屋憲太郎・吉田裕編『国際検察局（IPS）尋問調書』第三九巻、日本図書センター、一九九三年）。しかし、その中で情報源としてスノーの本をあげているものはなく、H・H・チャンという人物が四四年にアメリカで出版した『蒋介石』という本などが上奏文の出典として示されているにすぎない。

複雑な歴史過程を単純化する乱暴な手法

東京裁判に関する鈴木氏のもう一つの問題は、南京事件に関するアメリカ側の情報源を極端に単純化していることである。氏は南京事件について検察側は具体的に知らず、スノーの本を唯一の根拠として「日本人の度肝を抜く事件として、裁判初期の段階で、まずとりあげ」たと推測する。

しかし、これはかなり苦しい推測である。南京事件は、発生当初からアメリカ国内でもたびたび報道されていたし、アメリカ政府も南京での自国権益の侵害事件について、日本政府に対してくり返し抗議を申し入れている。また、先に紹介したフランク・キャプラのプロパガンダ映画『中国の戦い』の中でも、南京事件は大きく取りあげられている。

さらに、日本に進駐してきたGHQ（連合国軍総司令部）の対日プロパガンダの中でもこの事件は大きく位置づけられていた。その中心となったのが、民間情報教育局だが、同局は一九四五年一二月八日から一七日にかけて全国の主な新聞に、「太平洋戦争史」を連載させている（有山輝雄『占領期メディア史研究』柏書房、一九九六年）。

その第一回目の連載では、南京事件にかなりのスペースが割かれ、『朝日新聞』は「南京における悪虐」、『読売報知新聞』は「恥づべし南京の大悪虐暴行沙汰」の小見出しをつけて事件を報じている。鈴木氏は、一九四六年七月末から始まった検察側立証の中でアメリカ側は初めてこの事件をとりあげ、日本側もこれによって事件のことを初めて知ったかのように書いている。しかし、このこと自体が、根本的な誤解なのである。

ここで強調しておきたいのは、「太平洋戦争史」の情報源は、スノーの『アジアの戦争』ではないと考えられることである。「太平洋戦争史」では南京事件で二万人の男女、子供たちが殺されたとしている。これに対して、『アジアの戦争』では、四万二〇〇〇の民間人が虐殺されたとしているからである。要するに、南京事件に関しては、アメリカ側は複数の情報源を持っているのである。

ここで、鈴木氏の手法の特徴をまとめておこう。一つは、複雑な歴史過程の乱暴な単純化である。南京事件に関する情報も、実際には、内容の異なる様々な情報が、複数のルートで錯綜しながら伝わったとみるのが、最も現実に近いだろう。ところが鈴木氏は、田中上奏文にしても南京事件にしても、「アメリカ人の前に与えられた有力な情報源はスノー以外にはない」と断定する。そして、その結論に向けてすべての「論理」を組み立てていくのである。たとえば、『ニューヨーク・タイムズ』が南京事件の発生直後に事件を報道していたのは事実だが、同紙は一地方紙にすぎず、そもそも新聞情報は一過性のものだから、アメリカ人の検察チームは事件について何も知らなかったのだ、という推理がそれである。

もう一つは、従来の研究を徹底して無視することからくる歴史的知識の貧困さである。「知は力なり」という言葉があるが、鈴木氏の手法をみてみると、むしろ「無知は力なり」ではないかとさえ思う。知らないからこそ、あるいは知ろうとしないからこそ、従来の研究史から全く「自由」に荒唐無稽な仮説を妄想できるのだし、事実と完全に異なる断定をいとも簡単にやってのけることもできるのである。

一例をあげると、鈴木氏は先にあげた『正論』の論文の中で、日本の誰一人としてスノーの『アジアの戦争』の重大な意義を理解しなかったが、その原因は、「『アジアの戦争』が、日米戦のわずか数ヶ月前に出版され日本語としては全く伝えられなかった」からだ、としている。しかし実際には、この本は、極秘の扱いではあるものの一九四三年に大東亜省総務局総務課から「大東亜資料」第五号として、『亜細亜の烽火』のタイトルで翻訳・刊行されている――という具合である。

訂正申し入れに回答もせず

最後に、鈴木氏と私の間のやりとりについてもふれておきたい。私は、六月一六日に鈴木氏の本の出版元である飛鳥新社にファクスを送り、本の内容についていくつかの疑問を提示した。翌日、鈴木氏本人から私の研究室に電話があり、二人の間でかなり激しい応酬があった。その中で鈴木氏は、『極東戦線』の原本をみていないことを認めたが、「タナカ・メモリアル」を日本語に訳すとどうなるか、という私の問いには答えることができなかった。そこで、私はすぐに鈴木氏と編集担当の小山晃一氏に手紙を書き、メモリアルに関する誤った記述を訂正するよう公式に求めたが、今日に至るまで何の回答もない。

私は、今ではそれでもいいと思っている。なぜなら、明らかな誤解に基づく歴史叙述をそのままにすることによって、鈴木明というジャーナリストは、この国の現代史の中で今後も、いわば生き恥をさらし続けることになるのだからである。

(『週刊金曜日』一九九九年八月二七日号〈二八〇号〉に初出)

第三章　中国国民政府の日本戦犯処罰方針の展開

伊香俊哉

はじめに

日本の降伏後、日本のA級戦犯を裁くための国際軍事法廷（極東国際軍事法廷、以下東京裁判）が東京で開設され、またBC級戦犯を裁くための軍事法廷が日本国内およびアジア各地に開設された。東京裁判およびBC級戦犯裁判については一九八〇年代以降実証的な研究が進むとともに、関連資料の公開や刊行も進んできている。とりわけ最近ではアメリカ側によるBC級戦犯裁判についての全体像が小菅信子・永井均訳『BC級戦争犯罪裁判』（日本図書センター、一九九六年）として刊行され、イギリス側の戦犯裁判についての動向が林博史『裁かれた戦争犯罪』（岩波書店、一九九八年）などによってかなり具体的に解明されてきている。[1] このような研究状況と比較した場合、中国の戦犯裁判に関する動向については未解明の部分が多いといえる。

中国が戦犯裁判問題にどのように対応したのかという点については、胡菊蓉『中外軍事法廷審判日本戦犯』（南開大学出版社、一九八八年）が、南京事件裁判に重点を置きながら、基本的な経緯や態勢を明らかにしている。日本における研究状況では、国民政府の天皇の戦犯指定問題への対応については、対日政策や賠償政策との関連において言及したものはいくつかあるが、国民政府の戦犯裁判への対応を分析したものとしては、宋志勇「終戦前後における中国の対日政策——戦争犯罪裁判を中心に」（立教大学『史苑』第五四巻第一号、一九九四年）と同「戦後中国における日本人戦犯裁判」（日本の戦争責任資料センター『季刊　戦争責任研究』第三〇号、二〇〇〇年一二月）があり、また共産党政権成立後のBC級戦犯裁判について豊田雅幸「中華人民共和国の戦犯裁判」（同第一七、一八号、一九九七年九月・一二月）がある程度である。(2)

現在日本では、共産党政権成立後の戦犯裁判の寛大さや教育的性格について高い評価がみられるが、それらの裁判の評価は、国民政府による戦犯裁判という前史を十分に踏まえたものにはなっていない。また国民政府の戦犯裁判に関する機構的変遷や法的整備、戦犯のリスト作成、訴追、裁判の経緯といった点については、胡および宋の研究によって、基本的な事実が明らかにされているとはいえ、国民政府が戦犯裁判をどのように意義づけ、そのための準備をどのように進めたのか、その過程にはどのような問題や困難があったのかといった、準備過程の実態についてはほとんど解明がなされていない。本章ではそうした点について、断片的ではあるが原資料に依拠して接近を試みるとともに、国民政府側が戦犯裁判の意義をどのように捉え、その中で南京事件がどのように位置づけられたのかについて考察したい。(3)

一　戦争犯罪調査の態勢と展開

UNWCCと中国

第二次大戦後の戦犯処罰方針および方式は、米英を中心とした連合国間で、一九四一年秋から四五年八月までの期間をかけて決定されていった。(4) そうした動きの中で中国は、戦犯処理についてどのような態勢を整えていったのだろうか。

一九四一年一〇月二五日、ローズベルト米大統領とチャーチル英首相はそれぞれ宣言を発し、ドイツが各地で行っている残虐行為を犯罪とし、それらの犯罪を懲罰することが主要な戦争目的であるとの態度を明らかにした。これに刺激されて、イギリスに逃れていたヨーロッパの被占領九ヵ国は四二年一月一三日、ロンドンのセントジェームス宮殿で同趣旨の宣言を発表する。この過程で中国にも宣言への参加が求められた。すなわち四一年一一月二七日に九ヵ国を代表したチェコから中国の金問泗チェコ公使に接触があり（四一年八月二六日、中国はロンドンのチェコ亡命政府を承認している。金問泗は駐オランダ全権公使兼チェコ公使）、九ヵ国が連名で発表する宣言には中国および英米ソの参加を求める意向であることが伝えられたのである。金公使は本国外交部に、英米ソ三国と一致した行動をとることを提案するとともに、ロンドンにいる顧維鈞駐英大使と協議した。顧は、中国は日本占領地区で日本人の暴行により深刻な被害を受けており、戦争犯罪を懲罰するという九ヵ国宣言の原則は日本にも当然適用されることを宣言の会場で表明すべきだとの考えを示した。

中国政府はその式典に金公使を代表として派遣することを決定したが、中国代表がその場で声明を発表することは実現せず、声明はイギリスの新聞紙上に公表された。声明は、中国政府は敵占領官憲の犯罪に対して、厳重にその犯罪行為を追及し、犯罪行為の責任者にその責任を負わせることに同意し、ドイツに対するのと同一の原則をもって日本に対処すると述べるとともに、日本が行った市民の大量虐殺、文化教育機関の破壊、麻薬による毒化計画による痛苦は筆舌に尽くしがたいものであることに言及した。(5) この宣言の内容は英国側の同意を受けたうえで、一三日のイブニング・ニュース（Evening News）紙および翌日各紙で報じられた。(6) こうして中国は、連合国がドイツの戦争犯罪を追及する姿勢を表明するのと歩調を合わせて、日本の戦争犯罪を追及する姿勢を表明し、その調査に本腰を入れはじめたのである。

その後連合国一七ヵ国代表は、四三年一〇月にロンドンにおいて、連合国戦争犯罪調査委員会（The United Nations War Crimes Commission、以下UNWCCと略す）を設立する方針を決定し、四四年一月に正式に発足させた。次に述べるように、既存の行政・軍政機構による戦争犯罪調査をすでに進めていた中国では、四四年二月二三日に司法行政部、軍政部、外交部など関係機構代表からなる横断的機構として敵人罪行調査委員会を正式に発足した。同委員会は戦争犯罪に関する調査や告発などに基づく資料を集約し、戦犯名簿作成を進めていった（同委員会は四五年三月五日に抗戦損失調査委員会と合併し、内政部に直属する形となる）。[7] UNWCCは四四年五月一六日に、極東及び太平洋分会（以下極東分会と略称）を重慶に設立することを決定し、一一月二九日にその設立を見た。極東分会はアメリカ、イギリス、中国を含めた一〇ヵ国により構成され、中国を含む極東太平洋地域における戦争犯罪を調査し、戦犯リストを作成していく。極東分会は当初王寵恵が主席を務めることとなった。[8]

こうして四四年においてUNWCCと敵人罪行調査委員会、極東分会の設立によって、連合国および中国側における日本の戦争犯罪調査および戦犯名簿作成についての本格的な態勢が整ったのである。

日本降伏後の四五年一二月六日には、新たに戦犯処理委員会が重慶に設置された。同委員会は軍令部、軍政部、外交部、司法行政部、行政院秘書処、極東分会によって組織され、戦犯リスト決定や戦犯引き渡しといった問題を処理していくことになる。また南京事件の調査に関しては、四五年一一月七日に設立された南京敵人罪行調査委員会があたることになった。[9]

犯罪調査過程の問題点

中国では右で述べた態勢が整う以前から、日本の戦争犯罪に関する調査を開始していた。中国外交部の資料では四一年に調査が開始されたとされているが、[10] ここではその調査を進めるなかで中国側がどのような困難に直面していたかを見ておこう。

四二年一月の九ヵ国宣言後、中国外交部において、日本軍の侵攻占領撤退時における暴行について、それらの暴行は我が民族の滅亡をもくろむ敵の国策であることを証明するため、とりわけ敵軍政機関が発した命令の捜索収集に努め、可能な範囲で資料を撮影して保存すべきであるとの提言がなされた。[11] ここには、中国にとって戦犯を処罰するのが最大の目的であるとしても、それは根拠もなく報復的に処罰するのではなく、できるかぎり証拠資料に基づいて処罰するとの意思が示されていた。しかしこの証拠資料主義とでもいうべき中国の態度は、以下のような現実に直面していった。

まず、当初は日本側の命令書のような証拠資料を収集できる状態にはなく、犯罪事実の情報源も限られていたことである。たとえば四三年三月に行政院が作成した日本軍暴行資料目録では、徐淑希の編纂した被害調査やティンパレーの“The Japanese Terror in China”など九点と、主に軍関係機関から寄せられた資料三〇点、そして本市（重慶）大公報、新華日報、中央日報などからのスクラップ記事六〇余件、最後に暴行写真九冊が挙げられていた。[12] これは、第一次的な証拠資料にまで調査が十分到達していないことを示していた。

次に、徐々に集まりはじめた日本軍の犯罪調査記録においては、犯行者の氏名・官職が明記されていないものが多く、使いようがないと判断されていたことである。たとえば四三年三月二〇日に外交部が受け取った「敵軍暴行資料抄録」には、五地域での住民殺害や強姦、捕虜虐殺事件の被害が示されていたが、このうち三地域の事件が板垣征四郎の部隊によるとされているだけで、犯行者の氏名・官職は明記されておらず、外交部では利用のしようがないと判断した。[13]

こうした状況を克服するため、四三年初めに外交部は対応策を検討した。まず機構的な問題として、軍事委員会辦公庁の下に戦争犯罪の証拠収集ならびに事実調査の専門機関を付設し、右機関に国際法に明るいもの若干名を配置するとした。また調査面での改善をはかるため、右機関が戦争犯罪の調査表を作成するとした。なおこの調査表は少なくとも①戦犯の姓名・原籍・身分、②被害者の姓名・原籍・身分、③犯罪行為事実、④事件発生地点、⑤事件発生年月日、⑥証拠の各項を含むこととされた。[14] 新機関については軍事委員会参事室主任王世杰《おうせいけつ》[15]を中心に検討が進められ、これが前述の敵人罪行調査委員会発足につながっていった。一方、調査表については四三年三月に外交部が日軍在華暴行調査表を作成し、各戦区司令長官および各省政府に対して同表への記入と報告が指示された[16]。

しかし四四年三月の段階で、それまで敵人罪行調査委員会に送付されてきた調査表には暴行人欄に記入がなかったり、姓のみ記入されているもの、あるいは姓名に誤りの疑いがあるものが多く、また証拠欄についても記入が不十分なものが多かった。新たな態勢と調査手段によっても、事態はあまり改善されなかったのである。そしてこの状況を分析した資料では、証拠については目撃者の証言が最も一般的であるが、中国には供述証拠に関する明確な規定がないので、英米の証言方式を参考にするべきであるとも指摘された[17]。証拠となる日本側文書などが獲得できないため、証言を重視せざるえない状況が生じてきたのである。

中国は証拠の収集にかなりの執着を示していたが、それは敵が犯した殺傷、強姦といった暴行を処罰するためには、まず詳細で確実な資料および証拠を捜索収集することが必要だと強く認識されていたからである[18]。そこで犯罪調査の徹底を計るため、四四年七月には敵人罪行調査辦法、敵人罪行調査表、敵人罪行種類表なども整えられた[19]。しかし犯罪人の氏名や犯罪証拠を十分に把握できない状況はその後も続いた。外交部発軍事委員会参議室主任王世杰宛の四五年五月一八日付の報告（陸松年起草）によれば、その日までに敵人罪行調査委員会に各方面から提出された調査表は二三〇〇件を越えたが、その大多数は調査項目の記入が不十分で、なおかつ証拠を欠いている状態であった。報告は業務のスピードアップのために同会の機構を調整する必要があるとも述べていた[20]。

日本の敗戦が迫った四五年六月に外交部亜東司専員の楊覚勇がまとめた調査報告でも、軍令部にある資料は『日本陸軍将校実役停年名簿』『日本特別志願将校名簿』『敵侵華陸軍部隊作戦経過査考表』『敵作戦兵団番号代字代碼及部隊長姓名一覧表』程度であり、これらの資料から割り出すことができたのは、①日本高級軍官の姓名、②部隊（連隊以上）の侵華地点および期日だけであり、これら軍令部がもっている資料では一切の事件を証明することできないと結論された。そして楊は、戦犯調査のためには、南泉捕虜集中営および鹿角場捕虜収容所に収容された捕虜に対して、かつて参加した作戦の地点・期日およびその長官姓名・部隊番号などの調査をすることが必要であると指摘した(21)。

戦時下に行われてきた中国側の戦犯調査は資料的不十分さが大きなネックとなり、中国側から見ても内容的に不満が残るものとなったといえるだろう。

二　南京事件と天皇訴追問題

南京事件目撃者への協力依頼

中国側が日本の戦争犯罪を追及するうえで、南京事件を重視したことは当然のことであった。すでに見たように、四二年初めには、徐やティンパレーの南京事件に関する書籍を参考に事実調査を進める方針が示されていた。そして敵人罪行調査委員会が設置されて間もない四四年三月七日、楊雲竹外交部亜東司長は南京事件に関する内外の著作の整理を踏まえて、事件後に各地に散らばった目撃者の連絡先を調査し、証拠を獲得することが必要であると提起した。楊司長はまた、目撃者は外国人であるので、アメリカの宣誓供述書（Sworn Statement）法によることが適当であるとも提起した(22)。その二日後の三月九日には楊司長は、松井石根、朝香宮鳩彦、谷寿夫、天谷直次郎をマークした資料を作成している。松井は上海派遣軍司令官兼中支那派遣軍司令官、朝香宮は松井の後任の上海派遣軍司令官、谷は第六師団長から中部防衛司令官であり、いずれも南京攻略占領を実施した立場にあった。また天谷は三八年一月末に南京に進駐し、南京警備司令官となった人物である(23)。

そしてさらに数日すると、南京事件の外国人目撃者への接触を指示する訓令が外交部から矢継ぎ早に発せられた。たとえば三月一三日には駐米中国大使館に対してベイツ博士への調査が(24)、三月一五日には川康特派員公署呉特派員に対してスマイス博士への調査が(25)、三月二一日には重ねて呉特派員にチャールズ・リッグスへ調査することが指示された(26)。なお川康とは当時の四川省と西康省を指す。これらの指示は、ベイツらに、徐の編纂した本に記載された事件の目撃内容やその暴行人の姓名・所属部隊長官名の確認と、証拠資料（宣誓供述書）の作成を依頼することが目的であった。さっそく三月二五日にはスマイスへの訪問調査がなされ、暴行事件二件については、スマイス本人の目撃であることが確認された。(27)

六月九日にこうした調査の動向を報告した外交部員高生和の楊司長宛文書では、すでにスマイスは署名した証拠を川康特派員に提出したことを述べるとともに、ジョージ・フィッチとの接触がなされたことが述べられた。(28)すなわち六月五日夜、重慶市青年会百周年記念大会の会場で、高は偶然フィッチに会った。高は、南京事件について詳しい話を聞くため、翌朝一〇時半、あらためてフィッチを訪問した。

高の報告によれば、会談の要点は三つあった。一点目は証拠についてである。高はスマイスの署名した証拠を示し、「これは証拠として十分だと思いますか？」と尋ねた。これに対してフィッチは「十分です」と答えた。さらに高が「これは宣誓供述書の一種ですか？」ときくと、フィッチは「この点については詳しくないので、お答えできません」と答えた。高は、スマイス証言が内容的また形式的に証拠として十分な力があるかを確認したかったのであろう。とりわけ宣誓供述という中国側になじみのない形式について確認しようとしたといえる。

二点目は暴行人についてである。会談で高は、事前にピックアップしておいたフィッチが目撃調査したとされる事件二〇件あまりを示し、各事件の暴行人に尋問することは可能かを尋ねた。フィッチは、「各暴行人は犯行後皆逃げ去っているので、名前を知る手だてもない」と答えた。そこで高は、「我らに暴行人を捕らえる手だてがない以上、その所属長官を暴行の責任者とすることで代える以外にないが、当時の南京における日本軍将校で知っている氏名はありますか」と聞くと、フィッチは「当時は日本大使館と連絡できただけで、日本軍当局と直接交渉はできなかった。私が記憶しているのはGeneral Harada（調査によれば原田熊吉少将―原注）一人だけである」と答えた。なお松井石根大将については当時日本軍の指揮官であったことをフィッチは確言した。こうしたやりとりが一時間ほどなされたうえで、高はフィッチが目撃した事件につき証拠資料を作成してくれるよう依頼し、フィッチの了承を得た。

三点目は目撃者についてである。高がほかのアメリカ人目撃者の行方を尋ねたところ、フィッチは「私とスマイス博士、リッグス氏、戴倫女史が現在中国にいるほかは、みなアメリカにいます」と答えた。高はさらに当時南京安全区の業務に従事した中国人の所在を尋ねたところ、フィッチは現在昆明の戦地服務団(War Area Service Corps)で中国語秘書として勤務する王定と、現在インドのカルカッタにある中国旅行社(The China travel Service)で勤務している劉某(Walter Lin)の二人をあげた。

高は以上の会談内容を踏まえて、その報告の中でフィッチ、劉、王、戴倫への証拠提供を働きかけることを提起した。なお戴倫女史はアメリカ人だが、現在中国籍であり、婦女指導委員会に勤務していたという[29]。

高は九月八日に再びフィッチに面会し、アメリカの宣誓供述書の方式による証拠文書作成がなされた。高はフィッチの署名後、さらに念を入れてその署名の年月日、地点、職名、連絡先の明記を頼んだ。この要望にもフィッチは快く応じた後、これは敵の犯罪を証明するに十分だと語った。席上フィッチはさらに、昆明にいる王定とロバート・ウィルソン博士の二人にも、彼らが目撃した事件について証拠資料の作成提出を依頼するようアドバイスした[30]。一〇月三日、このアドバイスを受けてウィルソンと王定にそれぞれ一一事件についてアメリカの宣誓供述書方式により証拠資料を作成提出するよう駐雲南特派員王占祺への訓令が発せられた[31]。

一方、三月一三日にベイツへの目撃証拠資料提出を依頼するよう指示された駐米中国大使館からは返事がなく、九月一四日には宋子文外交部長が回答を促す指示を発した[32]。この間の六月には、貴陽でリッグスへの署名証拠資料提出に関する依頼もなされている[33]。

このような四四年春以後の南京事件を目撃したアメリカ人への働きかけは、東京裁判や南京でのBC級戦犯裁判における宣誓供述書提出や証人としての出廷へと結びついたといえるだろう。

戦犯の選定と天皇訴追問題

ドイツおよび日本の主要戦犯を「平和に対する罪」と「人道に対する罪」という犯罪概念に照らして国際裁判によって裁くという方針が連合国側（米英仏ソ四国間）で確定されたのは、四五年六月から八月にかけて開かれたいわゆるロンドン会議においてであった。それ以前の段階では、とりわけ侵略戦争を開始・遂行した刑事責任を個人に対して追及するという点での合意は成立していなかった。

中国外交部内で四三年初めに作成されたと思われる資料では、「一、戦時法規違反者、二、人道主義違反者、三、外国人の第五縦隊者（スパイ）、四、本国人の傀儡者、五、本国人の第五縦隊者」を戦争犯罪人と規定しつつ、戦犯処罰問題について以下のような分析を展開した（要旨）(34)。

「一、戦犯の現行国際法における意味」……「戦犯は戦争に関する国際法および人道主義に違反する一切の犯罪人」であるとはいえ、戦犯処罰方法に関して国際法はいまだ規定をしておらず、一九〇七年ハーグ陸戦法規第三条も、陸戦法規違反は民事上の損害賠償責任を負うと規定するのみであり、刑事責任については触れていない。国際法は交戦国が戦争進行中に戦犯を処罰する権利をもつことを認めているが、戦争終結後にこの種戦犯をいかに処置するかについては明確な規定をしていない。このように国際刑法観念が未発達の状態にあるだけでなく、①戦争に関する敗戦国の国家行為責任は領土割譲・賠償などによって国家全体が負うものであり、戦犯処罰を行う必要はない、②国際法の主体は国家であり個人ではないがゆえに国際犯罪もまた個人ではなく国家が責任を負うのみである、という観念が存在するためである。しかし個人が国際法の主体ではないといえども、学者の間では論争があり、また国際法が個人に適用されうることは海賊行為・少数民族問題などから公認の事実である。さらに戦争再発防止の唯一の方法は戦犯処罰による警告であり、これは他のいかなる方法より効果がある。ベルサイユ講和条約第二二七条から第二三〇条は戦犯処罰を規定する条款である。

「二、戦犯処罰が付随して引き起こす問題」……戦犯処罰はすでに一致した公認の原則であるとした場合、戦犯裁判の法廷およびその適用する法律に関して、どの種の法廷でどの法律によって戦犯を裁判するのかという問題を惹起する。各国が国内で法廷を組織し、自国領域内での戦争犯罪は自国の法律によって裁判する案、一つの特別国際法廷を設立し戦犯を裁判する案、さらに国際刑法を改定編纂し常設の国際刑事法廷を設置し一切の国際犯罪を裁判する案がある。現在、大国は国際法廷を組織することを主張し、小国は国内法廷・刑法による裁判を主張している。中国としては、戦争の元凶および主要責任者は特設の国際法廷が裁判し、主要戦犯については単独裁判の権利を保留する必要がある。我が国はすでにイギリス側に「戦犯の範囲は九一八事変以来我が国領土内で暴行に参加した一切の分子とする」と主張しており、範囲がこのように広いので、いちいち国際法廷裁判によるのはほとんど不可能である。

この資料からはまず、戦争犯罪の刑事責任を個人に対して追及することと、それを戦後に行うことについては国際法上に明確な規定がないことが認識されていた点が注目される。しかしその認識のうえで、国際法に関する他の事例や戦争再発防止策としての意義、さらに前例としてのヴェルサイユ条約の存在などから、それらの実行が必要かつ可能だと判断されていた。なお右のヴェルサイユ条約第二二七条はドイツ皇帝処罰についての規定であり、第二二八〜二三〇条は戦争法規違反者処罰に関する規定である(35)。

また、「戦争の元凶および主要責任者」と「主要戦犯」という区別からは、後の「平和に対する罪」に該当するA級戦犯と「通例の戦争犯罪」「人道に対する罪」に該当するBC級戦犯という区別がある程度なされつつあったことが窺われる。

また四三年一一月のカイロ宣言に際して、蔣介石の指示により軍事委員会参事室が作成した中国側の戦後対日構想においては、「日本は連合国の指定した戦争犯罪人のリストに従い、その戦争犯罪人および傀儡政権の関係者を連合国に引渡し、その審判を仰ぐこと」との方針が盛り込まれた。そして一一月二三日に蔣介石からローズベルト米大統領に手交された「委員長意見」においては、「中英米三国より日本の戦争挑発張本人および日本の暴行責任者に対する処罰方法を策定、モスクワ会議の対ナチス暴行責任者処罰方法と同じ」、という方針が提起された[36]。前者ではA級戦犯とBC級戦犯に該当する区別が明確ではないのに対して、後者ではそれが区別されているといえる。

こうした区別が四三年において中国のトップレベルや外交部内で意識されつつあったとはいえ、日本の降伏以前においてその区別に基づいて戦犯リスト作成が進められていたわけではなかった。中国側の「日本主要戦犯」名簿の決定は、四五年春に具体的に進展し、六月初めまでの時点で、関係機関が協議の結果、軍令部が編纂した名簿により、まず陸軍方面について先に一〇〇名が決定され、さらに軍事方面で三二名の追加が決定されたが、これらはいわゆるBC級戦犯に該当するものであったと考えられる[37]。

というのは、ロンドン会議で「平和に対する罪」という犯罪概念が確立された後の四五年九月初めになって、中国外交部が顧維鈞駐英大使に対して、ドイツの主要戦犯名簿において「政治犯」は何を基準として決定するのか、侵略戦争の開始ならびに指導の責任者、経済・外交および政治方面での侵略戦争への協力者、侵略思想の主張・鼓舞者は「政治犯」名簿に編入すべきか、といった点についてUNWCC方面の対応ぶりにつき報告するよう指示しているからである[38]。すなわち九月の時点でも、通例の戦争犯罪の範疇に属さない戦犯についての基準を国民政府側が明確にもっていなかったのである。

中国側がA級戦犯に該当する人物の割り出しに具体的に着手したのは、右の指示から数日後の九月一一日に開かれた日本主要戦事罪犯名単会議以降であった。この会議では、「日本主要戦犯の政治犯部分」の決定は連合国間の関係、また中国の対日政策の面から慎重に行うとの線で議論がなされ、とりあえず①侵略戦争発動の主謀ならびに指導の責任者、②経済・外交および政治方面での侵略戦争への協力者、③侵略思想を主張ならびに鼓舞した者というカテゴリーに照らして、外交部が政治犯名簿を提示し、司法行政部・軍令部などがそれに検討を加え、決定していくことになった。またこの会議において、犯罪行為が普遍的なものは主要戦犯（Major Criminals）として国際法廷が裁判し、その犯罪行為が中国に対するものは重要戦犯（Key Criminals）として中国法廷が裁判するとの原則が確認された[39]。

九月二〇日の第二次日本主要戦事罪犯名単会議では「日本政治犯」の選定について、右の三カテゴリーに加えて④満州事変（九一八）の軍政責任者および満州国（偽満）成立を促進した者、⑤日中戦争（七七）の軍政責任者および汪兆銘政権・蒙疆政権（偽寧蒙政権）成立を促進した者、⑥新聞雑誌界で一貫して侵略主義を主張した者、が挙げられるとともに、政治上の関係に注意して斟酌決定するとの方針も加えられた[40]。

こうして一〇月初めまでには日本主要戦犯名簿（政治部門）四八名が作成され、極東分会に送付されることになった[41]。

ではこうした「政治犯」選定の過程で昭和天皇の戦犯指名問題はどのように処理されていったのだろうか。

外交部亜東太平洋司の高生和は日本の敗戦を前にして「懲治日寇罪行方案」を作成した。方案は冒頭の「戦争の元凶処罰に関して」の部分において、「一、戦争の元凶は今次戦争を直接開始した日本の首脳分子：日本天皇・東条・各大臣とその他政府要員である」と、天皇を戦犯として明確に位置づけていた。そして「三、元凶の判決は国際政策の最高原理を基準とする」としつつも、「五、元凶は寛大ではなく厳しく処罰される」との方針をうたっていた。ここでは国際関係の点から右戦犯への判決内容が配慮されるとしつつも、基本的には天皇を含んだ日本の戦争指導者に厳罰主義で臨むことが主張されていたのである[42]。

こうした天皇を戦犯として処遇するべきだという認識は、中国指導者レベルにも存在していた。陸軍総司令何応欽は四五年六月の記者会見で「天皇を戦争犯罪人と見なすのが当然」と語り、同時期に軍令部第二庁第一処が作成した戦犯リストにおいても天皇は「陸軍罪犯」のトップに挙げられていたのである[43]。

しかし蒋介石は八月一一日にアメリカのトルーマン大統領に対して、天皇および天皇制の処遇についてはアメリカの方針を支持し、日本の国体は日本人民の自由な意志で決定されるというのが持論であると表明した。中国の国家政策の最高決定機関である国防最高委員会においても、翌八月一二日付の「日本処理問題意見書」という参考資料においては、「日本の天皇および天皇制の存廃問題は、原則的には連合国の共通の意見によって処理されるべきである」と述べられた(44)。

そして日本の降伏に際して蒋介石が行ったラジオ演説では「以徳報怨（徳を以て怨に報いる）」という寛大政策が表明され、さらに前述の九月一一日の会議での「政治犯部分」の決定は連合国間の関係や中国の対日政策の面から慎重に決定するとの方針へとつながっていったのである。こうして中国のトップレベルにおいては実質的に天皇の戦犯指名を回避する方針が確認されてゆき、前述の四八人の政治犯名簿には昭和天皇は含まれることなく、閣僚級の人物がその大半をしめることになったのである。

しかしこの時期、中国国内では天皇の戦犯指定を求める声が表面化していた(45)。たとえば四五年七月、臨時議会に相当する国民参政会の第四届第一次大会においては日本皇室を戦犯として国際的に指定すべしとの建議案が採択された。この建議案は①中国は昭和天皇を戦犯と認定することを建議すべきである、②中国は日本の天皇制度の廃止を主張すべきであるとの二つの主張からなっていた。司法行政部と外交部が協議した結果、①に関しては昭和天皇は自ら日本を代表しポツダム宣言受諾以後連合軍司令部の命令の執行を担当し、今現在執行を継続中であって、その戦犯認定は対日占領政策と関係が頗る緊密であるので、外交部は随時各連合国と協議しつつ、司法行政部およびその他関係機関が昭和天皇の犯罪事実を調査し、将来の決定に供すこととし、②に関しては蒋主席とトルーマン大統領はともに天皇の運命は日本の民意が自ら選択すると表明しており、我が国は単独で日本の天皇制の排除を主張するべきではないとした(46)。

ここでは昭和天皇の戦犯指定問題と天皇制の存続問題を明確に分け、前者については将来の決定に供するとの含みが見られたが、結局その後も国民政府が天皇の戦犯指定を求めることはなかった(47)。

三　東京裁判開廷段階の戦犯調査

中米合同調査

四五年九月以降、Ａ級戦犯容疑者は続々と逮捕され、その数は一二月には一〇〇名を越えた。そして一二月八日には国際検察局が設置され、訴追に向けての態勢が整えられた。また四六年一月一九日には極東国際軍事裁判所条例が公布され、「平和に対する罪」「通例の戦争犯罪」「人道に対する罪」により訴追する方針が明確にされた。そして二月から四月にかけていわゆるＡ級戦犯二八名[48]が国際検察局において決定されていき、東京裁判の開廷は目前に迫りつつあった。

こうした東京での裁判準備の進行を受け、中国における戦争犯罪調査も大きな山場を迎えていった。四六年四月初めから東京裁判開廷直前の六月初めまでの間、中国はアメリカと合同で戦争犯罪の証拠調査を実施した。この調査に参加した中国外交部亜東司専員の楊覚勇はこの調査活動について四六年六月一三日付で報告をまとめている。「戦争罪犯調査工作報告」と題されたこの報告書[49]で、楊はこの調査を三つの段階に分けて説明している。

第一段階は、四月五日から二六日まで、極東国際軍事法廷調査官クローレイ(Crowley)検察官、モロー大佐(Col. Morrow)、サットン(Sutton)弁護士らと中国側とによる調査である。[50]おもな調査地は上海で、調査は極東国際軍事法廷犯罪証拠調査綱要[51]と捜索資料六七項を基準として、戦争俘虜管理処、第一補給区司令部、衛生処、陸軍病院、中央電影製片廠、中央宣伝部対日文化工作委員会、外交部駐上海辦事処、市政府などで行われた。アメリカ側は直接収集した資料のほか、楊から日本による暴行の証拠写真一六枚および関係書籍五冊の提供を受けて帰日した。

第二段階は、五月九日から六月三日まで、中国側の戦争犯罪証拠班と東京から赴いた極東国際軍事法廷代表（アメリカ側）とによる調査である。中国側の戦争犯罪証拠班は、外交部、軍政部、司法行政部、軍令部などによってこの年の四月に組織された機関である。今回の調査地点は広州、桂林、衡陽、漢口、北平（北京）（当初長沙を予定していたが、飛行場に着陸不能のため北平に変更された）の五地点であった。調査参加者は一六名、中国側が戦争犯罪証拠班長柴子尚高級参謀、司法行政部代表馬志振専門委員、外交部代表楊覚勇専門委員、軍政部代表唐表民高級法官、軍令部代表良士参謀などで、アメリカ側は極東国際軍事法廷代表ウィンダー（Col. Winder）、同クローレイ調査官（Crowley）、同バイナン少佐（Byunum）などであった。

この調査では各地の戦犯拘留所、日本憲兵集中営などで尋問が実施され、武昌では多くの憲兵から一〇〇〇以上もの供述が採られた。また桂林では七星岩での毒ガス戦跡も視察された。しかし東京のキーナン首席検察官から審理開始の六月三日までに証拠を持ち帰るよう指示があったため、米側代表は各地での業務時間を制限し、五月一八日に調査旅行を開始後、広東・漢口・北平は各二泊、桂林・衡陽はわずか一泊という慌ただしい行程となった。調査団一行は五月二六日に上海に帰還後、さっそく獲得した証拠の整理を行い、アメリカ側一行はそれを携えて六月四日に東京へ帰還した。

第三段階は、六月四日から八日まで、中国側と東京からきた極東軍事法廷検察処サットン陸軍大佐（Col. Sutton）およびウォルドーフ陸軍少尉（Lt. Waldorf）、アレクサンダー陸軍少尉（Lt. Alexander）らによる作業である。作業は東京裁判に出廷させる証人の選定であった。結局サットン大佐は英米人一〇人、日本人一人および中国人九人を選んだ。サットン大佐が、中国側で用意した証人をあまり採用せずに、中国側でも詳細を把握していない人物を証人として採用したため、中国側には不満が残った。サットン大佐と証人らは六月八日に東京へ向かった。

こうして東京裁判開廷直前の中国における中米合同調査は慌ただしく終了した。

戦犯検挙の実態

先に登場した中国の戦争犯罪証拠班は、中国全土での戦犯処理を監督する責任ももっていた。前述した楊覚勇の報告「戦争罪犯調査工作報告」には、監督する立場から見た、戦犯処理の実情について、生々しい不満や批判が展開されている。ここでは楊報告によって、当時の中国側の戦犯処理がどのような問題を抱えていたのかを見ていこう。

楊がまず取り上げたのは、中国における戦犯検挙をめぐる問題点であった。当時戦犯を検挙するルートには三つあった。一つは、人民の告発を受けて中央が確定した者であり、この大部分は「普通戦犯」である。二つは、中央が選定したものであり、この大部分は「重要戦犯」である。三つは、地方当局が検挙した後に中央に連行され確定された者である。これらの検挙ルートの中で、楊らの戦争犯罪証拠班が詳しく調査したのは人民の告発にもとづく検挙の実態であった。

楊の報告から調査都市での特徴的な点を指摘しておこう。

上海方面では人民が告発した事件は三万六三八件であったが、うち被告の姓名が判明しているものは二〇〇〇件あまりにすぎなかった。犯罪行為では家屋破壊一三万四〇〇件、財産破壊二万七〇五四件などが多く、人民は損失財産賠償への期待を告発にこめている。

広州方面での人民の告発は一万件あまりであった。当局側は人民に戦犯を特定させようと、日本軍憲兵全員、三九二人分の写真を公園に陳列したが、効果は上がらなかった。

桂林方面では、司法行政部に報告された数え切れない事件のほかに、人民の告発が四五九件あった。被害内容には毒ガスの使用一件が含まれていた。広西省は日本軍の攻撃で甚大な被害を被ったが、とりわけ七星岩事件は最悪の被害で、第三九一団約八〇〇名の兵士が犠牲となった。桂林では犯罪証拠収集に力を入れたにもかかわらず、検挙者は少なく、日本人俘虜はすべて別の地区に送られてしまった。

衡陽方面では四万五〇〇〇軒あまりの家屋があったが、日本軍撤退後に無傷なものは五軒のみで、修理すれば使えるものが二〇〇軒あまりであった。また人的被害は一四万あまりに達し、そのうち強姦殺害による死者は六万人あまり、八万人あまりは調査のしようもなかった。農耕牛も六万頭あまりが殺され、生き残りは二万頭のみであった。衡陽は被害民であふれ、死者と病人を至るところで見ることができ、毎日餓死が七〇あまりという状況で、当局は被害者救済を急務とし、敵の犯罪検挙業務は進めようがない。

武漢方面では未精製阿片二五〇〇両（七八・一二五キログラム、当時の一両は三一・二五グラム）あまりを接収し、敵が我が国を毒化しようとしたことは一目瞭然である。

楊報告が述べる状況からは、深刻な戦争被害と膨大な告発件数を目の前にしながらも、戦犯検挙という作業が大きな困難に直面していたことがわかる。とくに衡陽の事例では、被害からの回復ができていないなかで、戦犯検挙どころではない状況が明瞭に示されていた。

こうした調査監督業務の経験から、楊は戦犯処理推進の困難を痛感し、検挙、逮捕、拘留、調査、尋問、証拠捜索の六つの業務について、三〇の問題点と一九の改善すべき点を列挙した。

まず問題点については以下の点が指摘された。（A）検挙……戦犯名簿作成の遅れ、港口司令部や俘虜管理処の検挙に対する消極的態度、関係機関の戦犯への注意不十分、戦犯ではない者の誤認拘留や戦犯からの賄賂による釈放、地方法院・地方当局の告発処理能力のなさ、地方当局の不正確な戦争犯罪認識。（B）逮捕……戦犯名簿中の同姓同名の多さや姓名不詳、全国で逮捕された日本戦犯数が二〇〇〇人に及ばないという少なさ、戦犯の偽名による潜行逃亡の多さ、軍事機関の逮捕能力の欠如、各機関間の連繋不十分による協力態勢の欠如。（C）拘留……衡陽では日本人戦争捕虜が過度に厚遇されていること。（D）調査……調査業務遂行上の不便、検察官数の不足（広州では戦犯八〇九名に検察官一人）、調査業務の経費の大きさ、日本語能力のある人材の甚だしい不足、各地間での連繋の不足、戦犯名簿中の犯罪行為記述の不足。（E）尋問……開審・裁判の遅れ、不起訴の権限の所在についての確定方針の欠如、一般法官の国際法知識の不足、適用法規についての指示の欠如、量刑標準の欠如。（F）証拠捜索……日本軍による大部分の犯罪証拠の隠滅、目撃証人の登記や重要証人の捜索の遅れ、人員の犯罪証拠収集業務への理解の欠如、地方当局の全国的・国際的戦犯への注意不足、関係文書および条約集の編集業務の不十分。

次に改善すべき点については以下の点が指摘された。（A）検挙……戦犯検挙過程の簡略化（従来の戦犯名簿決定・検挙過程である「司法行政部―戦犯処理委員会―外交部―極東分会―軍令部」を「司法行政部―戦犯処理委員会―軍令部」に簡略化する）、人民告発による戦犯検挙のスピードアップ（日本人俘虜の帰還は六月末に完了予定であり、司法行政部にたまった告発一四万件の被告姓名を迅速に登記し、戦犯容疑者名簿に編入する）、港口司令部および敵僑管理処など機関への積極的な調査業務の催促、不正行為の厳重処分。（B）逮捕……指定機関が容疑者逮捕を進めた後で中央に連絡し戦犯に列する、戦犯名簿での姓名・原籍の明記、内部調査業務の強化（日本人俘虜からの偽名逃亡者発見）。（C）拘留……戦争犯罪の性質を基準とした獄房の合理的分配、戦犯拘留所をして教育業務と同等に重視させること、（D）調査……検察官の増強、検察官による証拠収集強化、検察官は全国各所から関連資料の送付を要求すべきこと、戦犯名簿中の犯罪行為事実記述の充実。（E）尋問……不起訴権限の戦犯処理委員会への集中、量刑基準の設定と適用法規・国際条約等戦犯処理関係の手引きの作成。（F）証拠捜索……目撃証人の登録・分類化と重要証人の列挙、各機関への証拠捜索業務重視の指示、戦犯処理委員会内に主要戦犯の犯罪証拠捜索収集業務にあたる小委員会を設置、証拠捜索の督促指導。

以上の楊による批判や提案からは、四一年以来の五年に及ぶ調査において、資料に基づいて戦犯を処罰するという、当初からの方針が、戦時下、戦後直後という、まさに混乱の中でその実現がきわめて困難な状況に置かれ続けたことが窺い知れる。そして戦犯裁判をできるかぎり公正かつ適切に実施しようとする努力が継続される一方、戦犯裁判の早期終結方針が浮上してきたのである。

郵便はがき

恐縮ですが切手をお貼り下さい

1 1 3-0 0 2 1

東京都文京区本駒込
1 －13－14

柏 書 房

編 集 部 行

本のタイトル

①お買い求めの動機をお聞かせください

A. 新聞・雑誌の広告で（紙・誌名　　　　　　　　　　　　　　　）
B. 新聞・雑誌の書評で（紙・誌名　　　　　　　　　　　　　　　）
C. 人に薦められて（　　　　　　　　　　　　　　　　　　　　　）
D. 小社の各種書誌情報で
E. 書店で実物を見て
　1. テーマに関心がある　　2. 著者に関心がある
　3. 装丁にひかれた　　4. タイトルにひかれた
F. その他（　　　　　　　　　　　　　　　　　　　　　　　　　）

②本書のご感想、お読みになりたい企画などご自由にお書きください

③小社の出版物のご案内に利用させていただきます。
お客様についてお聞かせください

お名前	(フリガナ)	性別	年齢
		男・女	
ご住所	都・道 府・県 Eメールアドレス:		
郵便番号		電話番号	
ご職業			
本書をどこでご購入されましたか	都・道 府・県	区 市	書店

■柏書房 愛読書カードへのご協力、ありがとうございました

四　「寛大」政策と「懲一戒百」論

「寛大」政策と早期終結方針

四六年一〇月二五日、戦犯処理政策についての会議が、国防部、司法行政部、外交部、行政院秘書処、極東及太平洋分会などの代表者間でもたれた[52]。会議の主席を務めた国防部部長白崇禧は、会議の冒頭において、中国の日本に対する政策の性格について次のように述べた。蔣介石国民政府主席は、中国の戦後対日政策の原則は「仁愛寛大」「徳を以て怨に報いる」の精神に基づき、中日両国の永遠平和の基礎を建設することにあると表明している。一方、連合国はニュルンベルク裁判で教育的な処罰政策をとり、またマッカーサーは日本占領においては人心を収攬することを重視している。こうした状況は我が国の寛大精神と符合するものである。さらには関係機関が提出した名簿は一〇〇冊以上だったが、蔣介石主席が承認したのは三〇余名にすぎず、その処理の寛大で慎み深いことを知るべきである。白は戦犯処理においては寛大政策を採るべきであると、改めて強調したのである。

そして席上国防部第二庁から、戦犯処理の現状について次のような見解が示された。①中日両国の将来の永久平和を確立するため、我が国の徳を以て怨に報いるの精神を明示し、国際的・国内的に最も重要な戦犯に対しては法による審判処罰を実施し、「一人を罰して衆人の戒めとする（懲一戒百）」一方、普通の戦犯には寛大に処理する。②我が国にとって初めての戦犯処理であり、国際法に習熟した裁判官も甚だ少ないため、処理にはやや不当な点がある。③戦犯処理について一年を経過したが、戦犯の犯罪証拠・資料の収集は甚だ不完全であり、それにもかかわらず無理矢理処罰を引き出そうとするのは戦犯処罰の趣旨にもとるものである。これらの理由から、戦犯処理については大局的見地から迅速に戦犯処理業務を終結することとする。

この第二庁の提起を受けて、会議は次の六点を決議した。（一）日本の一般戦犯処理に対しては、寛大・迅速を主眼とし、①拘留中の戦犯は、本年末までに重大な犯罪証拠が得られていない場合は不起訴処分とし、釈放して帰国させる、②判決により刑を受けた戦犯は日本内地に移して刑を執行する、③その他戦犯裁判資料の編訳・審査業務は、一九四七年六月末に終結する。(二)極東及太平洋分会での審査を通過した者は即刻逮捕し、日本帰国後に証拠により確定した戦犯についてはＧＨＱに身柄を引き渡す。(三)南京その他各地の大虐殺事件関係の主要戦犯は、厳重に処罰する。(四)我が国に関係する者でも、東京裁判の戦犯となっている場合は、暫く引き渡しを要求しない。(五)この度の降伏受諾に対して、命令の執行を担当した職員で戦犯である者の処理は、東京戦争犯罪裁判が一段落した後に改めて決定する。(六)犯罪証拠がない戦犯容疑者は迅速に帰国させる。

このように四六年一〇月の時点で、中国側は蔣介石が表明していた寛大政策にそって、戦犯裁判の早期終結方針を実質的に決定したといえる。この早期終結方針がこの時点で国防部から提起されていることは、この年七月に国共両党が本格的な内戦に突入したことの影響を強く感じさせるものである。しかしこの早期終結方針は、日本が戦争犯罪を犯したこと自体を曖昧にすることを意図したものではなかった。「一人を罰して衆人の戒めとする」という言葉には、すでに実施され、あるいはこれから実施される戦犯裁判に教育的効果を求める姿勢が示されていた。寛大政策を強調する一方で南京事件などの大虐殺事件の戦犯を厳罰に処すとの方針を確認したのも、その姿勢の反映であったといえるだろう。換言すれば、戦犯処理全般に寛大政策が強調されればされるほど、日本の戦犯を厳重に処罰した象徴として南京事件が強調される傾向が強まったといえる。

「懲一戒百」としての戦犯裁判

一・二節で明らかにしたように、中国側では戦犯処罰問題に取り組んだ当初から、証拠によって犯罪を明らかにし、その行為者・責任者の責任を追及し、処罰するという方針をとった。この証拠資料主義とでもいうべき態度は、少なくとも中国側の主観としては裁判実施段階まで維持されたといえる。しかし三節で取り上げた四六年の楊覚勇報告が述べていたように、証拠資料主義が実際に十分な成果を上げるだけの環境は当時存在していなかった。それは戦争中・戦争直後を通じた混乱の中での資料収集の困難、日本軍側の資料の廃棄、中国側の態勢や諸地区間・諸機関間での連携の不十分さといった事情によるものであったといえるだろう。またこの時期に華北を中心に広大な解放区を支配していた共産党が、国民政府が指揮した戦争犯罪調査を実施したのかは不明である。少なくとも、戦争末期に高まりを強めていった国共両党の対立が、この調査にプラスに作用しなかったことは間違いない(53)。

このような限界のなかで国民政府が収集した証拠資料が、それぞれの事件ごとにどの程度犯罪を実証するのに有効なものであったかを検証することはここではできない。ただ中国側の証拠資料主義は、戦犯裁判を単なる一過性の報復劇に終わらせるべきではないという思想の表現であったと見ることができる。

先に触れた楊覚勇報告は、その結論において、戦犯処理の目的は、「法律上違法の者を罰する」ことと、「政治上日本の人民を教育する」ことにあると述べた。そして後者について、「戦犯処理の機会を利用して、日本で人民の面前に日本侵略者の醜悪な内幕を暴露し、もって日本の侵略思想を根絶するにある」とその教育的な意義を強調した(54)。

戦犯裁判の教育的効果への注目は、右で見た四六年一〇月二五日の対日戦犯処理政策会の決議にも示されたところである。戦犯裁判に対するこうした位置づけが、事実を明らかにする資料への執着をいっそう強めることになったといえるだろう。

また国民政府が戦争犯罪の調査にあたって、国民による告発を一つの手段として取り込んだことの意義は注目されるべきであろう。それは単に国家権力間での責任追及というのではなく、被害者の観点からの責任追及という性格を戦犯裁判にもたらす意味をもっていたと考えられるからである。この下からの積み上げ方式ともいえる戦争犯罪調査が実施されたことは、東京裁判における中国からの告発、あるいは中国でのＢＣ級戦犯裁判というものに、「勝者の裁き」というよりは「被害者の裁き」という性格を見いださせるものであろう(55)。

楊報告に示されたように、戦犯の検挙は十分な成果を上げなかったが、それでもそれなりの数の戦犯が拘留された。しかし検挙された戦犯も、重大犯罪ではなく、証拠も不十分な場合は、「寛大政策」にそった戦犯処理の早期終結方針によって報復的な処罰を免れることができたといえるだろう。ただし、国民政府のトップレベルでの、政治的判断からの「寛大政策」や戦犯処理の早期終結方針に対して、不満が存在しないわけではなかった。戦犯処理に携わった楊覚勇の場合でも、前述した報告の結論において、中国は九一八（満州事変）以来一五年の久しきにわたる侵略を受け、中国の大半は敵軍に蹂躙され、その犯罪の残酷さは筆舌に尽くしがたく、我が国民衆の被害者は「千百万」ではすまないであろうと、その被害の甚大さを強調し、さらに、「我が国の対日寛大政策は犯罪行為の比較的軽易な者に自力更生の機会を与えるものではあるが、一〇や二〇の戦犯〔の処罰〕で合理的ということができるだろうか」、と被害の大きさに比した処罰の小ささを招く「寛大政策」への割り切れなさを表明していた（とはいえ楊は報復的な大量処罰を主張していたのではなく、十分な証拠をもって戦犯を検挙しえない状況を憂いていたのである）[56]。

楊覚勇同様の割り切れなさは、日本で東京裁判の進行を目の当たりにした、駐日代表団のなかにも存在した。東京裁判も後半にさしかかった四八年一月一三日、駐日中国代表団が中国外交部に示した「処理日本戦犯善後問題」という文書は、「一人を罰して衆人の戒めとする」という寛大方針による戦犯裁判の早期終結方針を示した一方で、日本の侵略戦争による被害が甚だしかったにもかかわらず、東条英機など二五名の主要戦犯が裁判を受けたのみで、今時戦争の責任を包括することはできなかったとして、軍閥と協力して侵略を支持したものは永久に公職への参加を禁止すべきこと、日本人の一部には侵略を反省することなく捲土重来を企図する分子が存在するので、講和条約調印後においても連合国は日本が侵略を再開するのを統制するため、随時侵略政策を支持する者を検挙し、戦犯を裁判する権利を維持すべきことが主張されていた[57]。

このような主張は中国から他の連合国になされなかったと思われるが、かりにこの方針が実現したとすれば、西ドイツにおける継続裁判と並んで、独立回復後において戦犯裁判が実施されることになったのであり、戦後日本における戦争責任追及は大きく異なるものとなったであろう。

おわりに

駐日中国代表団の右の主張を見るならば、中国は「寛大政策」や戦犯裁判の早期終結を基本的な方針としたとはいえ、それは日本の戦争責任・戦争犯罪を曖昧にする意図からでたものではなかったと理解されるべきであろう。確かに「寛大政策」を掲げながらも、実際のBC級戦犯に対する裁判に報復的な要素がなかったとは言い切れないかもしれない。しかしそれらに報復的な要素があったとしても、その背後には代表的な戦争犯罪事件を象徴的に裁くことによる日本人への教育的効果への期待が存在していたことが認識されるべきであろう。そして東京裁判においては、南京事件がその最大の象徴とされたといえるだろう。

日本の中国における虐殺や細菌戦・毒ガス戦の実施、「三光」、性暴力、無差別爆撃、強制連行・労働という戦争犯罪の実態解明が進めば進むほど、ある意味で南京事件がそれらの犯罪行為総体の「氷山の一角」であったことが明らかになってきている。もし戦後直後にそれらの犯罪行為すべてが厳密に調査され、厳格に裁かれていったならば、日本人戦犯の数は何倍にも達したであろう。

ただし、いま必要な議論は、そうなるべきであったかというようなものではなく、そうならなかった歴史過程の意味を改めて問い直すような議論であると思う。蔣介石・国民政府は、主体的判断がまったくなかったという意味ではないが、アメリカの対日戦略に沿う形で天皇を訴追しない方針を採り、「寛大政策」の下で裁判の早期終結を唱えた。しかしこの対応の陰には、四一年から戦後にかけての非常に困難な状況下での犯罪調査への取り組みがあったのであり、また「一人を罰して衆人の戒めとする」ことの教育的効果に望みをかける人々の思いが存在していたことは留意されるべきであろう。こうした人々は、東京裁判で南京事件が裁かれることを通じて、日本人が中国全土で繰り広げた戦争犯罪について自らの戒めとすることに期待し、それに甘んぜざるをえなかったのである。こうした人々の思いを日本人は受けとめる必要があるであろう。

【註】

（1）最近のイギリスのBC級戦犯裁判研究ではほかに、ジョン・プリチャード「BC級戦犯裁判と英国の対応」（平間洋一他編『日英交流史1600―2000』3、東京大学出版会、二〇〇一年）がある。また本稿初出後には林博史『BC級戦犯裁判』（岩波書店、二〇〇五年）が、同裁判の全体像をより踏み込んで解明している。

（2）なお中華人民共和国のBC級戦犯裁判については、戦犯当事者たちの記録として神吉晴夫編『三光』（光文社、一九五七年）、『覚醒日本戦犯改造紀実』（群衆出版社、一九九一年）、また戦犯供述書の紹介分析として、新井利男・藤原彰編『侵略の証言――中国における日本人戦犯自筆供述書』（岩波書店、一九九九年）などがある。

（3）なお以下本稿で使用する中国側原資料は台湾の国史館所蔵の外交部檔案で、目録統一編号172-1のシリーズに属する亜東太平洋司作成のファイルである。本稿においては以下その番号と作成者は省略し0888といった形でファイル番号（案巻編号）のみ表記する。

（4）この過程については大沼保昭『戦争責任論序説』（東京大学出版会、一九七五年）参照。

（5）以上の中国側の対応については作成年月日不詳、欧州司第三科「関於列席欧州九被占領国懲治徳人暴行宣言簽字会議之報告建議」（0893『懲処戦事犯案』民国三一年八月二一日～三二年七月九日）。民国三一年は一九四二年。

（6）高生和「倫字第六号呈文（関於列席欧州九被占領国懲治徳人暴行宣言簽字会議之報告建議）」（同前）。

（7）胡菊蓉『中外軍事法廷審判日本戦犯』南開大学出版社、一九八八年、一一二頁。

（8）一九四八年八月一四日、外交部発国防部宛（起草者駱人駿）「戦争罪犯処理委員会工作報告」（0892『処理戦犯政策案』民国三一年七月三日～三七年一一月六日）。また同資料によれば、極東分会が処理した戦犯事件は、多くは中国政府が送付したものであり、手続きとしてはまず控訴状が極東分会秘書処事務局に提出され、それを事実・証拠委員会が審査した後、分会で戦犯名簿への編入が決定された。一九四六年春に極東分会は南京へ移転し、一九四八年三月三一日に活動は正式に終結した。分会はその間三八回会議を開催し、通過した戦犯名簿は二六部、列挙された戦犯は合計三〇〇〇名に上った。なお王寵恵は国際法の専門家であり、三〇年代には国際司法裁判所判事、外交部長などを務めた。四三年からは国民参政会幹部という地位にあった。

（9）前掲『中外軍事法廷審判日本戦犯』一一二～一一三頁。

（10）一九四三年七月二四日、外交部亜東司長揚雲竹発外交部部長次長宛謹呈「亜東司意見三点」（０８８『成立敵人罪行調査委員会案』民国三二年七月二四日～三四年一二月七日）は、外交部は敵軍犯罪調査に関して、一九四一年から資料の捜索収集に着手し、四二年に研究整理を開始し、「日本在華暴行録」を編集したと、調査開始当初の状況を述べている。

（11）前掲「関於列席欧州九被占領国懲治徳人暴行宣言簽字会議之報告建議」。

（12）一九四三年三月二九日、外交部発行政院宛（高生和起草）「関於日寇暴行資料事」（０８８７-２『敵人罪行調査案』民国三二年八月～三三年三月）。なお書籍として挙げられていたのは①徐淑希編纂 *Documents of the Nanking Safety Zone*, 1939. ②同編 *A New Digest of Japanese War Conduct*, 1941. ③同選 *The War Conducts of the Japanese*, 1938. ④同選 *Three Weeks of Canton Bombings*, 1939. ⑤H. J. Timperley *The Japanese Terror in China*, 1938. ⑥同著、楊明訳『外人目睹中之日軍暴行（外国人が目撃した日本軍の暴行）』、⑦政治部軍務処編『両年来倭寇暴行紀実（二年来の日本軍暴行の記録）』（一九四三年、一九三一～三二年を対象）、⑧Benjamin Proulx *Underground from Hongkong* 1943. ⑨Francis Long *Half a World away* 1943. である。

（13）一九四三年四月五日、外交部亜東司発軍令部宛（高生和起草）「函請調査敵寇暴行部隊長官姓名及官職等由」（０８８７-１『敵人罪行調査案』民国三二年一月一日～三二年八月）。

（14）なお同機関は収集した資料を①戦時法規違反者、②人道主義違反者、③外国人の第五縦隊者（スパイ）、④本国人の傀儡者、⑤本国人の第五縦隊者に分類整理するとした。「関於懲治戦事犯（War Criminals）問題」（作成時期作成者は不詳だが、四三年に外交部内で作成されたと推測される。０８９３『懲処戦事犯案』民国三二年八月二一日～三二年七月九日）。

(15) 王世杰は法学の専門家であり、一九三三年以後は教育部長、情報部長などを歴任した。四五年七月から四八年一二月までは外交部長を務める。
(16) 一九四三年七月三一日「照抄亜東司致司法行政部公函」(0888『成立敵人罪行調査委員会案』民国三二年七月二四日~三四年一二月七日)。「亜東司径辦渉外問題」(0887-2『敵人罪行調査案』民国三二年八月~三三年三月)。
(17) 一九四四年三月二八日、外交部発行政院宛(陸松年起草)「呈報辦理調査日寇在華暴行案経過情形並呈送日寇在華暴行資料由」(0887-3『敵人罪行調査案』民国三三年一月~三三年四月)。なお調査表記入上の注意点としては、犯罪事実の記入が国際上の規定と合致することも挙げられていた。
(18) 一九四四年一〇月九日「行政院訓令」の添付書類(0887-4『敵人罪行調査案』民国三三年五月~三三年一〇月)。
(19) 一九四四年七月二九日「行政院訓令」(同前)。
(20) 一九四五年五月一八日発「函復関於日本戦罪犯名単之準備進行程度事」(同前)。
(21) 一九四五年六月二七日、楊覚勇「報告」(0887-4)。
(22) 一九四四年三月七日、楊雲竹「簽呈謹将関於日人在華罪行事項辦理経過摘要報告並請示如次」(0887-3『敵人罪行調査案』民国三三年一月~三三年四月)。
(23) 一九四四年三月九日、資料タイトルなし(同前)。なおこの資料では天谷は第一一師団第一四旅団長とされているが、正しくは第一一師団歩兵第一〇旅団の支隊長であった。天谷については、笠原十九司『南京難民区の百日』(岩波書店、一九九五年)三〇二頁、および石田勇治編訳『資料 ドイツ外交官の見た南京事件』(大月書店、二〇〇一年)参照。なお三月一六日には外交部から行政院に、五三件の暴行事件に関係した日本軍人三二名の名簿が送付されている。この名簿にも明らかに南京事件の関係者が含まれている(「呈報辦理調査日寇罪華暴行案経過情形並呈送日寇在華暴行資料由」同前参照)。
(24) 一九四四年三月一三日「訓令令転請貝徳士博士証明南京暴行案件由」(同前)。マイナー・S・ベイツ(Miner S. Bates)は南京事件当時金陵大学歴史学教授、南京安全区国際委員会委員。以下外国人の南京事件当時の地位等については前掲『南京難民区の百日』による。

(25) 一九四四年三月一五日「訓令往訪金大史邁士博士請其出具南京暴行証件等由」（同前）。ルイスＳ・Ｃ・スマイス（Lewis S. C. Smythe）は南京事件当時金陵大学社会学教授、南京安全区国際委員会書記。

(26) 一九四四年三月二一日「訓令往訪金大雷克先生請其出具南京暴行証件等由」（０８８７‐３）。チャールズ・Ｈ・リッグス（Charles H. Riggs）は南京事件当時金陵大学教職員、南京安全区国際委員会委員。

(27) 一九四四年三月三一日「為遵令検具関於日軍在南京暴行史邁士博士簽字之証件一紙電請鑑核」（０８８７‐４）。

(28) ジョージ・Ａ・フィッチ（George A. Fitch）はニューヨークにあるＹＭＣＡ国際委員会の書記で、南京事件当時は南京安全区国際委員会のマネージャー役を担当。

(29) 一九四四年六月九日、高生和発楊雲竹亜東司長宛「本年春奉」（０８８７‐４）。南京事件当時国際安全区にいたアメリカ人女性で中国人と結婚して中国籍となっていた女性としては、メリー・トゥワイネンという金陵女学院の職員がいた。資料にある「戴倫」がトゥワイネンである可能性があるが、現在確認はできていない。トゥワイネンの行動は岡田良之助他訳『南京事件の日々――ミニー・ヴォートリンの日記』（大月書店、一九九九年）にうかがうことができる。この点については笠原十九司氏の御教示を得た。

(30) 一九四四年九月九日、高生和発楊雲竹亜東司長宛「訪問 Mr. George Fitch 之報告」（０８８７‐４）。ロバート・Ｏ・ウィルソン（Robert O. Wilson）は、金陵大学付属病院医師で、南京国際赤十字委員会委員。

(31) 一九四四年一〇月三日「訓令往訪威爾遜博士王定先生請其出具南京暴行証件等由」（０８８７‐４）。

(32) 一九四四年九月一四付駐米大使館宛電報（０８８７‐４）。ベイツとの接触についての資料を筆者は入手していないが、これらの指示による接触が実現したことが、ベイツの東京裁判への証人としての出廷につながったと推測される。

(33) 一九四四年六月二四日、外交部駐川康特派員公署発外交部宛「為遵令検具関於日軍在南京暴行雷克士先生簽字証件一紙電請鑑核」（０８８７‐４）。

(34) 「関於懲治戦事犯（War Criminals）問題」（０８９３『懲処戦事犯案』民国三一年八月二一日～三二年七月九日）。

(35) 第二二七条によれば、ドイツ皇帝は五大国選任の裁判官よりなる特別裁判所が裁くと規定した。第二二八～二三〇条によれば、戦争法規違反者は連合国側の単独又は複数国による軍事裁判所が裁くこと、戦犯の引き渡し、裁判のための必要資料提供などを規定した。鹿島守之助『日本外交史　第一二巻　パリ講和会議』鹿島研究所出版会、一九七一年、二〇八〜二一一頁。

(36) 殷燕軍『中日戦争賠償問題』御茶の水書房、一九九六年、二五〜三二頁。

(37) 一九四五年九月一一日「擬定日本主要戦事罪犯名単会議」(0884『日本主要戦争罪犯名単案』民国三四年七月二〇日〜三五年二月一五日)。これら名簿は外交部が英文に翻訳して極東分会に送り、極東分会で証拠資料等を審査のうえで戦犯容疑者として認定される。

(38) 一九四五年九月六日、王〔化成〕外交部条約司長発駐英顧大使宛(0884)。

(39) 前掲「擬定日本主要戦事罪犯名単会議」。

(40) 「擬定日本主要戦事罪犯第二次会議記録」(0884)。

(41) 一九四五年一〇月三日「行政院訓令　関於審査日本主要戦犯名単案」(0884)。

(42) 高生和「懲治日寇罪行方案」(0893)。同資料の正確な作成時期は不詳であるが、中国は戦犯名簿を日本降伏時に日本に提出し、その受諾を休戦条件の一つとしうるとされている点から、日本降伏前に作成されたものであることは確かである。

(43) 宋志勇「終戦前後における中国の対日政策——戦争犯罪裁判を中心に」立教大学『史苑』第五四巻一号、一九九四年、七五頁。

(44) 石井明「中国の対日占領政策」『国際政治』八五号、一九八七年五月、一二七〜一二八頁、前掲『中日戦争賠償問題』五二〜五三頁、袁克勤『アメリカと日華講和』柏書房、二〇〇一年、七五〜七七頁参照。なお同意見書は、民国三五(一九四六)年一月一五日付、国民党中央執行委員会秘書処「函送対処理日本問題意見之審査報告請査照参致由」(0918『戦後対日政策』民国三三年三月一七〜二〇日)によれば、留日同志(同窓会)が起案し、国民党中央外交専門委員会が修正し、国防最高委員会が承認した。外交専門委員会の国防最高委員会への審査報告は一九四五年一二月二六日付である。

(45) この点については前掲石井論文二九頁および前掲「終戦前後における中国の対日政策」七五頁も参照されたい。

(46) 一九四五年一一月一〇日、外交部長王世杰・司法行政部長謝冠生発行政院長宋子文宛「案准」(0887-5『敵人罪行調査案』民国三四年一〇月〜三五年一〇月三一日)。そのほかでは林健民という人物が起草した「日皇裕仁対於侵略戦争応負責任之説帖」（0916『日皇與戦罪問題』民国二六年一一月一日～三五年四月三〇日）という資料がある。一九四六年頃の作成と思われるが、ここでは明治憲法上の天皇の権利・位置づけから天皇の戦争責任に論及し、「平和に対する罪」の規定により天皇に制裁を加えるべきだと主張している。

(47) この点については粟屋憲太郎『東京裁判論』大月書店、一九八九年、一九七～二〇三頁参照。

(48) 一九四六年六月一三日、亜東司専員楊覚勇「戦争罪犯調査工作報告」（0886『日境設立戦罪調査所案』民国三四年五月一九日～三四年九月一〇日）によれば、A級戦犯二八名中、一五名は中国側が提出したとされている。

(49) 同前「戦争罪犯調査工作報告」。

(50) 粟屋憲太郎「東京裁判への道」②によれば、モローは三月一一日に上海に到着、北京、重慶、南京でも調査を行って、四月一一日に東京に向かった。楊の報告書は概要を記したものと思われる。なおモローは日本軍の行った化学戦・細菌戦を調査していた（『朝日ジャーナル』一九八四年一〇月一九日号、四三頁）。

(51) 「極東国際軍事法廷調査罪証綱要」では（以下主要な項目のみ抜粋）、（一）抗戦前日本の対華陰謀侵略の計画準備と挑発行為、（二）抗戦発端の戦争責任、（三）独日の侵略戦争の発動あるいは進行における種々の協力行為、（四）戦争法規・国際条約と協定違反の戦争犯罪行為①毒ガスの使用、②細菌戦—細菌の撒布、（五）対人民の暴行①南京の強姦と大虐殺、②日本軍のその他都市での類似の犯罪行為、（六）戦争俘虜への虐待、（七）日本の対中侵略機構、（八）阿片麻薬毒品、（九）その他日本侵略戦争の諸事実およびその他人道良心に対する打撃を加えた犯罪の咎めは高級指揮官であるものに帰す、が挙げられていた（前掲0886）。ここでは毒ガス、細菌戦が調査項目とされていたことが注目される。また南京事件が特筆され、該事件での強姦が大虐殺と少なくとも同等の比重で問題とされていたことが窺われる。

(52) 以下この会議の内容については一九四六年一〇月二五日「戦争罪犯処理委員会対日戦犯処理政策会議記録」（0892『処理戦犯政策案』民国三一年七月三日～三七年一一月六日）による。会議の出席者は国防部部長白崇禧（会議の主席）、同部次長林蔚、司法行政部部長謝冠生、同部司長楊兆龍、外交部部長王世杰（次長甘乃光代理出席）、同部司長楊雲竹、ほか行政院秘書処、極東分会、国防部第二庁などから計二二名参加。なお前掲「戦後中国における日本人戦犯裁判」六六、六八頁によれば同資料は中華民国外交問題研究会編印『中日外交史料叢編』（七）に収録されている。

(53) なお共産党は日本戦犯処罰について四五年九月一四日の『解放日報』社説で、天皇を含めた広範な戦犯に対する厳重処罰を主張した(前掲『アメリカと日華講和』六四頁)。

(54) 前掲「戦争罪犯調査工作報告」。

(55) 東京裁判に対する「勝者の裁き」「アメリカ主導の裁判」「アジア不在」といった評価について、裁判への「小国」の主体的関与の実態から修正を迫った研究として、永井均「極東国際軍事裁判と『小国』の立場──フィリピンの場合」(アジアに対する日本の戦争責任を問う民衆法廷準備会編『問い直す東京裁判』緑風出版、一九九五年)がある。

(56) 前掲「戦争罪犯調査工作報告」。楊のいう「一〇や二〇の戦犯」というのはA級戦犯の人数を念頭に置いたものであろう。なお同報告および前掲宋論文六六～六七頁によれば、四六年一〇月までに中国司法行政部が受理した日本軍犯罪事件数は一七万一一五二件に上ったが、検挙された戦犯容疑者は三二二五人にすぎなかった。実際に起訴された人数はそれを下回り、中国一〇ヵ所に設置された軍事法廷が有罪判決(死刑含む)を下したのは四四五人であった。

(57) 一九四八年一月一三日、駐日代表団発外交部宛軍字第二八一三号「処理日本戦犯善後問題」(0891『澳対処理戦犯意見案』民国三四年七月一四日～一二月二六日)。

【付記】

筆末ながら、本稿執筆に際して宋志勇氏、土田哲夫氏、笠原十九司氏から貴重なご教示をいただいたことに対して、記して感謝申し上げます。

〔本稿の初出は、「中国国民政府の日本戦犯処罰方針の展開(上・下)」(日本の戦争責任資料センター『季刊　戦争責任研究』三二号・三三号、二〇〇一年六月・九月)である。基本的に内容の変更はないが、章見出しを変更し、若干の訂正と加筆をしてある。〕

第四章　東京裁判における戦争犯罪訴追と判決
——南京事件と性奴隷制に対する国家指導者責任を中心に——

戸谷由麻

はじめに

東京裁判で侵略戦争を計画・遂行した罪の他、残虐行為について訴追努力があったことは近年の研究から知られてきている。また、法廷に提出された証拠書類の中に、強姦その他女性に対する性暴力に関するものがかなり含まれていたことも、ここ数年、とくに二〇〇〇年末に開かれた女性国際戦犯法廷の設立準備と関連して指摘されてきた(1)。しかし、戦争犯罪訴追努力が具体的にはどのようなものだったのか、弁護側と検察側の間の争点は何だったのか、そして裁判所の事実認定と法的見解がいかなるものだったのかについては、未だ研究が十分なされていない。また、東京裁判の下した判決、なかでも南京事件について有罪判決を受けた文官広田弘毅のケースが、現在判例として国際刑事裁判所で広く引用され、国際人道法発展に具体的貢献をしていることは国内で一般に認知されていない。さらに、東京裁判で性奴隷制に対する日本国家指導者の個人責任が問われた事実についてもあまり認識されていない。

こうした状況を鑑み、本章では裁判公判記録、法廷で受理された証拠書類、判決書など主要な裁判関係文書をあらためて分析し、東京裁判での戦争犯罪訴追の内容を明らかにする。なかでも、南京事件と日本軍性奴隷制に関する東京裁判での取り組みに注目し、その今日的意義を考察する。

一　検察側の立証準備

裁判の概観

東京裁判は正式名称を極東国際軍事裁判といい、それより半年早く始まっていたニュルンベルク裁判を模範に連合国諸国が設立した。ニュルンベルクに続く史上第二の国際戦犯裁判だったこの裁判は、構成上、法規上などさまざまな面で前者と多くの共通点を持っていた。ただ、ニュルンベルクでは、対独戦で指導的役割を果たした連合国大国四ヵ国のみ（イギリス、フランス、ソ連、アメリカ）が裁判を構成していたのに対し、東京裁判は対日戦に参加した大国と小国合同によるもので、合計一一ヵ国（ポツダム宣言に加盟したイギリス・中国・ソ連・アメリカ、英連邦諸国であるオーストラリア・カナダ・ニュージーランド、東南アジアに植民地を持つフランス・オランダ、そして独立達成以前の二大アジア諸国であるインドとフィリピン）が参画した。東条英機を含む二八名の戦争指導者——うち三名は後に起訴状から除かれる——がこれら一一ヵ国を代表する国際検察局によって起訴されたのだった。(2) ビルマとインドネシアからも検察補佐官が派遣され、証拠書類準備に助力したことから、あるいは多人種、多国籍で構成される「一三ヵ国代表」の国際検察局によって起訴された、といってもいいかもしれない。

東京裁判所の裁判官は同様に一一ヵ国から指名された多国籍判事からなり、オーストラリア代表判事ウィリアム・ウェッブが裁判長として公判を取り仕切った。公判は一九四六年五月に検察側から始められ、検察側立証終了後の翌年二月、被告側は日米混合弁護団とともに反証を進めた。一九四八年一月に被告側の反駁は終わり、双方の最終弁論が終了した後、約七ヵ月休廷、そして同年一一月に判決が下された。判決はウェッブ裁判長を含む多数派八判事の意見と三判事による三つの反対意見に割れたが（他賛成意見二つも提出された）、司法慣例に習い、多数派の意見が東京裁判の判決書として被告に下された。本論で分析の対象となる判決書はこの多数派によるものである。

指導者責任の法理論

まず、東京裁判の検察局が適用した立証方法について簡単に説明する。周知の通り、二五名の被告はかつて内閣や軍司令部などに職務のあった高級官僚や軍高級将校たちで、国家の最高機関で戦争についての政策決定に直接関わってきた人びとだった。いうまでもなく、こうした人物は自ら戦場や占領地に赴き、自らの手で残虐行為を犯したわけではなかった。公判中争点となったのはむしろ、被告等が国家最高指導者として日本軍が起こした無数の残虐行為に対してどのように関与したのか、これを解明し、個人責任のある者を処罰することだった。

検察側の見解では、被告等は戦時中、大量虐殺、捕虜虐待、強姦、その他さまざまな残虐行為を戦争手段として遂行するよう自国軍に指令を下してきたか、あるいは直接そのような命令はしなかったが、日本軍が各地で残虐行為を広範に犯している事実を知り、上官としてそうした行為をやめさせる責務を負いながら適切な処置をとらず、事実上残虐行為の遂行を認めた、このいずれかの疑惑があると考えられた。

なお、指導者たる人物が残虐行為を命令した場合、そこで発生する刑事責任を国際法上では「直接責任」(direct responsibility)と一般に呼んでいる。また、部下による残虐行為を看過した場合生じる責任は「指揮官責任」(command responsibility)と呼ぶ。研究者の間では、後者の刑事責任はしばしば「不作為の責任」としても知られている。これら二つの指導者責任に関する法原則は、現在ハーグやアルシャ(タンザニア)で開かれている旧ユーゴ、ルワンダ関係の国際裁判所等で広く適用されている。東京裁判の検察官らは、こうした法原則を用いて国家指導者だった被告らの個人責任を立証しようと考えたのだった。(3)

証拠収集の難しさ

さて、裁判開廷の前の一九四五年一二月半ばから一九四六年四月まで四ヵ月強、限られた時間と戦いながら検察官たちは証拠収集その他起訴に必要な準備を進めたが、その過程で大きな問題にぶつかった。それは戦争犯罪について被告の個人責任を立証する物的証拠を確保するのがたいへん困難なことだった。これは実は東京裁判に限った問題でなく、かつての政治指導者や高級将校だった戦犯容疑者を取り扱う裁判で検察官が頻繁に直面する問題だ。最近では旧ユーゴの指導者ソロボダン・ミロシェビッチのハーグ裁判で検察側が直面してきた。たとえば一九九二年から一九九五年、ボスニアで民族浄化を目的とした迫害や虐殺行為がイスラム教徒、クロアチア人、その他の非セルビア市民に対してなされたが、この一連の事件は、何百人の被害者や目撃者からの証言と大量死体の発掘・捜査からハーグ裁判で揺るがぬ事実として立証されてきた。しかし、いざミロシェビッチ自身の指導者責任の問題になると、これを立証する決定的な証拠文書がほとんど残っていない。このことが裁判の長期化の一因となってきた。

東京裁判の検察官もこれと同じ問題に直面したのだった。東京裁判より早く一九四五年一一月に開かれたニュルンベルク国際裁判は、この点で例外的だった。有用な証拠書類が連合軍のドイツ侵攻に伴って押収されていたため、連合国代表検察官らは被告がユダヤ人虐殺等の残虐行為に関与したことを容易に立証できたのだ。これに対して連合国の対日戦での状況はヨーロッパと異なった。ポツダム受諾から連合軍の日本本土占領開始までの約二週間、日本政府と軍司令部は秘密文書等の組織的隠滅を命じ、そのため証拠書類となりうる公文書が大量焼却されたのである。(4)

このような国家規模の証拠隠滅努力があったことを、開廷後、検察側はいくつかの証拠書類提出によって裁判所に知らしめた。一例として証拠に提出された陸軍省のある文書によると、同省は「敵の手にわたった場合、我々に不都合となるような文書は秘密文書と同様に扱い、処理次第破壊すべし」、また、「俘虜や抑留者を虐待した者、あるいはひどく恨みを買っている者は直ちに転属するか逃亡してよし」といった通達を、朝鮮、台湾、満州、中国、香港、タイ、ボルネオ、マレー、ジャワ島にいる日本軍に対して降伏後の一九四五年八月二〇日に下している。この文書から、中央政府の指導者が日本占領下のアジア太平洋地域いたるところで日本軍が残虐行為を行ってきた事実を十分認識し、それを許容してきたこと、そして降伏直後、戦争犯罪を犯した者が連合国による責任追及を逃れられるよう国家規模で証拠文書破壊と逃亡の手助けをしたことが窺える。(5)

証拠隠滅のほか、検察官らは開廷前もうひとつの問題に直面した。それは、首席検察官として東京裁判の多国籍検察団を指揮したアメリカ代表検察官ジョセフ・キーナンが、有用な文書の多くはすでに焼却されてしまったと早々に結論づけ、公文書押収よりも巣鴨に拘禁された主要戦犯容疑者から尋問証書を作成することに多大な時間と人材を投入したことだった。(6)しかしこれは必ずしも賢明な判断ではなかった。なぜなら公文書のすべてが焼却されたわけではなく、実は隠匿されたものはかなりあったからだ。もしキーナンがこうした可能性を考え、戦争犯罪に関する文書収集の捜査をもっと積極的に進めていたら、立証価値の高い政府関係文書を確保することができたかもしれない。しかし彼は、イギリス、オーストラリア、カナダ、ニュージーランド代表の英連邦検察官から批判があるまでは政府機関での本格的な文書捜査に踏み切ろうとしなかった。また公判中も、裁判長期化を憂慮し残虐行為立証に消極的な態度を取り続けた。そのため、被告の個人責任を解明できる政府文書は、捜査当時ほとんど検察官の手に渡らず、多くは何十年も先になってから研究者によって発掘されるのだった。

この問題と関連して想起されるのは、一九九二年一月、吉見義明氏が従軍慰安婦についての政府関係文書を防衛庁から探し出し、朝日新聞に掲載した事件だ。防衛庁史料が新聞に公開された直後、日本政府は従軍慰安婦の事実と政府関与を正式に認めたのだった。(7)これなどは半世紀前の首席検察官キーナンの失策を見せつけている一例といえよう。後述するように、東京裁判の国際検察局、とくにオランダ代表検察官は、日本軍による性奴隷制の国家責任を追及する努力を実際払ったのだが、その時主張を裏づける決定的な政府関係文書を提出できなかった。そのため、戦時性奴隷制が戦争犯罪であるという裁定を裁判所から受けたものの、国家指導者と軍性奴隷制との関連性を確立することはできなかった。

同様にして、東条英機内閣が一九四二年に中国人捕虜の内地強制労働を決定した政府文書があるが、それが近年明るみに出て一九九五年六月に始まった東京地裁での訴訟で使われた(8)。この文書も、もし東京裁判で検察局に渡っていれば中国人強制労働に対する被告の責任立証に決定的な裏づけとなっただろう。事実公判中、中国代表チームは中国人強制連行と強制労働の立証——しかも興味深いことに花岡事件と関連しての立証——を試みたのだった。しかし中国代表チームは、被告の個人責任を確立するのに決め手になるような証拠文書をもっていなかった。このことが一因し、日本政府高官は中国人強制連行・強制労働に対して基本的に責任を負う、という裁定を裁判所は下したものの、こうした類型の戦争犯罪に関する特定の被告の責任を確立するには至らなかった。

もちろん国際検察局は、有用な政府関係文書をまったく手にいれられなかったわけでない。少なくとも連合国各国政府や権益保護国からの捕虜虐待等に関する苦情や問い合わせ、また日本政府のそうした苦情に対する返答文書はいくつか集めることができた。また、外務省や陸軍省などの日本政府主要機関から、捕虜取り扱いに関する内部文書もいくらか確保することができた。これらの文書と日本政府関係者を証人として使って、東京裁判で被告らの個人責任を立証していくことはある程度可能だった。しかし、敗戦前後の日本政府による証拠隠滅の努力が検察側の捜査に大きな障害となったことは否めない。

国際検察局の戦略

これらの問題を克服するため、国際検察局は法廷で次のような基本的立証戦略を採用した。まず、捕虜虐待、虐殺、強姦、拷問、不当な処刑、略奪、放火、その他日本軍によるさまざまな残虐行為を記録する書証や証人を法廷にできるだけたくさん提出する。そして、これほど広範に、しかもこれほど類似した残虐行為を自国軍が捕虜や占領下の一般市民に対して何年間も犯したのに、その事実を中央政府の指導者が知らなかったはずはない、と論ずる。さらにその論理的帰結として、このような広範かつ頻繁な残虐行為は「個々人の日本軍司令官や兵士の自発的行動によるものではなく、日本軍と日本政府の共通の政策によったのだ」（オーストラリア代表検察官アラン・マンスフィールドによる法廷での弁論）と主張する。[9] こうした立証戦略を適用することによって、検察側は被告の国家指導者としての責任を立証しようとしたのだった。

幸い、日本軍がアジア太平洋地域のいたるところで残虐行為を犯した事実、それ自体を立証するのは国際検察局にとってきわめて容易だった。というのは多数の被害者、加害者、目撃者から集めた宣誓供述書や、戦争犯罪調査書、外交筋報告書、その他多くの証拠書類を日本軍支配下にあったアジア太平洋各地から集めることができたからだ。実際検察側の集めた証拠文書は非常に膨大で、法廷に提出・受理された書証だけでも分量的にはニュルンベルク裁判一年分の公判記録に匹敵するほどだった。[10] 検察官はこのような膨大な証拠書類を、裁判開廷前から戦争犯罪の立証段階が始まるまで数ヵ月にわたって、国別チームごとに集めていったのだった。

戦争犯罪立証は分担して行われ、中国、フィリピン、アメリカ、英連邦（オーストラリア・イギリス・カナダ・インド・ニュージーランドの他、英領東南アジア諸地域も含む）、オランダ、フランスを代表するチームが、それぞれに関係の深い地域を担当した。収集された証拠書類は、地域ごと、残虐行為の種類ごとに分類され、法廷で提出される際は、同じ類いの残虐行為が日本占領下何度も遂行されたという点が強調された。それと同時に検察局は、残虐事件の被害者や目撃者にも何人か出廷してもらい、証拠書類の内容を証人の法廷尋問によって固める努力も払ったのだった。

二　検察側の立証

以上の検察側立証戦略を念頭に置き、東京裁判での戦争犯罪立証内容をたどっていく。先に述べたように、検察側の証拠書類は内容上も分量上もたいへん膨大なので、ここでは中国、フィリピン、オランダの立証段階に焦点を絞り、検察側の戦略が公判中、具体的にどう展開されたかを明らかにしていく。また、本論文では南京事件と戦時性奴隷制立証の歴史的重要性を踏まえ、これらの事項についてはとくに詳細な分析を加える。

中国段階の南京事件

まず中国代表チームだが、中国の戦争犯罪立証段階で最も重要だったのは南京事件だった。検察側は南京事件立証のため、事件当初から状況を綿密に記録してきた外国人居住者らによる文書、欧米諸国の在中外交筋報告書、南京在住の一般市民被害者・目撃者による宣誓供述書など多く提出した。ここでいう外国人居住者とは、南京に長く在住してきた大学教授、医師、宣教師、企業家などアメリカやドイツ出身の人々で、日本軍南京攻略以前に「南京安全区国際委員会」を自発的に設立した者たちのことだ。彼らは日本軍侵攻に備えて、南京大学を含む城内の一大区域を難民区と設定し、南京市民を戦争の被害から保護しようとした。しかし南京陥落後、日本軍は難民区域を尊重せず、残虐行為を区内外で大規模かつ長期的に犯すに至った。そうした事態に直面した安全区国際委員会のメンバーは、図らずも、日本軍の虐殺行為を目撃、記録する重要な歴史証人になっていったのだった。彼らの残したさまざまな記録は、その他の諸政府外交筋文書や南京市民自身の供述書と並んで東京裁判の貴重な証拠書類となった。

書証の他、国際委員会のメンバーを含む証人一〇余名が東京裁判で出廷し、法廷尋問が行われた。証人一〇名程度というと、近年の国際戦犯裁判で召喚される証人の数をはるかに下回るが、東京裁判ではどちらかというと多い方だった。実際、東京裁判で戦争犯罪立証段階に関連して出廷した証人の総数は、時間節約の関係から四〇余名に限られていた。そのうちほぼ四分の一が南京事件のためだけに召喚されたことから、国際検察局がこの残虐事件をどれほど重要視していたかが窺われよう。

ところで、国際検察局が南京事件に重点を置いたのはある意味当然だった点、ここで指摘されるべきだろう。というのは、この事件ほど日本軍の残虐行為が克明に記録されている事例は、アジア太平洋戦争中起こった多数の残虐事件の中では非常にまれだったからだ。終戦前後、連合国側は日本軍による戦争犯罪の証拠集めに奔走したが、すでに年月の経った時点であり、あらためて現場を訪れ犯罪の物的証拠を収集したり、被害者や目撃者を探して供述を獲得したりするのは困難を極める作業だった。南京事件はその点例外的で、大勢の外国人居住者、被害者、記者、外交官、また日本兵自身によってさえも、残虐行為の状況が事件発生当初から記録されていた。そのうえ南京事件は、外交筋や報道関係を通じて同時期的に各国に知れ渡っていた。要するに証拠の豊富さと事件の世界的知名度からいって、南京事件は国際検察局にとって圧勝をほぼ確約されたケースだったのだ。

さて、検察側が立証した事実は次の二点にまとめることができる。第一に、南京占領直後中国側の軍事抵抗がすでに終わっていたにもかかわらず、日本軍は虐殺、強姦、略奪、放火、その他の非人道的行為を非武装化していた中国人戦闘員や南京市民に対して大規模に犯したという事実、そして、そうした残虐行為が少なくとも南京陥落後の六週間、大規模かつ間断なく続けられた事実だった。とくに検察側証人は、日本兵が南京安全区に避難していた人びとに対しても残虐行為を犯したことを法廷に知らしめた。証言によると、日本兵は安全区国際委員会の抗議をまったく無視して難民指定区域に頻繁に立ち入り、大勢の成年男子を連行しては大量即決銃殺を組織的に敢行したということだった。また、区内外の婦女子に対しても連行、強姦、殺害等の暴虐を繰り返し犯したことが証言された。

第二に、自国軍による一連の大規模な残虐行為について、日本の中央政府高級官僚や軍部指導者が事件当初から外交筋、報道関係などから詳細な情報を受けていたことが、検察側によって明らかにされた。被告のうちでは、南京攻略を指揮した中支那方面軍の司令官松井石根、中支那方面軍参謀副長の武藤章、そして当時の外務大臣広田弘毅、以上少なくとも三名が、南京陥落直後から次々と犯罪状況の報告を受けていたことが立証された。(11)

弁護側による検察側証人の反対尋問

検察側の圧倒的な立証努力に直面した弁護側は、どのような反駁を試みただろうか。答えは極めて簡単で、日米両弁護人は反駁努力をほとんどせず、事実上検察側の立証内容を全面的に認めたのだった。弁護側の半ばあきらめた態度は、検察側証人が法廷に現れた時にもっとも明確に現れた。たいていの場合弁護側は、証人の反対尋問をまったく行わないか、熱意のないうわべだけの尋問を行うだけだった。あるいは尋問をすることもあったが、結果的に証人の信憑性を高めるか、被告の個人責任を裏づけるような証言を引き出すか、このいずれかの失態を演じたのだった。総合的に評価すると弁護側は、「日本軍が南京陥落後の少なくとも六週間、大虐殺、強姦等の残虐行為を大規模に犯した」という検察側の基本的主張を事実と認めたのだった。

弁護団の反駁努力（またはその欠如）をもう少し具体的にみていこう。たとえば、尚徳義《シャンテーイ》という名の南京市民が証言台に立った時だが、この証人は虐殺事件から奇跡的に助かった人物だ。証人は南京陥落直後、中島今朝吾中将指揮下の第一六師団と推定される日本軍隊により、自分自身と兄、そして隣近所に住む男性五名を含む、合計一〇〇〇名以上の男性市民とともに長江土手まで連行され、機関銃で同日夕刻前に一斉殺害の対象になったことを証言した。証人自身は銃撃される前に倒れたため助かった。この証人の直接尋問が終わると、弁護側は反対尋問の機会が与えられた。しかし、日米両弁護人はいずれも尋問を試みなかった。これは弁護団がこの証人の信憑性を疑わず、尋問する権利を自発的に放棄したことを意味した。

尚氏に続いて、日本軍による虐殺行為の生存者がもうひとり証言台に立った。この時も、弁護側の対処は同じだった。伍長徳《ウチャンテー》という名の食材商人兼南京市警官は、南京陥落直後一六〇〇名以上の非武装化した南京市警官及び一般男性市民とともに、日本軍によって難民区から南京市西門へ強制連行された。西門に着くと、日本軍は連行してきた中国人男性を約一〇〇名のグループごと門外に連れ出し、運河沿いにて機関銃で一斉殺害、死体は運河にそのまま遺棄した。虐殺の現場から逃亡を図った証人は、幸い弾丸があたらず、倒れているところを日本兵に銃剣でさされたものの死を装って生き延びることができたのだった。以上のような伍氏の証言は、日本軍による組織的虐殺に直接さらされた人物による生の証言であり、尚氏同様、その重要性は弁護側にも明らかなはずだった。それを知りながら弁護団は、再び反対尋問の権利を放棄し、結果的に伍証人の信憑性を認めたのだった。[12]

一方、残虐行為の直接被害者でない人物が証人台に立ったときは、弁護側はしばしば反対尋問を試みた。しかし、その結果は反対尋問しない場合と同じ、あるいは、しない場合より好ましくない結果をもたらした。これは日米弁護人両方にいえることで、程度の差こそあれ、両弁護団は検察側証人の信憑性を衝く効果的な尋問ができず、時には被告の個人責任を確証するような証言を不必要にひきだすことさえもあった。

アメリカ人弁護人ウィリアム・ローガンが、検察側証人マイナー・ベイツを反対尋問したとき、実際そのようなことが起こった。ベイツは一九二〇年から南京に在住し南京大学で歴史学を教える教授だった。彼は南京安全区国際委員会設立委員のひとりでもあった。ベイツの証言の主な点は、彼が事件発生直後から三週間、南京大学に隣接する日本大使館にほぼ毎日、日本軍による残虐行為の報告と苦情を提出してきたことだった。証言によると、日本大使館員は日本軍による残虐行為対処に苦悩していたが、軍を恐れて適切な処置をとれなかったという。そのかわりの処置として、大使館員は上海経由で日本外務省にベイツの報告書並びに苦情を転送したということだった。[13]

反対尋問に入ったローガンは、次のような尋問を試みた。それは、「在南京日本大使館から外務省へ苦情が転送された」という部分の証言をベイツのたんなる伝聞証拠、つまり憶測にすぎないとみなし、その点を衝くことで日本政府高官の個人責任を反駁しようとするのだった。つまり、外務省が南京事件について報告を受けていたというベイツの証言に対し、当時外務大臣だった広田被告は実は情報を受けておらず、南京で何が起きているのか熟知していなかったのではないか、という疑念を起こそうとした。そうすれば、広田被告の「不作為の責任」立証に必要な一要件が成立できない、こう計算したようだった。

しかし、ローガンの試みは失敗に終わった。というのは、ベイツは自分の証言が伝聞証拠でないことを確証するに足る回答を、すでに持っていたからだ。ベイツによると、事件当時、アメリカ在日大使ジョセフ・グルーは、外務大臣広田弘毅とベイツの送った苦情について話し合った事実があったというのだ。しかも、この事実をグルー自身が南京のアメリカ大使館に電報で知らせ、ベイツもそれらの電報を直々に読んだということだった。ベイツは引き続き、もし必要とあらばこの問題に関係する日本側文書を法廷に提出することもできると付け加えた。このような予期せぬベイツの回答にローガンはあわて、法廷記録係に今の発言を記録しないように求め、裁判長にも証人が質問以外の勝手な発言をしないよう勧告してほしいと訴えた。しかしこれに対しウェッブ裁判長は、証人が回答に説明を加えることに何ら問題はないとし、ベイツの発言を有効とみなしたのだった。その結果、ローガンは、不覚にも広田被告が日本軍による残虐行為を事件当初から知っていたことを裏づける証言を、公判記録に残してしまったのだった。(14)

日本人弁護人による反対尋問の試みも多くの問題をはらんでいた。英米式の法廷技術にもともと不慣れなほか、日本人弁護人は、しばしば訴追内容の基本的な論点を十分理解していなかった。この問題点を、松井被告の弁護人伊藤清による反対尋問の一例を取り上げて考えてみよう。

伊藤弁護人は公判中、検察側の重要証人の一人許伝音《シュウチュアンイン》という名の南京出身男性の反対尋問を試みた。この証人は南京事件当時、「紅卍字会」という慈善団体の副会長を務めていて、南京陥落後日本軍によって虐殺された人びとの遺体を埋葬してきた。許氏の証言によると、紅卍字会は常時二〇〇名ほど埋葬の仕事をするスタッフがいて、南京事件中この協会だけでも四万三〇〇〇以上の遺体を埋葬したとのことだった[15]。許氏は、日本軍による大虐殺、強姦等についても証言した。

この証人に対して、伊藤は次のような尋問戦略を適用したようだった。それは、中国国民党軍も略奪や強姦を常習的に犯していたと証人に認めさせ、その論理的帰結として残虐行為の責任を中国側に転嫁する、もしくは「日中同罪論」を展開する、というものだったようだ。しかし許氏は、伊藤の執拗な尋問に対して日本兵の残虐行為の証言を続けるばかりだった。証人が思い通りの証言をしないことを不満とした伊藤は、ウェッブ裁判長に向かい、「裁判長殿、私は証人に中国兵の品行について質問をしているのです。〔しかし〕証人は日本兵について答えています」と訴えた。それに対し裁判長は、伊藤の主張に理解を示しながらも次のように警告した。

わかっています。女性を強姦したり殺害したりするのは決して正当な報復行為ではない点、ここであなたに忠告しなければなりません。あなたは、証人側が犯したといわれることと同じことを仮に日本人が犯したとしても、それを正当な報復だと見なしています。女性の強姦、殺害、またそれに類する行為は、決して正当な報復処置とは見なされません。よって、そのような見解に従って反対尋問を続けるのは無益です[16]。

このエピソードに、南京事件に関する伊藤の反対尋問のまずさが象徴されている。つまり、巧みな反対尋問で証人の信憑性を衝くという本来の弁護人の任務を果たすかわりに、同罪論を展開して日本軍側の犯した強姦等の罪を帳消しにしようといった、根本的に誤った論理に基づいて反対尋問を試みたのだった。しかも、証人が思い通りの発言をしないのをみて、その責任が弁護士たる自分の法廷技術の未熟さでなく証人の態度にあるとする、本末転倒した考えを持つ始末だった。しばらく後、伊藤は許証人の反対尋問を終えるが、そのとき「私の能力の範囲では、この証人に事実や真実を言わせることができません」と言い残した。この捨てゼリフめいた発言を快く思わなかったウェッブ裁判長は、「証人を責めるべきではありません。そうするならば、私たちはあなたに対して処置をとることになるでしょう」と警告したのだった[17]。

ところで、この一連のやりとりから浮かぶウェッブ裁判長の判事ぶりも特筆しておくべきだろう。伊藤に対する諸処の忠告から、ウェッブ判事は弁護側の未熟な反対尋問をただ責め立てていただけではないことがわかる。むしろ彼は、適切な助言を与えることで、弁護側の尋問技術の向上を図ろうとしている。弁護側に対する裁判長によるこのような配慮は、従来の東京裁判研究では十分評価されていないだけに、とくに注目される。ウェッブのこうした姿勢は、次の事例にもあらわれるように、公判中頻繁にみられたのだった。

ローガン、伊藤両弁護人が成績の良くない反対尋問をしたのに対し、弁護団の中には優れた反対尋問のできる人物もあった。しかしそのような弁護人も、南京事件については検察側の圧倒的な証拠を前にして、なんら被告に有利な反対尋問を導くことはできなかった。そのことがよく示されている例として、検察側証人ジョン・マギー牧師を尋問したアメリカ人弁護人アルフレッド・ブルックスのケースがあげられよう。マギーは一九一二年から一九四〇年まで南京の監督教会の牧師を務めてきたアメリカ人で、南京陥落当時から南京難民区設立に助力した外国人居住者の一人だった（この証人は、日本軍による残虐行為を映像に残すという重要な功績を残した人物でもある）。東京裁判の法廷では、マギーは自分自身で目撃したり被害者から聞き取ったりしたさまざまな大虐殺、強姦、放火、破壊等の事件について事細かに証言した。

この証人の反対尋問を試みたブルックスは、アメリカ人弁護団の中でも際立って法廷技術に長けていると見え、巧みに鋭い質問を投げかけ、マギー牧師の証言に弱点を見いだそうとした。彼はとくに次のような疑いを浮かび上がらせようとした。（一）日本軍によって即決処刑された無数の中国人男性とは、実際市民服をまとった中国軍の正規戦闘員だったのではないか、（二）日本兵による一連の虐殺は上官命令に基づく組織的な行為ではなく、実は個々人の兵士が自発的に行ったものだったのではないか、（三）残虐行為を犯した日本兵は、上官あるいは憲兵など軍律機関からその後適切な処罰を受けたのではないか、そして（四）マギーの知る残虐事件のほとんどは伝聞証拠にすぎないのではないか、といった疑いだった。

しかし、ブルックスの尋問技術を駆使してもマギーの証言の一貫性と真実性を崩すことはできなかった。そのことはブルックス自身も法廷で実感し、またウェッブ裁判長にも次第に明白になっていった。というのは、ブルックスの反対尋問がある程度進んだところでウェッブ裁判長は次のように評したのだった。「あなたの姿勢から察するに、あなたは証人の信憑性を実際攻撃しているわけではないのですね」と。これに対してブルックスは「証人はたいへん公平だと思います」と答え、裁判長の所見の正しさを率直に認めたのだった。しばらく経った後、裁判長はブルックスの反対尋問を再びさえぎり、「あなたはこの証人の信憑性をすでに認めた以上、あなたの反対尋問の余地は当然のことながら非常に限られていますよ」と述べ、続けて、「これ以上の反対尋問は、すればするほど被告にとってより不利になります。ブルックス大尉、この反対尋問を続けるのが果たして有益かどうか決断しなければなりません」とわざわざ忠告した。裁判長の忠告に対し、ブルックスはあらためて「この証人は公平を務めていると信じます」と答え、二、三追加の質問をしたあと裁判長の勧告に従い反対尋問を終了したのだった。(18)

検察側の南京事件立証についての日本人弁護人の私見

日本人弁護団も、南京事件を論駁することがほぼ不可能だったことを舞台裏で率直に認めていた。たとえば、菅原裕弁護人（旧陸軍大臣荒木貞夫被告の主任弁護人）は、一九六一年に出版した『東京裁判の正体』で裁判を回想し、日本軍による南京大残虐事件は揺るがぬ事実である点を認めている。この著書によると、検察側立証段階の当初、菅原は南京事件が中国代表による悪質な宣伝工作であって、実際残虐行為は退却中の中国軍が犯したのだろうとみなしていたという。しかし彼は、公判が進むにしたがってそうした見方を変えざるをえなかったと告白している。一方では検察側の立証に虚偽や誇張はあるだろう、としながらも、そのうち一、二割方は真実だと考えないわけにはいかなかった、と菅原はいう。さらに彼は、南京における一連の事件は「日清・日露の両役では、断じてきかれなかったことであって、日本民族としては、敗戦にもまして、悲しき事実の是認であった」、と結論づけている。(19)

同様にして、滝川政次郎弁護人（旧海軍大臣島田繁太郎被告の補佐弁護人）は、一九五三年に出版した東京裁判の回想録兼概説書『東京裁判をさばく』で、菅原の私見に呼応した見解を記している。たとえば、検察側による立証について滝川は、「彼ら［検察官］の言に多少の誇張があるにしても、南京占領後における日本軍の南京市民に加えた暴行が相当ひどいものであったことは、覆い難き事実である」と評している。続けて彼は、自分自身が南京陥落後に南京市を訪れて見聞きしたことを次のように記述している。

当時私は北京に住んでいたが、南京虐殺の噂があまり高いので、昭和一三年の夏、津浦線を通って南京に旅行した。南京市街の民家が概ね焼けているので、私は日本軍の爆撃によって焼かれたものと考え、空爆の威力に驚いていたが、よく訊いてみると、それらの民家は、いずれも南京陥落後、日本兵の放火によって焼かれたものであった。南京市民の日本人に対する恐怖の念は、半歳を経た当時においても尚冷めやらず、南京の婦女子は私がやさしく話しかけても返事もせずに逃げかくれした。私を乗せて走る洋車夫が私に語ったところによると、現在南京市内にいる姑娘で日本兵の暴行を受けなかった者はひとりもいないという。(20)

この記述から、南京を占領した日本軍がその直後、大々的に放火、強姦その他の暴虐を働き南京市民を恐怖に陥れたことを、滝川が自分自身の現場検証からも確証したことがわかる。また同記述から、日本軍による南京での残虐行為が、事件当時中国に在住していた日本人の間で広く知られていたことも読み取れる。

弁護側の南京事件反証段階

弁護側の南京事件に対する本格的反証段階は翌年進められた。しかし、その時期まで反駁資料収集の時間も人材もあったにかかわらず、日米両弁護人は当日、驚くほど手薄な準備のまま臨んだ。むしろ反証をあきらめた観があったといってもよいだろう。それを示すかのように、南京事件全般の反証のため提出された書証はたった八通（うち五通は却下）、そして召喚した証人は三名のみだった。ただし被告個人の弁護に関しては、個人反証段階の時にそれぞれ追加証人が呼ばれている。

弁護側の力不足な反証努力は、当時裁判をギャラリーから観察していた一般庶民にもあきらかだった。一例として、裁判の進行状況をつぶさに追っていた一青年、児島襄（当時旧制高校三年生だったという）は、後の著書『東京裁判』に、「弁護側の『反撃』は、意外なほど淡白であった」と評している。また、弁護側の南京事件反証段階が内容の軽薄なまま突如として終わってしまったのだが、児島はその時の法廷内の反応を回想して「法廷は、あっけにとられた」と述懐している。(21)

なお、弁護側証人として召喚されたのは、元上海総領事日高信六郎、第一〇軍法務部長塚本浩次大佐、そして中支那方面軍参謀中山寧人大佐だった。三人の証言を総合的に評価すると、彼らは「残虐行為が南京陥落後日本軍によって犯された」という検察側の基本的主張を何ら覆すことはなかった。むしろ彼らは被告、とくに中支那方面軍司令官、松井岩根被告の指揮官責任を具体化するような証言を提供したといえる。(22) この点を少し立ち入って説明しよう。

三人の証言からは、次のような事実が浮かび上がった。（一）松井被告は、少なくとも一二月一七日に南京に入城し凱旋パレードをした当時から、中支那方面軍指揮下の兵士が残虐行為を大々的に犯していることを知っていた、（二）中支那方面軍は南京攻略以前、上海から移動してくる過程ですでに風紀が著しく乱れていたが、松井はそれを知り、南京陥落後も指揮下兵士が暴虐を継続するのではないかと憂慮していた、（三）被告は風紀を厳しく取り締まるよう、南京攻略前後に部下に命令を下した、（四）にもかかわらず、風紀取り締まりは不十分で、軍律会議は数えるほどしか執り行われなかった、（五）日本軍による南京市民に対する残虐行為はそのまま継続した、（六）凱旋を終えて上海に戻ってからも、被告は残虐行為の情報を受けていた。以上の六つにまとめられよう。

こうした証言は、弁護団の見解では松井被告にとってあるいは有利とみえたかもしれない。というのは、三者の証言から、松井が残虐行為に個人的に反対だった点と、松井が風紀取り締まりにいくらかの努力をした点が立証されたからだ。しかし実際はその逆だった。つまり、これらの証言は松井にとって非常に不利な証言だった。なぜなら三証言は、松井の責務怠慢を裏づけたからである。弁護側の証言は、松井被告の事件熟知、風紀取り締まりの権限と責務の保持、そしてその権限と責務の不徹底を立証し、究極的には「指揮官責任」の理論に基づく刑事責任を確証に導くものだったのだ。証言が被告に不利だったことは、後述する判決からも明らかになる。

南京虐殺の犠牲者総数について

ところで、南京事件で虐殺された中国人の総数について、ここ二、三〇年たびたび議論があり、とくに東京裁判所が一貫した犠牲者数を割り出さなかったことが指摘されている。また、「南京大虐殺」は東京裁判が「でっちあげた」、といった類いの批判が日本政府高官を含む一部の人びとから頻繁になされている。この問題について、実は批判者側に東京裁判所の見解ならびに「大虐殺」の意味全般に関する初歩的な誤りがあるので、ここで注釈を加えておく。

見落としてはならないのは、東京裁判では虐殺の犠牲者総数を決定することは検察側の立証目的ではなく、また判事等も総数決定を事件立証の必須要素だとはみなしていなかった点だ。端的にいうと東京裁判では、大勢の非武装化した中国人捕虜や一般市民が組織的あるいは頻繁に虐殺された、という主張が立証できればそれで十分であり、虐殺の規模が一〇〇人単位か、一〇〇〇人単位か、一万人単位か、あるいは一〇万人単位か、それはどうでもいい問題だった。さらに極端にいえば、仮に南京市民二〇〇～三〇〇人が日本軍によって組織的に連行され銃殺された、という事実が立証されるだけでも、それを「南京大虐殺」と呼ぶのには事足りた。この意味で、先に述べた虐殺事件の生存者二人を弁護側が反対尋問しなかったことは、弁護側にとって致命的だったといってよい。なぜなら、反対尋問を放棄したことにより、弁護団は日本軍による組織的集団殺戮行為の少なくとも二件を、事実と認めたからだ。つまり、南京における大虐殺の事実を認めたのだ。

参考までに、東京裁判書の判決文では、証言や書証に基づく犠牲者推定総数は一応記録してある。判決書によると、南京陥落後六～七週間に日本軍によって殺された人びとの総数は「一〇万代の上位の方」だったとしている（つまり二〇万名に近い）。さらに判事等は次のような見解を加えている。「後日の推定によると、南京とその周辺で日本軍占領期のはじめ六週間に殺害された市民と捕虜の総数は二〇万人と示されている。この推定数が誇張でないことは、埋葬諸団体やその他の団体が埋葬した遺体数を一五万五〇〇〇と計算している事実から確証される」と。[23] こうした記述から、判事たちが日本軍による南京市内外の虐殺犠牲者総数を「だいたい二〇万近く」としつつも、この数が正確なものかどうかの問題はほとんど重要視していなかったことがわかる。要するに判事たちは、南京大虐殺の事実確立に人数制限があるとは考えていなかったのだった。よって、仮に判事等の推測に反して正確な犠牲者総数が二〇万より少なくても、あるいは一〇万人を割る数だとしても、それは判決内容をなんら覆す根拠にならず、南京大虐殺は揺るがぬ事実として成立しつづけられるのだった。なお、笠原十九司氏によると、南京虐殺事件被害者推定総数は、東京裁判判決書とほぼ合致している。つまり、「十数万以上、それも二〇万人近いかあるいはそれ以上の中国軍民が犠牲なった」と推測している。[24]

数をめぐる国内の論議と関連して、一九九五年七月にボスニア・ヘルツェゴビナ東部のスレブレニツァ国連安全区域で起こった大虐殺事件について、ここで言及したい。この事件は、南京難民区の中国人男性のように、国連安全区域に避難していたムスリム系男性と少年がセルビア軍によって安全区から強制連行され、集団即決銃殺された事件だ。この虐殺事件は、一九九〇年代に起こったボスニア内戦の「最大の残虐事件」として欧米で大々的に報道され、ハーグ国際法廷でも取り上げられ注目を浴びた。そして近年同ハーグ法廷は、この事件が同地に住むムスリム系市民に対する組織的大量虐殺、つまりジェノサイドである、という歴史的裁定を下し、関係者内外でたいへん話題になった[25]。近年のヨーロッパ史上でも稀な大残虐事件、と広く認識されるこのケースの被害者の数は、しかし「たった」八〇〇〇人前後と推定されている。この事例と対比させると、南京事件の犠牲者総数が一〇万人に満たないなどといったことを根拠にまぼろし論を展開するのがどれほど無意味なことかが理解できよう。

南京事件以外の中国関係戦争犯罪

話を東京裁判の中国関係立証段階へ戻そう。さて、南京事件についての立証を終えた後、中国代表チームは、それに続いて南京以外の中国各地での日本軍による残虐行為を立証するため、証拠書類を提出し続けた。ところが、南京事件段階では徹底的な証拠固めの努力を払ったのに対し、残りの事件については、残虐行為がいつどこで起こったのかをごく簡単に記述した調査書や宣誓供述書をそれぞれの事例について一、二通提出しただけだった。これは、立証価値の高い書証や証人が南京事件のためにたくさん提出されたのと対照をなしていた。このことに対してウェッブ裁判長は、「証拠がこれではほとんどないではありませんか。詳細の記述がありません。どんな裁判所がこんな証拠書類を根拠に判決を下すと思っているのですか」と明らかな不満を表明した[26]。

どうやら中国代表チームがここで適用した立証戦略は、まず膨大な証拠書類と証人を使うことによって南京事件を初めにしっかり固め、そのあとは、似たような残虐行為が中国各地で起こったことを示す最小限の証拠を提出するにとどめる、というものだったようだった。もともと検察側は、日本軍の残虐行為が広範だった点を立証するのを目標とし、残虐事件すべてをひとつひとつ入念に立証することは主眼としなかった。この意味で、中国代表チームの適用した立証戦略は基本的には適切だったといえよう。しかし問題は、このチームが南京事件以外に用意した文書の内容は証拠書類としてはあまりに浅薄だった。これでは南京以外の中国各地で日本軍が同じような残虐行為を繰り返した、という検察側の主張に十分な説得力を持たせることはできなかった。南京事件についてはともかく、中国全域で起こった残虐行為についての日本国家指導者の責任を立証するには力不足の立証だったのだ。

とはいえ、このチームの提出した証拠の中に近年注目を集めている日本軍による戦時性暴力の記録や、中国人捕虜の内地への強制連行の証言が含まれていた点は注意すべきだろう。立証の試みられた性暴力の種類は、強姦、性奴隷制、強制的な衣服剝奪、また、女性捕虜に対する拷問の手段としての強姦や強制的な性交、衣服剝奪だった。こうした行為に関する口頭証言も、法廷に召喚された証人からわずかながらも確保された。

たとえば性奴隷制については、一九四四年から一九四五年に日本占領下に落ちた桂林から一事例が紹介された。証拠文書として提出された桂林市民一〇名からとられた供述によると、新しい工場で仕事を公募している、という名目で、日本占領軍が地元の女性を集め、そのまま日本軍の売春所に入れた、というものだ。この供述書は詳細の記述に欠けるのだが、とにかく書証として提出された。その他に、山西省での性奴隷制に関係する証拠が法廷中口頭証言として確保された。ジョン・ゲッテという名のイギリス人記者の証言によると、彼が一九三八年から一九四〇年に山西省にいる間、その地に在住するイギリスやアメリカの宣教師から日本軍による強姦事件の報告をいくつも受けたという。さらに、「日本軍が地元の中国人官公吏に対して日本軍で使う女の提供を公式に要求するのはごく一般的なことだった」と証言している。しかし、具体的に山西省の性奴隷制がどのように組織・展開されたのかについては、尋問中これ以上の細かい説明はなかった(27)。

中国人強制連行については、河北省出身で花岡事件の生存者とみられる青年一名が、故郷で強制連行された時から秋田で働かせられるまでの経緯を法廷で簡単に証言した。この証人によると、一九四四年、日本軍占領下にあった自分の村から他青年四名とともに連行され大勢の捕虜と合流させられた後、日本軍に志願するか捕虜の地位を受け入れるよう命ぜられたという。軍志願を拒否した人々は、捕虜とされそのまま秋田に送られ強制労働させられた。秋田に到着した当時は九八一人の中国人がいたが、終戦時には四一八人に減少していたという。この証人に対して弁護側は簡単な反対尋問を試みたが、基本的には証人の信憑性を認める内容だった[28]。

このように戦時性奴隷制、強制労働、その他の戦争犯罪についての書証や証言が法廷に出されたことから、中国代表チームがこうした類型の戦争犯罪を日本軍が中国で広範に行ったとみなしたことがわかる。さらに重要なのは、いくつかの事例を立証していくことにより、国家レベルでの責任追及をも試みたことだ。しかし証拠文書や証言の少なさと質の低さから考えると、そのような主張を裏づける証拠を中国代表チームが十分提出したとは考えにくい。事実、後述するように、南京事件以外の立証が力不足だったことは、裁判所の判決と量刑に具体的な影響を及ぼすことになる。

フィリピン段階

次に少し駆け足で、フィリピン代表検察官ペドロ・ロペスによる立証の概観を追ってみる。フィリピン段階は中国のそれとやや似ていて、大規模の残虐事件を代表例として取り上げる立証方式をとったといえよう。一般市民に対する残虐行為に関しては、南京事件と並んでよく知られる「マニラの強姦」に、捕虜関係では「バターン死の行進」に重点をおいた。前者は、マニラ市から日本軍が連合軍の反撃を目前にして一九四五年始めに撤退する頃、市内と周辺地区で無差別大虐殺、一斉強姦、拷問、放火、破壊、その他の残虐行為を大々的に行った、その一連の事件を指す。後者は、太平洋戦争勃発直後、ルソン島連合軍最後の軍事拠点だったバターンに関してのものである。アメリカ・フィリピン混成軍は一九四二年四月に日本軍に降伏したが、その後約六万五〇〇〇人の疲弊しきった捕虜たちは、九日間炎天下を、水も食料も与えられず、虐待されながら行進させられたのだった。法廷で提出された米軍法務総監のまとめた報告によると、この行進中とその後、捕虜収容所に収容された八〜九ヵ月間にわたって、まともな食料、水、医薬品、収容施設、医療施設を与えられないまま、捕虜二万七五〇〇名

が死んだという。(29)

ロペスは、この二つの事件を日本軍のフィリピンにおける残虐行為の代表例とみなし、その点で中国代表チームの南京事件の取り扱い方と呼応していた。しかし中国段階とひとつ異なったのは、マニラ事件以外について彼が用意したフィリピン関係の証拠書類は、量的にも質的にも中国の南京事件以外のものより立証価値のはるかに高いものだったことだ。書証として提出されたものは主に、米軍法務総監がフィリピン奪回後に行った戦争犯罪捜査の報告書（一万四六〇〇頁以上におよぶ文書）と、東京裁判に先立ってマニラで開かれた山下奉文大将と本間雅晴中将に対するアメリカ軍事裁判の記録（その時使われた書証や公判記録）から選び抜かれた証拠書類だった。(30)これら非常に豊かな戦争犯罪記録文書をロペスは東京裁判に使ったのだった。さらに、かつて捕虜だったアメリカ兵数名を法廷尋問し捕虜虐待について証言してもらい、一般市民に対する残虐行為についてはアメリカ人女性一名を法廷に呼んだ（フィリピン女性一名も出廷することになっていたが、手違いがあったためか出廷に至らなかった）。こうした立証努力の結果、ロペスは、フィリピン全域で日本軍が虐殺、拷問、虐待、強姦、放火等の残虐行為を、連合軍捕虜やフィリピン一般市民、そして外国人居住者に対して多大に犯してきたことを、説得力をもって立証することができたのだった。

オランダ段階

オランダ関係の立証に移る。この段階を担当したのはオランダ検事補佐官、シニンゲ・ダムステだった。彼の立証方法は中国とフィリピン段階と様相を異にし、数件の大残虐事件を代表的事件として扱うことはなかった。そのかわり、彼はさまざまな残虐事件に関する記録をオランダ領東インド各地からたくさん集め、犯罪の種類と場所によってそれらを綿密に分類し、その分類に従って書証を順序よく提出する、という立証方式をとった。そうすることにより、「同じパターンの残虐行為が日本占領下の蘭領東インド各地で何度も行われた」という点を明確にしようとしたのだった。このような立証方法は、国際検察局の適用した基本戦略をもっとも忠実に反映し、その点模範的だったといってもよい。

日本軍による共通の戦争犯罪としてダムステが立証を試みたのは、次の類型の残虐行為だった。それは、捕虜殺害、収容所での捕虜虐待、捕虜の不当な処刑、捕虜移動時の虐待、抑留市民の殺害、強制収容所での抑留者虐待、被抑留市民の連行と強制労働(ダムステはこれを「ロームシャ」と言及した)、強制売春、憲兵隊による一般市民に対する残虐行為、そして海軍特別警察隊による一般市民に対する残虐行為だった。

以上の戦争犯罪類型中、オランダ段階で最も重要視されたのは、強制収容所に抑留された人びとに対する虐待と殺害だった。蘭領東インドでは多くのオランダ系市民が収容所に入れられたが、そこでの処遇はたいへん過酷だった。抑留者は強制労働させられたり、飢えや病気に苦しんでも必要な食料や医療手当を与えられなかったり、しばしば殴打・拷問・処刑で殺されたりもした。この種の残虐行為があまりに深刻だったため、被害者の補償問題は日本がサンフランシスコ平和条約で国際社会に復帰した以後も、日蘭間の外交問題となり続けた。それ以前に行われた東京裁判では、オランダ代表ダムステ検察官により、この犯罪の全貌を明らかにするための多大な努力が払われた。彼は抑留者に対する残虐行為の多くの書証を提出、また、英国軍付きの戦争犯罪捜査官二名を証人台に呼び、法廷尋問した。さらに、強制収容所の実態を映し出した豪蘭合同作成の記録映画も法廷で上映した。(31) 東京裁判の戦争犯罪段階中、記録映画が上映されたのはこの一件のみだったことから、蘭領インドでの抑留者虐待問題がかなりの重要訴追事項だったことが理解できよう。

日本軍性奴隷制の立証努力

オランダ段階でもうひとつ注意に値するのは、性奴隷制である強制売春が主要な戦争犯罪の類型とみなされ、この行為に対しての指導者責任が積極的に追及されたことだった。性奴隷の事例は中国の段階でも少し紹介されたが、残念ながら証言は詳細にいたらなかった。それに対してオランダ段階では、被害者、目撃者、加害者による宣誓供述書がいくつか提出されたほか、かなり詳しい報告を含んだオランダ諜報機関による調査書一通が提出された。

法廷で紹介された事例は具体的には次のとおり。（一）オランダ領ボルネオのポンティアナックを占領する日本海軍が、一九四三年に地元の女性を大規模に逮捕、監禁し、新設された海軍向け売春所九〜一〇棟に隷属させた、（二）ジャワ島のオランダ人女性抑留者が、一九四四年初め、新しく設立された日本軍の売春所に強制連行され、三週間日本軍将校と兵士相手の性行為を強要された、（三）ポルトガル領ティモールで日本軍売春所に女を提供するよう、地元の族長等が頻繁に脅迫、強要された、（四）日本討伐軍によるティモール沖のモア島侵攻後、その土地の女性六名が日本軍の売春所に強制的に入れられ、八ヶ月間日本軍人二五名の性奴隷とされつづけた。以上四つの事件である。(32)

立証された事例は少ないが、これら四件がオランダ領東インド内の広範な地域から集められている点は見逃せない。というのはこのことから、ダムステが検察局の立証戦略を意識し、日本軍による女性の組織的性的隷属が広範囲にわたって犯されたことを立証しようとしたことがわかるからだ。また、選ばれた事例の被害女性は主にアジア系の女性だったことも注目される。なぜなら、多くのアジア系女性が日本軍性奴隷制の犠牲になったことを、この検察官が敢えて強調したことが理解できるからだ。オランダ段階を中国・フィリピン段階の性暴力訴追内容と合わせると、東京裁判ではアジア系女性に対する戦時性暴力の訴追が重要な位置を占めたことがわかる。フランス段階で、ベトナム人女性が仏領インドシナで性奴隷を強いられたケースが一件紹介されたことも、ここに記しておく。(33)

性奴隷制の証拠書類研究

オランダ段階で性奴隷制の証拠が提出されたことは、近年研究者の間で知られるようになったが、書証の内容が具体的にどのようなものだったのか、またそれらが検察側の訴追戦略の中でどのような立証価値を持ったかについては十分理解されていない。なぜだろうか。これはおそらくオランダ関係の書証が公判中、ほとんど読まれなかったことと関係している。

そもそも国際検察局は、もうひとつの訴追内容である「侵略戦争計画・遂行の罪」にかなり重点をおき、その立証のために初めの数ヵ月を費やした。その過程で、日本語と英語（裁判の公用語）同時通訳の難しさなど、公判を進めるうえでの予期せぬ問題が次々生じ、裁判が著しく長期化してしまった。このため内外から批判や不満が挙がり、いよいよ最終段階に当たる戦争犯罪立証段階に入った時には、検察側は時間的余裕がなくなってしまったのだった。こうした状況から、ダムステ検察官を含む戦争犯罪担当の検察官は、時間節約のために公判中書証内容すべてを読むことを極力避けることにした。その結果、しばしば公判記録には、書証が受理されたという事実のみが記載され、それらに含まれる残虐事件の細かい状況の記録は、検察官が公判中に読まないかぎり記載されなかった。ダムステは、このような書証提出方法をとくに極端な形で活用したひとりだった。

より具体的に説明しよう。たとえば、先に言及したオランダ諜報機関による報告書だが、公判中ダムステは、「J・F・ヘイブルック大尉捜査官の報告書には、強制売春に関係するひどい処置についての記述があります」と述べただけだった(34)。公判記録に載っているのもこの一文だけだ。問題の「ひどい処置」がなんだったのか、法廷のギャラリーにいる人びとは知る由もない。もちろん検察官、弁護人、判事等は書証のコピーを配布されているので、それを読めば犯罪の詳細はすぐわかるようになっていたのだが。

問題の報告書は、実際かなり内容の濃いもので、行間を詰めてタイプした二頁にわたる報告書だった。この文書は、「日本海軍占領下の蘭領西ボルネオにおける強制売春の報告」と題されている。この報告書には、海軍による売春所設立経緯、経営責任者、経営方法などの事項について細かい説明が含まれている。また、海軍特別警察隊(「特警隊」として知られた)が売春所の女を確保するよう軍の命令を受けていたことも記述してある。報告によると、特警隊による売春用女性確保の手段は、「市街で女性を逮捕し、強制的に医療検査をさせたのち女性等を売春所にいれ」るというものだった。また、ヘイブルックは次のような記録も残している。

女を求めて特警隊は民政部と日本商社の女性スタッフすべてに対し特警隊事務所に届け出るように命令し、一部のものを裸にさせ、日本人と関係をもったと非難した。その後の医療検査から、多くは処女だったと判明した。これらの不幸な女性のうち何人が売春所に入れられたかは定かではない。女たちは売春所から敢えて逃げ出そうとはしなかった。というのは、家族が特警隊にすぐさま逮捕されひどい虐待を受けるからだった。あるケースでは、当事者である少女の母親がこのため死に至ったことがわかっている。(35)

この記述から窺われるように、公判中読まれなかった書証の中には、しばしば日本軍による戦争犯罪の細かな記録が含まれているのだった。この意味で、書証は歴史史料としてたいへん価値の高いものだとみなされるべきだろう。さらに注意しなくてはならないのは、上記の報告書を含む東京法廷で受理されたすべての書証は、公判中読まれたかどうかにかかわらず、基本的にすべて判事による審査の対象になった点だ。つまり、公判記録以上に書証の内容は判決内容を左右しえたのだ。この点を考慮すると、書証は公判記録や判決書と同様、東京裁判を知るための基本的な裁判資料として扱われねばならないだろう。

弁護側の論点

検察側の立証に対して、では弁護側はどのような反駁を試みただろうか。回答はいたって簡単で、弁護側は検察側の証拠書類も証人もほとんど反駁せず、南京事件のときと同様、日本軍が広範かつ頻繁に残虐行為を行ったことを全面的に事実として認めたのだった。ただ弁護側は、「日本国家指導者が個人責任を負う」という検察側の主張に対して争った。日本軍による残虐行為が広範だった点は認める一方、弁護側は、同じ類型の戦争犯罪などは検察側の証拠書類から浮かび上がらないと主張、よって中央政府や軍参謀部から残虐行為の命令があったと結論づけられない、と論じた。むしろ日本占領下で起こった残虐行為は、占領軍兵士らがそれぞれ勝手に犯した犯罪であって、もし残虐行為が相互に類似していたとしてもそれは偶然にすぎない、これが弁護側の基本的見解だった。東京帝大法学教授の高柳賢三（鈴木貞一被告の主任弁護人）は、さらに最終弁論で、仮にも残虐行為が相互にひどく似通っていたとしても、それは単に「国民性もしくは民族性の反映」だろう、という文化人類学的論議まで持ち出した。(36) これは公判中に採用されていた基本弁護路線からも逸脱し、英米法学の権威と当時みなされていた法学者から発せられる最終弁論としては、投げやりな観を免れない。またこのような弁明は、日本兵が戦地で残虐行為を犯すことを国家指導者が十分予知できたことを裏づけるものであり、かえって被告の責任を立証するものだったといえよう。

三　裁判所の裁定

戦争犯罪全般についての裁定

検察側と弁護側の証拠と弁論を受けて、東京裁判所は最終的に次のような裁定を下した。

裁判所に提出された残虐行為と通例の戦争犯罪に関する証拠から、中国での開戦〔一九三一年九月一八日〕以来一九四五年八月の日本降伏までの間、日本陸海軍が拷問、殺人、強姦、その他最も非人道的かつ野蛮な残虐行為を気ままに犯してきたことが立証された。数ヵ月間裁判所は、口頭あるいは供述書による詳細な証言を証人から聞いてきたが、戦場いたるところで犯された残虐行為はあまりにも大規模で、また、あまりにも共通した類型に従っていたため、結論はただひとつしかあり得ない。すなわち、残虐行為は日本政府あるいはその個々の官吏、そして軍隊の指導者によって秘密裏に命令されたか故意に許容されたのだ。[37]

この裁定により、裁判所は検察側の主張をほぼ全面的に認め、日本軍の犯した広範な残虐行為に対して中央政府の高級官僚並びに軍指導者が基本的に個人責任を負うことを確定したのだった。ただ、この裁定の中に「秘密裏に」という言葉が含まれているが、これは国家指導者の直接責任（つまり残虐行為を命令した責任）を確立できる決定的文書証拠が、法廷にほとんど提出されなかったことに裁判所が暗に言及していると理解されよう。本論文の冒頭で述べたように、これは敗戦直後、日本政府が組織的証拠隠滅・隠匿の努力を大日本帝国全域にわたって命じ、連合国による戦後の戦争犯罪調査を妨害したことに、大きく起因している。

指導者責任を問うべき類型の戦争犯罪

裁判所は続いて、国家指導者の責任が問われるべき具体的な残虐行為の類型を、判決書に列挙した。そのなかに挙げられているのは二十種類ほどで、次のようなものを含んでいる。中国戦線で中国人捕虜に対して国際法上の捕虜の権利を認めなかったこと、南京での虐殺・強姦・略奪等の非人道的行為、捕虜に対する不法かつ過度の処罰、捕虜・病人・怪我人・軍医や看護婦の虐殺、「死の行進」、不法かつ過酷な捕虜強制労働（とくに泰緬鉄道関係）、捕虜に対して水・食料・医薬品・収容施設・医療施設などを適切に与えなかったこと、逃亡しないという誓約書を捕虜に書かせたこと、権益保護国代表者による捕虜収容所視察の妨害、などである。その他、太平洋戦線各地で日本軍が捕虜や一般市民に対して犯した生体解剖、人肉食、身体切断も、共通の残虐行為、つまり国家レベルで責任が問われるべき類型の戦争犯罪として列記されている。

なお、中国人捕虜の問題と関連して、多くの捕虜が強制的に労働隊に編成され中国大陸内の日本軍に使われた、または日本国内の軍事産業労働の不足を補う労働力として日本に連行されたことも記録されている。秋田県花岡に連行された中国人については、判決書はこれを事例として言及している。[38] このことから、裁判所が中国人強制連行・強制労働についても基本的に政府高官に責任あり、と裁定を下したと理解される。

性奴隷制については、裁判所はこの種の性的残虐行為が強姦同様戦争犯罪であること、またこの種の性暴力が日本軍によって戦時中しばしば犯されたことを基本的に認めている。このような見解を反映し、裁判所はとくに中国の桂林で日本軍が犯した性奴隷の事例を判決書に記録している。(39) しかし、日本国家の最高指導者たちが戦時性奴隷制に対して個人責任を負ったのかどうかという問題について、裁判所は明確な裁定を下さなかった。なぜだろうか。これは裁判所が、検察側の性奴隷制についての立証が不十分だったと判断したからと推測される。確かに中国、オランダ、フランスを代表する検察官は、日本軍が多くの女性、とくにアジア系女性を性奴隷に強いたことを書証と証人によって法廷に知らしめた。しかし、紹介された事例はそれほど多くなく、またオランダ関係の書証数通を除いては、多くの記録文書は詳細な記述に欠けていた。そのため裁判所は、性奴隷制を日本兵がしばしば戦地で犯した戦争犯罪であることは認める一方、国家レベルの関与を確立するには証拠不足、と結論づけた可能性が大きい。

ここで、国際検察局が性奴隷制の国家責任を立証し損ねたのは、東京裁判の負の遺産といわれるべきかもしれない。しかし見方を変えると、これをむしろ「正の遺産」とみなすべき根拠がいくつかある。説明しよう。第一に、検察側は、性奴隷制の証拠を提出することで、この類型の戦時性暴力が「戦争犯罪である」という主張を確立するのに成功した。近年の研究では、戦時性奴隷制が国際犯罪とみなされたのは一九九三年にハーグ国際刑事裁判所が設立されて以来だ、としばしば考えられている。しかし、東京裁判の公判記録と判決書を検証すると、実はそうした法的見解は、東京国際法廷が半世紀以上前の一九四八年一一月に下した判決で、既に下していたのだった。これは東京裁判の歴史的功績である。しかもこれは、一般に東京裁判より優れた裁判だと評価されているニュルンベルク裁判でも達成されることのなかった歴史的功績だった。

第二に、日本軍性奴隷制についての国家責任が確立されなかった事実は、判事たちが裁判の公平性を守ったことを示唆する点で、これも評価される功績ともみなせる。すでに論じたように、検察側が提出した性奴隷制に関する証拠は、量・質両面からいってかなり浅薄だった。これらの証拠に基づき国家レベルの関与を確立するのは、裁判所がかなり恣意的な解釈をしなければ無理だった。最終的に判事たちは、検察側の主張を無批判に受け入れることをよしとせず、検察側が立証責任を十分果たすよう、求めたのだった。このことは、東京裁判が「復讐裁判」などでなく、曲がりなりにも法の支配に従う厳然たる司法機関だったことを示している。こういった裁判所のあり方は、敗戦後、法治国家の建設を目指す日本人とって貴重な司法教育になったといってもよいのではないだろうか。

被告個人の指導者責任

以上の基本的事実認定をした後、東京裁判所は被告二五人のうち一〇人を日本軍の犯した残虐行為について個人責任あり、と判断した。この一〇名の多くは、複数の残虐事件について有罪とされている。たとえば東条英機被告は、一九四一年から一九四四年まで総理大臣兼陸軍大臣だった間、中国人捕虜を国際法上保護された捕虜とは認めない方針を中国戦線で続行したこと、連合軍捕虜を泰緬鉄道建設に使うよう許可したこと、日本占領下各地で捕虜を過酷に労働させるよう通達を出し推進したこと、太平洋各地での日本軍による捕虜虐待を知りながらその続行を許容したこと、バターン死の行進の責任者を処罰しなかったこと、以上のような多数の事件について有罪判決を受けている(40)。

ここでは紙面の関係上、中国関係の主要な有罪判決三つと無罪判決一つのみを取り上げる。まず南京事件についてだが、中支那方面軍司令官松井石根と外務大臣広田弘毅二人が有罪とされた。その根拠は、(一)強姦その他の残虐行為が自国軍によって犯されている事実を当初から知っていた、(二)二人とも国際法上、軍・政府指導者として自国軍の犯す犯罪行為をやめさせる法的および実質的責務を負っていた、(三)また二人は残虐行為を止めさせる権限も、それぞれ軍司令官・閣僚として持っていた、（四）南京事件に対してこうした知識、責務、権限を持っていながら、両被告は残虐行為をやめさせる適切な処置をとらず、実質的に自国軍の犯す大残虐行為を傍観しつづけた。これら四つの事柄は、公判中検察側と弁護側両方が、一貫性を持って確立した事実だった。以上のような事実認定を指揮官責任の法原則に照らし合わせ、裁判所は松井と広田に有罪判決を下したのだった。(41)

公判中被告個人の反証段階の際、被告自身あるいはその弁護人や弁護側証人は、実は両被告は残虐行為を止めさせる努力をしたのだと抗弁し、またそうした努力があったことを具体的に例証した。しかし弁護側のそうした弁明は、かえって被告が事実、日本軍による蛮行を熟知していたこと、それを止めさせる責務と権限を持っていたこと、さらにそのような責務と権限を貫徹しなかったことを裏づけたと判断された。結果的には、弁護側は松井と広田の有罪判決を補強してしまったのだった。

このことについて、当時弁護団の一員だった東大法学教授の戒能通孝（鈴木貞一被告の補佐弁護人）は、これは弁護側の失策だったと後に評している。戒能は、とくに広田被告の弁護側証人、石射猪太郎の召喚が失策の一例と考えた。石射は南京事件当時広田直属の部下だったが、公判中彼は、広田が日本軍の暴虐を熟知しそれを止めさせるため陸軍大臣に掛け合った事実、また石射自身も陸軍高官に警告するよう指示された事実を証言した。陸軍はしかし、外務省の働きかけにもかかわらず適切な処置をとらず、日本軍の蛮行継続を許容したのだった。(42)このような証言は、弁護側からすれば広田が南京事件を止めさせる努力をした点を証明するもので、被告に有利と映ったかもしれない。しかし判事たちはそう考えなかった。むしろ、陸軍省に対する働きかけが何の効果もないと知った後、広田がその他の適切な処置をとらず、結果的に残虐行為の続行を知りながらそれを許したと判断されたのだ。こうした裁判所の事実認定を、戒能弁護人は正当とした。石射の抗弁は、裁判の争点が被告の法的責任であることを十分理解せず、被告の人格や心がけの善し悪しなど反駁に無関係なことを判事等に訴えた典型的な例で、日本人の法廷技術の未熟さを象徴するものと考えたのだった。(43)

なお、この二つの有罪判決は、現在国際刑事裁判所で判例として幅広く引用されているが、広田被告に対する判決はとくに重要視されている。なぜならこの事例は、軍指揮系統に属さない政治指導者が、戦時下性暴力を含む残虐行為について個人責任を持ちうることを解明した歴史的先例であり、近年の類似した文官責任問題の裁判に適用できるからだ。実際、文官の虐殺関与は一九九四年に起こったルワンダのジェノサイドでたいへん深刻な問題だった。というのは、ルワンダでの大殺戮を実行する過程で重要な役割を果たしたのは、軍司令官や将校だけでなく、軍に属さぬ官僚、政治家、企業家、ラジオ報道者、宗教指導者など社会的に影響力を持つ多くの文民だったからだ。ジェノサイドに関連する文民の責任問題に多く直面したアルシャ国際刑事裁判所は、一九九八年にある歴史的判決を下した。それは、ターバ自治体の市長であったジャンポール・アカエスに対しての判決で、市民が犯したツチ系住民に対する性暴力を含む残虐行為について、アカエス被告は指導者責任あり、としたのだった。その際、広田の南京事件に関するケースを歴史的判例として言及したのは注目に値する。(44)

ところで、文官広田に対する死刑宣告について、東京裁判終了直後から現在に至るまで批判の声があげられている。しかしこの量刑は、事実過度だったとみなされるべきなのだろうか。この問題は、広田同様、第二次大戦中ドイツ政府の外務大臣だったジョアキム・フォン・リッベントロップが、ニュルンベルク国際裁判で、同様にして残虐行為について有罪・死刑宣告を受けたこととあわせて考察されるべきだろう。ちなみに現在の国際刑事裁判所では死刑は処断刑の範囲内に含まれていないので、ジェノサイドのような深刻な罪について有罪とされても死刑にはならない（ただしルワンダ国内で行われているジェノサイド関係の裁判では、死刑が認められているようである）。

広田被告と松井被告の有罪とは対照に、南京事件では無罪判決がひとつあった。それは中支那方面軍の参謀副長だった武藤章被告だった。判事たちは、武藤が日本軍による残虐行為の事実を十分知っていた、とは認定したものの、無罪を宣告したのだった。その根拠として裁判所は、武藤が松井大将に従属する地位にあり、残虐行為を止めさせる手段を持たなかったことをあげている。つまり、参謀副長たる武藤は軍司令官だった松井と異なり、軍隊の風紀を取り締まる法的権限も責務も負っていなかった、と判断されたのだった。この判決は、判事等が検察側の主張を鵜呑みにすることを拒み、基本的に被告一人一人について「推定無罪」の原則に立ち検察側に立証責任を求めたことを示している。ただし武藤被告は、他二件、スマトラ島とフィリピンにおける長期間かつ大規模な日本軍による戦争犯罪については有罪判決を受けてしまったため、結果的には死刑宣告を免れることができなかった。(45)

南京以外の中国関係の戦争犯罪に関しては、一九四一年から一九四四年まで支那派遣軍総司令官だった畑俊六被告が指揮官責任の原則により有罪判決を受けた。しかし不思議なことに、畑被告は死刑を逃れ、そのかわり終身刑を言い渡された。(46) 指揮下の軍隊が中国各地で四年間も広範に犯した残虐行為について、畑は有責とされたのに、なぜ死刑を免れることができたのだろうか。この量刑の根拠は、おそらく中国代表チームの立証内容にある。先に論じたように、中国チームは南京事件については圧倒的な証拠固めをしたが、南京以外で起こった残虐行為については内容の軽薄な書証を提出するのみだった。このため判事は、畑が自国軍の犯した広範な残虐行為の事実を知らなかったはずはない、とは考えたものの、畑に極刑を下すには中国チームの立証内容が至らないと判断したのだろう。そのため、畑に有罪判決を下しながらも極刑にはしなかったのだった。

おわりに

以上、中国、フィリピン、オランダ立証段階を中心にして東京裁判における戦争犯罪訴追とその判決内容をたどってみた。最後に、この裁判の今日的意義がどのように評価できるか、またどう評価されるべきか、簡単にまとめてみたい。本章から特に次の三つの点が挙げられる。

第一に、東京裁判は、自国軍が広範に犯した戦争犯罪に対する国家指導者の責任を追及・解明した、歴史的戦犯裁判だと評価できる。なかでも不作為の責任に関する東京裁判の判決は意義深い。しかも現在の国際人道法で、この法原則が非常に重要な位置を占めていることから、東京裁判の提供する判例は、歴史的先例として相応の評価をされるべきだろう。また同法原則は、東京裁判で起訴されなかったその他の戦犯容疑者（たとえば裕仁天皇や釈放されたA級戦犯容疑者）の責任問題を歴史的に究明していくうえでも有用といえよう。

第二に、東京裁判は、日本軍による戦争犯罪の全貌を解明するために役立つ膨大な歴史史料を後世に残した。本章冒頭で述べたように、法廷が受理した被害者、目撃者、加害者による供述書や連合国による戦争犯罪調査書は、たいへん膨大だった。それらの多くは過去六〇年間、あまり歴史研究の対象になってこなかった。しかし検察側の戦時性奴隷制に関する書証が示すように、これらの歴史史料としての研究価値は非常に高いと考えられる。このような理解に基づき、東京裁判で提出された証拠書類は、主要研究材料として従来のアジア・太平洋戦争研究に統合されていくべきだろう。

最後に、広田、松井、その他の被告に下された有罪判決は、軍・政治指導者による戦時中の権力濫用から一般市民を保護するための国際法体系発展に現在貢献していることは、国内でもはっきりと認識されなくてはならない。東京裁判には確かに諸処の問題があったが、しかし、国際法の重要基本原則に従った判決をこの裁判所の判事たちが下した事実、これは正しく評価されるべきである。また、冷戦後の現在、新たに国際刑事裁判所が設立されるに従い、歴史家も法律家もニュルンベルク・東京両裁判の歴史的意義の再評価を迫られている。こうした状況を鑑み、研究者は東京裁判が現代社会にもたらし得る法的・人道的貢献を積極的に評価し、より多角的な東京裁判研究を図る必要があろう。

【註】

（1）梶居佳広「東京裁判における『BC級犯罪』追及」『立命館法学学生論集（別冊）』四二号、一九九六年、四九二〜

五三一頁。バウネット・ジャパン編『日本軍性奴隷制を裁く——二〇〇〇年女性国際戦犯法廷の記録』全六巻、緑風出版、二〇〇二年、など。

（2）二八名のうち二名（松岡洋右と永野修身）は公判中に死亡、一名（大川周明）は精神鑑定を受けた後、裁判に不適な精神状態と判断され起訴状から除かれた。その結果、裁判の対象になったのは二五名となった。

（3）この二つの原則は起訴状のうち、訴因五四（直接責任）と五五（指揮官責任／不作為の責任）の理論的基盤をそれぞれなしている。残虐行為に関する訴因はその他一七点あったが、東京裁判所はそれらに対する管轄なしと判断したため、訴因五四と五五についてのみ、被告の責任問題が審査された。

（4）吉田裕「敗戦前後における公文書の焼却と隠匿」同『現代歴史学と戦争責任』青木書店、一九九七年、一二七〜一四一頁。

（5）*The Tokyo War Crimes Trial*, annot., comp., and ed. by R. John Pritchard and Sonia Magbanua Zaide（New York and London: Garland, 1981）, vol. 6, pp. 14718-9. 英文公判記録である *The Tokyo War Crimes Trial* は以下、*Transcripts* と略する。本文中に引用した部分は重訳。もともと日本語から英訳されて法廷に提出された文書を、筆者が日本語に訳し戻したもの。

（6）主要戦犯容疑者の尋問に重点が置かれたことは、とくに以下の一次・二次史料から知ることができる。粟屋憲太郎・吉田裕編『国際検察局（ＩＰＳ）尋問調書』全五二巻、日本図書センター、一九九三年、粟屋憲太郎他編『東京裁判への道　国際検察局政策決定関係文書』全五巻、現代史料出版、一九九九年、粟屋憲太郎「東京裁判への道」『朝日ジャーナル』全二六回、二六巻四二号〜二七巻一五号、一九八四年一〇月—一九八五年四月。

（7）吉見義明『従軍慰安婦』岩波書店、一九九五年、五頁。

（8）杉原達『中国人強制連行』岩波書店、二〇〇二年、四五〜五三頁。

（9）*Transcripts*, vol. 6, p. 12861.

（10）R. John Pritchard, "Introduction to Volume III," in *The Tokyo War Crimes Trial: Index and Guide*, annot., comp., and ed. by R. John Pritchard and Sonia Magbanua Zaide（New York and London: Garland, 1985）, vol. III, p. i.

（11）南京事件全般についての検察側立証の公判記録は主に以下に記載。*Transcripts*, vol. 2, pp. 2527-2615, 2624-75, 3367-

89, 3435-9, 3453-65, 3505-13, 3893-3944, 4451-4604.

（12）尚、伍両氏の証言は以下に記載。*Transcripts*, vol. 2, p. 2599-2607.

（13）前掲書、p. 2638.

（14）前掲書、p. 2661.

（15）前掲書、p. 2574.

（16）前掲書、p. 2595.

（17）前掲書、p. 2597.

（18）前掲書、pp. 3934-5, 3940, 3941.

（19）菅原裕『東京裁判の正体』国書刊行会、二〇〇二年、一四三～四頁。

（20）滝川政次郎『東京裁判をさばく』下巻、東和社、一九五三年、一一四頁。旧仮名遣いは現代仮名遣いに改めた。

（21）児島襄『東京裁判』下巻、中央公論社、一九八二年、八一頁、八四頁。

（22）弁護側の南京事件全般についての反証の公判記録は主に以下に記載。
Transcripts, vol. 9, pp. 21431-74, 21559-81, 21885-948.

（23）*The Tokyo Judgment: The International Military Tribunal for the Far East*（*I.M.T.F.E.*）, *29 April 1946 - 12 November 1948*, ed.by B.V.A. Röling and C. F. Ruter（Amsterdam: APA-University Press, 1977）, p. 390, p. 454. 東京裁判の判決書は以下 *The Tokyo Judgment* と略する。

（24）笠原十九司『南京事件』岩波書店、一九九七年、二二七～二二八頁。

（25）*The Prosecutor versus Radislav Krstic, Case No.IT-98-33-A: Judgement*（Trial Chamber I: August 2, 2001, Appeals Chamber: April 19, 2004）
http://www.un.org/icty/Krstic/TrialC 1/judgement/index.htm
http://www.un.org/icty/Krstic/Appeal/judgement/index.htm

（26）*Transcripts*, vol. 2, p. 4609.

（27）前掲書、vol. 3, p. 4653, vol. 2, pp. 3774-5.

(28) 前掲書、vol. 2, p. 4620.

(29) 前掲書、vol. 6, pp. 12597-9.

(30) 米軍のフィリピンにおける戦争犯罪捜査についての簡単な記述は以下に記載。*Transcripts*, vol. 5, pp. 12378-9. 山下と本間は、東京裁判開廷以前にそれぞれ「マニラの強姦」と「バターン死の行進」についての指揮官責任を問われ、有罪・死刑宣告を受けた後、処刑されている。

(31) 日蘭補償問題についてはL・ファン・プールヘースト『東京裁判とオランダ』みすず書房、一九九七年、一五五～一九九頁を参照。記録映画、*Nippon Presents* のナレーションの部分は、公判記録の以下のところに記載。*Transcripts*, vol. 6, pp. 13706-32.

(32) *Transcripts*, vol. 6, pp. 13526-8, 13651-2, 13841-2, 13843. 証拠書類の具体的内容についてはオーストラリア戦争記念館に所蔵してあるコピーを参照した。"International Military Tribunal for the Far East, Documents Presented in Evidence," AWM 83 Series. 以後このファイルは AWM 83 Series と略する。

(33) *Transcripts*, vol. 7, pp. 15315-6.

(34) 前掲書、vol. 6, p. 13527.

(35) AWM 83 Series.

(36) 高柳賢三『極東裁判と国際法　極東国際軍事裁判における辯論』有斐閣、一九四八年、七一頁。

(37) *The Tokyo Judgment*, vol. 1, p. 385.

(38) 前掲書、p. 388.

(39) 前掲書、pp. 392-3.

(40) 前掲書、pp. 462-3.

(41) 前掲書、pp. 447-8, 453-4.

(42) 石射猪太郎の証言は以下に記載。*Transcripts*, vol. 12, pp. 29969-97.

(43) 戒能通孝「法廷技術」『戒能通孝著作集　3　裁判』日本評論社、一九七七年、二一一頁。

(44) "6. Law: 6.1 Cumulative Charges," *The Prosecutor versus Jean-Paul Akayesu, Case No. ICTR-96-4-T: Judgement*

(September 2, 1998) http://www.ictr.org/ENGLISH/cases/Akayesu/judgement/akay 001.htm

(45) *The Tokyo Judgment*, vol. 1, pp. 455, 466.

(46) 前掲書、vol. 1, pp. 446, 465.

第五章　日本軍慰安婦前史
――シベリア出兵と「からゆきさん」――

林　博史

はじめに

日本軍による「慰安婦」制度は、一九三二年初頭の上海事変を契機にして上海で慰安所が設けられたのを皮切りにして、その後、中国東北（旧「満州」）でも同様のものが作られた。そして一九三七年七月から始まる日中戦争において、とくに一二月の南京攻略前後から慰安所設置が全面的に展開していくことになる。したがって日本軍の「慰安婦」制度は満州事変・日中戦争からアジア太平洋戦争におけるものとして理解されている。そのことは妥当であると考えるが、しかし「慰安婦」制度は突然、一九三二年に登場してきたわけではない。その前史があり、その原型ともいえるものがそれ以前にも生まれていた。

その最初の事例としては日露戦争が挙げられる。その戦争のなかで関東州など日本軍の占領地域で、日本軍による「娼婦」の管理が行われており、のちの「慰安所」の原型が見られる。(1) 日露戦争は、日本の朝鮮植民地化、関東州など中国東北への進出の画期でもあり、それらの地域への日本の公娼制の輸出にドライブがかかるきっかけにもなった。陸軍大臣が外務大臣に対して韓国における娼婦取締りを求めた資料がある（資料1）。ソウルで日本人公娼制が導入されるのが、この依頼の二ヵ月後の一九〇四年一〇月である。この関係についてはよくわからないが、日本軍の占領地の拡大と公娼制の拡大は密接に関わっているように見える。日露戦争については本稿で触れる余裕はない。

その後の戦争としては第一次世界大戦があるが、慰安婦制度との関わりで重要なのは、シベリア出兵である。シベリア出兵において、日本軍の中に多数の性病患者が生まれ、その経験がのちの日中戦争において日本軍が慰安婦制度を導入する原因となったことはすでに千田夏光氏が指摘しておりよく知られている(2)。またこの出兵の際にサハリンにおいて憲兵隊が芸妓・酌婦を管理していたことも紹介されている(3)。

シベリア出兵(あるいはシベリア干渉戦争)のきっかけは言うまでもなく、一九一七年一一月のロシア革命である。一九一八年一月、日本は居留民保護を名目にしてウラジオストックに軍艦二隻を派遣し、四月はじめには海軍陸戦隊がイギリス軍とともにウラジオストックに上陸した。七月にはアメリカが共同出兵を呼びかけ、連合国は出兵に合意した。

それをうけて日本政府は八月二日、シベリア出兵を宣言し、約七万三千名を派兵して、バイカル湖以東のシベリア鉄道沿線を占領した。また満州北部を走る東支鉄道はロシアの利権であったが、ここも日本軍が占領した。その後、アメリカなどの連合国は一九二〇年六月までに撤退したが、日本軍は居座りつづけ、ようやく一九二二年六月撤兵を声明し、一〇月までに北樺太を除いて撤兵を完了した。北樺太からの撤兵は二五年五月である。したがって北樺太を除いても一九一八年八月から二二年一〇月までの四年二ヵ月(長くとれば四年九ヵ月)に及ぶ戦争であった。日清戦争が約八ヵ月、日露戦争が約一年六ヵ月であったことを考えると、長期にわたる戦争であった。

このシベリア出兵の際の日本軍と「からゆきさん」の関係が、後の上海事変、日中戦争における日本軍慰安所につながっていったのではないかと考えられる。その意味でもシベリア出兵時の研究は重要であるが、まだ充分には行われていないのが現状である。本稿では、シベリア出兵の際に日本軍が日本人娼婦、いわゆる「からゆきさん」を利用したことを示す外務省資料によりながら、日本軍、外務省（各地の領事館を含む）と「からゆきさん」との関係を明らかにしていきたい(4)。

一　在満州領事館と外務省の「からゆきさん」対策

シベリアの「からゆきさん」

満州やシベリアにも多くの「からゆきさん」が渡っていた。

一八九七年に外務省は各地の領事館に対して、「海外に於ける本邦醜業婦」について調査し、今後年二回報告するように指示している。シベリアについては同年八月一一日付でウラジオストックの貿易事務館事務代理の名で外務次官宛に報告がなされている。この報告によると一八九七年六月末日現在、シベリア東部における「醜業を営む本邦婦人」はウラジオストック一七六名を筆頭に計四七一名、その原籍別では長崎県が三一二名と飛びぬけて多く、次いで熊本県六七名、佐賀県三〇名、山口県二一名と続いている（以下の県は一桁）。この資料「訓達一件」には二六ヵ所からの報告が綴じられているが、シンガポールを含むマレー半島が一〇〇〇名近くと最も多く、シベリアはそれに次いでいる（「訓達一件」）。

ロシア革命直前の一九一六年六月末現在、ウラジオストック総領事館の管内の「本邦醜業婦調」では、芸妓一四名、娼妓七五〇名、酌婦又は女中四六名、支那人其他妾二二六名、計一〇三六名（うちウラジオストックだけでは四八三名）となっている。ただ調査不能のものもあるので「実数は本表より多数に上るへしと思料す」と、実際にはもっと多いだろうと推測されている(5)。その後、一九一七年六月末現在で、同管内五三四名、一八年六月末現在、四四七名、とロシア革命の中で急減している（資料3）。満州も資料3のように一九一七～一八年にかけて三千人以上の「醜業婦」がおり、非常に多くの「からゆきさん」がいる地域だった。

在満州領事官会議

シベリア出兵直前の一九一八年一月に奉天で在満州の領事官会議が開催された。この会議において「下級醜業者取締」を決議し、本省に問い合わせた。これに対して外務大臣本野一郎は「決議の趣旨は適当と認め候に付右実行相成度」と承認を与えた（一月二四日付　外務大臣より在満州各領事官宛「法規２」）。

本省の承認をうけて、ハルピンでは二月四日付で在ハルピン総領事佐藤尚武の名前で次のような告示が出された（「法規２」）。

告示第六号

芸妓酌婦其他特種婦女にして下級外国人を顧客として醜業を営み又は此等婦女をして此種の醜業を営ましむるも其状態風俗を紊し苟くも帝国臣民の体面を汚損すへきものと認むるときは大正七年限り其営業の許可を取消し又は禁止を命すへきに付当該営業者又は其他の従業者は当館警察官吏の命令指示に従ひ期を刻し改善の途を計るへし　右告示す

これに続いて四月四日付で「告諭第一号」を出し、「一般料理店」に対して、

一　料理店は建物を改修し外面の体裁を整ふへし

二　外国人を主たる顧客となす料理店は芸妓酌婦を抱ふることを得す

五　酌婦一名毎に三畳敷以上部屋二室を給すへし

など九項目を条件として列挙し、九月三〇日までにこれらの条件を満たして領事館警察署に届け出て認可を受けなければ、本年限りで営業許可を取り消すことを宣言した（「法規２」）。

日本人女性が、貧しいロシア人や中国人を相手に売春するのは「帝国臣民の体面」を汚すというのが理由であるが、そうした「下級」の日本人娼婦を規制し削減しようとするものであった。

日本人娼婦追放の取り組み

日本人女性が海外に娼婦として出て行くことについて、外務省は早い時期から規制しようとしていた。一八八三年八月に上海に密航する婦女の取締りを厳重にすべき旨を各地方長官に訓令したのが最初の指示だった。その後もくりかえし売春のための女性の海外渡航を取り締まるための訓令を出したが、取締りを強化しようとするのが一九二〇年から二一年にかけてであった。一九二〇年一月には「醜業婦の海外渡航に対しては今後特に厳重取締相成度」旨を警視総監や地方長官に通牒した(6)。

この時期、シンガポールでは領事館が積極的に日本人娼婦追放を進め、その経験が本省にも影響を与えたようである(7)。一九二一年六月一五日付で内田康哉外務大臣は各在外公館に送った通牒「醜業婦取締方に関する件」において次のように述べている（「雑件6」）。

在外本邦人醜業婦の取締に付ては従来各在外公館に於て常に苦心せる処にして最近在新嘉坡山崎総領事代理は管内娼婦千百余名を一定期間内に全部廃業せしむるの方針を立て苦心の結果既に大部分其の目的を達し尚ほ多少残存せる者も本年六月末迄には悉く廃業せしむへき予定の趣に有之　又在香港大森総領事代理は漸滅主義を採り同政庁と連絡を保ち新規に醜業婦たらんとする者に対しては絶対に許可を与へさることに取扱居　又蘭貢方面に於ても同様の問題起り居趣に有之候　抑も多数本邦醜業婦の海外に在ることか我国体面上面白からさるは勿論之か為我国民の堅実なる海外発展を防害すること少からさるを以て本省に於ては出来得る限り之か絶滅を計り度希望なる処各地事情を異にし一律に取扱難きものあるへきに依り前記新嘉坡の例の如く短期間に一掃し難きものは香港の例の如く漸滅の主義に依り徐々に絶滅を期するも亦一策ならんと思考致候　何れにしても各地に依り一定の方針を樹立し常に同一方針に従って絶滅を計ること緊要なるに付〔中略〕此際貴地方の事情篤と御参照の上適当なる具体的廃娼実行方法立案の上御報告相成度此段申進候也

シンガポールと香港の領事館の取り組みを参考にしながら、各地で日本人娼婦絶滅の方策を立てよという指令である。こうした外務省の姿勢の背景には、第一次世界大戦の結果、日本が国際連盟の常任理事国になるなど「一等国」の仲間入りをしたということが指摘できる。一九二〇年一月に国際連盟が発足し、同年一一月に第一回総会が開催されているが、それと並行して、日本人娼婦絶滅方針が打ち出されてきた。「帝国の体面」のうえからも海外での日本人娼婦はもはや許されないと考えたのだった。

外務省政策の矛盾

しかしこうした外務省の姿勢は、根本的な矛盾を抱えていたと言わざるをえない。一八九〇年から翌年にかけて、売春を目的とした女性の海外渡航を取り締まる法案が問題となった。一八九〇年七月一五日、青木周蔵外務大臣は「売淫の媒介及売淫女の海外渡航取締に関する法律」案を閣議に提出した。それに対して法制局長官から修正意見が出され、議論があったがようやく翌年二月に閣議で了承されて、二月二八日「外国に於ける日本婦女保護法案」として議会に提出された。しかし貴族院で審議中の三月七日、政府は法案を撤回した。その後、外務省は法務省などと協議を重ねたが、結局同年九月、法案の断念を決定した(8)。

法案断念の理由をまとめた文書、外務省政務局作成の「海外婦女保護法案提出見合せの理由」のなかで、法案の意図を次のように説明している。

　本法案の主眼とする所は蓋し売淫の目的を以て海外に渡航する本邦婦女の外国行を禁止するにあり　而して之を禁止せんと欲するの理由は海外に於て売淫の醜業に従事するは国家の体面を汚かすと云ふの一点に帰するが如し

これに続けて、法案見合わせの理由を何点か述べているが、そのなかで「若し売淫を以て強て国家の体面を毀損するものとせば内国に於ても亦之を禁止せさる可からす　然るに本邦内に於ては公然之を許可し海外に於てのみ之を禁止せんとするは抑も亦自家撞着の論たるを免れす　故に内国に於ける売淫を禁止せさる以上は海外に於ける売淫も亦之を禁止するの理由あるを見さるなり」という。また別のところでは「朝鮮釜山の如きは貸座敷営業規則芸娼妓営業規則なるものを設け本邦婦女をして公然醜業に従事せしむるの制あり　然るに右の如く公然売淫を許しなから売淫の目的を以て同国に渡航するものを罰するは是亦撞着の譏を免かれさる可し」とも述べている。国内で公娼制を公然と行い、また外国である朝鮮においても日本人の公娼制を導入しておきながら、売春のために海外に渡航することだけを処罰しようとするのは、矛盾しているという、正当な議論である。

外務省は確かに海外での日本人娼婦を減らし、あるいはなくそうとしていたと言ってもよいだろうが、日本は国内で公娼制を行い、しかも植民地や海外の居留地にも公娼制を実施していたのであり、そもそも自己矛盾であった。日本軍が海外に出て行き、現地での娼婦を公認したうえで、その取締りと管理を要求してきたとき、外務省には拒否できる根拠はなかったのである。

二　シベリア出兵と在満州領事館

シベリア出兵の開始

ところがまもなくシベリア出兵が開始され、日本軍が北満州、シベリアにやってきた。チチハルの領事代理が事態を危惧して外務大臣宛に打った電文がある（一九一八年九月一八日付「法規２」）。その内容は次のとおりである。

満州に於て下等外国人を顧客とする邦人醜業者に対し本年限り営業禁止方に関し御申越の次第有之候に付直ちに管内に於ける当該醜業者に対し本年限り営業禁止の旨厳達すると同時に引続き取締励行中の処当管内に接続する西伯利各地方に散在する該醜業者は従来数百名を算し居る処　彼等は我官憲より直接何等の取締を受け居らさるが故に悪辣なる手段を以て巧みに婦女を誘拐し来り　又は之を虐待して私腹を肥すことのみを念とし　一方風俗を紊すこと甚しく帝国臣民の体面を汚損しつゝある状況にして過般当管内黒河及満州里

地方へ避難滞留中の右醜業者等は我軍隊の西伯利出動に伴ひ再び同地方に入込み引続き醜業に従事せんとし
又従来当管内居住の醜業者も本年限り禁止の結果更に西伯利に移転し醜業を営むべく準備中のもの少から
ず　斯くては満州各地に於ける醜業者禁止の主旨も甚た不徹底に終り当方面一般邦人の取締上面白からさる
結果を齎すへく思考被致候に付　此際満州地方と同様西伯利に於ける醜業者全部に対しても該営業禁止方至
急御詮議相成様致度

この電文は同時にウラジオストックの総領事にも送られている。これを受け取った外務省では、この電文を陸軍大臣と参謀総長にも送付しているが、この電文の欄外には「我法権の及はさる地方に於て本件禁止乃至取締を為すこと不可能なるへし」と書きこみがなされている。

同じような危惧は満州里の領事ももっており、一九一九年七月一〇日付で外務大臣宛に「露領密行醜業婦取締方に関する件」と題する電文を送り、取締りについての指示をしてくれるように訴えている。その中で、「醜業の目的」で陸路国境を越えてシベリアに入っていく者が増加しているという情報が伝わっているとし、「西伯利に於ける此の種の醜業者は其の数を増加し将来取締上大困難を来すことを想像するに難からさるのみならす其の裏面には誘拐其の他種々罪悪行はれ保護取締上遺憾の点少からさるへしと思考せられ候」と述べている（「雑件5」）。

チチハルの領事代理の電文に見られるように、女性が「醜業婦」として連れてこられるにあたって、誘拐など悪辣な手段が採られていることを十分認識していた。日本人娼婦の取締りにあたっていた領事館の関係者は、業者のそうしたやり方をよく知っていたのである。

日本軍による関与

シベリア出兵が本格化してまもなく、満州北部のチチハルの領事代理から外務大臣内田康哉宛に出された文書を紹介しよう（一九一八年一一月二二日付「法規2」）。

「料理店営業に関し稟申の件」

下級外国人を顧客とする料理店営業者並に酌婦稼業者に対し本年限り営業禁止の件に就き本年一月二十四日付通合送第十七号を以て御訓令の次第有之候に付二月五日付を以て当館管内各地に於ける当該営業者に対し夫々御訓令の趣旨通達致置たるに該営業者中既に廃業し又現に営業中の者も本年内には夫々転業の準備中に有之候処〔中略。チチハル、黒河、満州里、ハイラルについては在留邦人や邦人旅客が多いので芸酌婦人員を制限し家屋を改善のうえ営業を許可している旨の記述〕

東支鉄道沿線なる昂々渓《こうこうけい》札蘭屯《じゃらんとん》及ひ博克図《ぶぐと》に於ける料理店は従来下級の露支人を顧客としつゝありしか日本軍隊出動以来右各地の料理店は何れも我兵士軍隊付商人並に其他の邦人旅客の遊興場となり　為に従来の如く下級の露支人は之か嫖客たるの余裕なき有様となり我軍隊側に於ても右各地の料理店営業者か本年限り廃業するに至らば多数の兵士等は勢ひ露支密淫売婦を相手とし花柳病に感染するの危険もあり　又は酔余外国婦人に戯るゝか如きことありて諸種の物議を醸すへきを虞れ之等の弊害を予防せんか為め軍隊駐屯中は該営業を存続せしめ一方軍医をして芸酌婦の健康診断を施行せしむることゝし右営業継続方取計ありたき旨本官に対し希望申出の次第有之候処　右は事情已むを得ざるものと認めらるゝを以て前記昂々渓札蘭屯博克図の三ヶ処に限り我軍隊駐屯中該料理店営業継続を許可することに致度　右にて御差支無之や何分の義御回訓相仰き度此段及稟申候　敬具〔以下略〕

ここであげられている三つの町はいずれもチチハル周辺の町である。つまり売春業を廃業させるように指導していたところ、やってきた日本軍は軍医が娼婦の検診を行って営業を継続させるように領事館に要求してきたので、それでよいかどうかを本省に問い合わせているのである。

これに対して、一九一八年一一月二一日に外務大臣より回答があり、「料理店営業継続に関し公信第百号貴信稟請の通り御取計相成差支無シ」と承認を与えている（「法規2」）。

朝鮮とロシアの両国境に近い琿春では、満州の領事館会議の決定に基づいて指導を行った。一九一八年当初、料理店営業者は八軒、醜業婦は四五名おり、「下層支那人労働者を相手」としていたが、年末には三軒九名(翌年二月には七名)に減少した。この三軒は先に紹介したハルピンでの告示のように、家屋の改善などを条件に営業を許可した。(9)

副領事から外務大臣宛報告(一九二一年一月一一日付)によると、一九二〇年一〇月に日本軍が入ってきてから邦人醜業婦のいる料理店に出入りする中国人はいなくなり「遊興客は邦人のみと言ふも過言」でない状況になった。その結果「一般の衛生状態も前期にありては多少花柳病感染の虞なきを保せさりしが客筋が邦人のみとなりてより大に患者の数を減したり　蓋し一面従前居留民会嘱託医をして検梅せしめたるも其後時により駐在軍医の診査を乞う等の結果より保健上大に其効果顕著なるに至れるものなるべし」と報告している。一九二〇年末時点での日本人醜業婦は三軒一二名、朝鮮人は二軒一〇名、計五軒二二名とされている(「雑件6」)。なお一八年末の数字には朝鮮人の料理店・醜業婦の数は出てこないが、新たな許可も廃業もないと書かれているので、一八年時点から継続しているものと考えられる。

この副領事は、日本軍が来たことにより外国人が日本人娼婦を買いに来なくなったこと、また日本軍医が性病検査を行うようになったことなどによって、状況が改善されたと評価しており、日本軍による管理を肯定的に評価している。日本人の娼婦であっても日本人を相手にしているかぎりは「国家体面上」問題ではないという認識のようである。なお日本軍が駐屯していたときに「一時酌婦不足などの批難」があったとも報告している。(10)

なおその一年後、一九二二年一月一三日付の琿春副領事の報告では、日本軍が撤兵したので「彼等営業者は一大打撃を受けたるもの、如く今や当地の花柳界は寂寞たるものに有之」と、邦人の売春業が打撃を受けている状況を報告している。なおこの時点での日本人醜業婦は六名、朝鮮人は七名、計一三名となっている(「雑件6」)。

この間の琿春での経緯をまとめれば、領事館の指導により日本人娼婦は大幅に減少し日本人相手のものだけが残され、そこに日本軍が駐屯した。その際に人数が少し増え、軍医による検診が行われたが、日本軍が撤退して人数も減少した。

三　シベリアの日本軍による日本人娼婦の管理

軍による娼婦管理

チチハルや琿春は中国東北の町だが、シベリアではどうだったのだろうか。日本軍が駐屯していた間の状況について、沿海州ニコリスクの領事の外務大臣宛報告（一九二一年九月九日付「雑件6」）は次のようである。

当市に於ける醜業婦及其関係者は日本軍駐屯の数増加と共に逓加して昨年当出張所開設当時は其数五百に達し居り　当市目貫の大通にも絃歌の声喧くして心ある露国人並外国人を顰蹙せしめ居りたり　依而其取締方に関し夫となく露国官憲の意向を探りたるに軍隊駐屯中は風紀取締上致方なし　之を禁止する時は露人間に風紀の壊乱及悪徳病の蔓延を及ほすの恐れありとて放任の態度を執り居たるに付本官も亦該方面の事件に関与せす　軍憲側の為すか儘に一任し置きたり　然るに日本軍撤退も最近実行せらるゝやを聞知したる彼等は営業継続到底六ケ敷ものと覚悟して其引揚準備をなし又他方面に（朝鮮国境）発展地を見出さむと焦慮しつゝあり　而して当市醜業婦等の数は漸く減して約二百五十名となれるか撤兵の暁には残留せむとするもの三四十名位ある見込なる処　是等に対しては此機会に於て説諭の上移転帰国せしむへく　又は露国官憲と協議して其営業を禁止し醜業婦及其関係者を当市より一掃致度と思考致居り候〔以下略〕

ここでも日本軍とともに娼婦の数が増え、顰蹙をかうような状況だったが軍に任せておいたことがわかる。このように在外邦人の売春業の取締りは領事館が行っていたが、日本軍が駐留している間は、軍に任されていた状況がうかがわれる。

憲兵司令部がまとめた『西伯利出兵　憲兵史』[11]には次のような記述がある。

第七師団司令部所在地たる満州里に於ては同憲兵分隊〔長・中尉大口公一〕は師団司令部の指示に依り大正七年九月十一日より軍用列車旅客の旅券検査及所在地日本醜業婦〔当初五〇名、後約七〇名〕の定期〔毎週二回〕検梅を実施するに至りしか〔以下略〕〔二七一頁〕

さらに沿海州・黒竜州方面の項目には次のようにある。

〔前略〕皇軍の各地駐屯に従ひ日本醜業婦の移住亦盛んにして急造の料理店は随処に建設せられ脂粉売笑の婦女は至る処に瀰蔓して出兵将卒唯一の慰安を提供するの観あり〔中略〕憲兵は仔細に其間の消息を視察し以て軍隊指揮官に連繋し其警防に努め一面花柳病予防の為醜業婦の検梅を試みる等の処置に出てしか〔以下略〕〔二八四頁〕

また「ブラゴエシチエンスクに於て憲兵分隊長は同〔一九一九年〕六月上旬在住料理店組合をして婦人病院を設立せしめたる〔以下略〕」〔六五九頁〕という記述もある。

つまり満州やシベリアの日本軍の駐屯地において憲兵が娼婦の性病検査などの管理を行っていたことがわかる。沿海州方面の日本軍の駐屯地域内では一九二〇年一一月現在、日本人の「芸娼妓酌婦」は計八五三名とされている〔同書四〇頁〕。

シベリアの対岸のサハリンにおいても日本軍が関わって娼婦の管理が行われていた。憲兵が娼婦の検診に立ち会い、軍政部長が「芸妓、酌婦取締規則」を制定するなど軍の管理が明確に示されている〔資料2〕。

業者の取締り

日本軍が北満州やシベリアに出兵すると、それを追いかけるようにして売春業者が女性を連れて駐屯地に出かけていった。その際におきた一つの事件を紹介しておきたい。

カムチャッカのペトロパブロフスクの領事館に、ある人物K・Y（資料には本名で出てくるがここでは必要ないので匿名にする）が願いを出した。その内容は、

今般軍艦石見及特務艦関東之両艦冬季中カムチャッカ州在留邦人の保護のため当ペートロパウロウスク港に碇泊する事と相成候　当市は一の誤楽《ママ》機関及場所無之約九ヶ月間は殆んと穴居生活の如きものに有之候に付在留民並に海軍有志等の希望に依り喫茶店を開設致給仕女として日本婦人数名招致致度　依て右準備の為め帰国する者なる事□当地に在留せる事御証明相成度

というもので、これに対して領事館は「右証明す」と認めた（一九二〇年九月二七日付「雑件6」）。

このK・Yはこの証明書をもって北海道に来て「酌婦五六名を輸送せんと画策したるも警察署の取締と資金欠乏との為遂行するを得ざる実情」に陥った（一九二一年五月二八日付外務大臣よりペトロパブロフスク領事宛）。北海道の警察は、日本人女性を娼婦として連れ出すことを認めない対応をとった。

このような証明書を出したのかと本省から問われたペトロパブロフスク領事は、自分が着任する前に事務代理が行ったことだと釈明したうえで、もどってきたK・Yを呼び出して取り調べたところ、K・Yはかつて現地で「女郎屋を営」んでいたこと、「名を喫茶店に借り裏面に於て所謂給仕女として醜業を営ましむるを目的」としていたことを確認した（一九二一年五月三〇日付ペトロパブロフスク領事より外務大臣宛）。

結局、K・Yの計画は失敗に終わった。K・Yの「願い」にある「海軍有志」というのが何を指すのか、あるいは作り上げた口実にすぎないのかよくわからないが、業者が領事館もまきこんで日本軍のために日本人娼婦を連れてこようとしていたことがわかる。ただし外務省は、現地で日本軍が日本人娼婦を管理することは認めても、日本から日本人女性をそのために連れて行くことは認めない方針を採っていたようである。

なお日本軍のシベリアからの撤退後、一九二二年一二月二日、沿海州の軍事革命委員会は布告を出し、「沿海

県に現存する一切の公娼、待合、其他私娼は露国と外国人の経営なるを問わす速時閉鎖を命し将来斯種営業を開設認可を交付することなかるへし」「外国人の楼主並に露国及外国人の妓楼に於ける娼妓は本決定公布日より向ふ一週日以内に沿海県領域外に退去すへし」と売春業の廃止を宣言した(12)。

おわりに

外務省資料から言えることは、満州やシベリアの在外領事館は、他の地域の日本領事館と同様に、「帝国の体面」という観点から日本人娼婦の規制を行っていたということである。そして一九一八年はじめに満州地域の日本人娼婦の規制強化、削減をはかろうとした。これは第一次世界大戦中から戦後にかけてシンガポールなどの各地の日本領事館が、「からゆきさん」撲滅の取組みを行いはじめたのとほぼ時期を同じくしている。

ところが、まもなくシベリア出兵が始まり、七万の日本軍が満州北部からシベリアにかけて流れ込んできた。それにともなって売春業者が女性をともなって流れ込んできたのである。日本軍は兵士への慰安を提供するうえで、また性病管理のうえからも日本人娼婦が必要と考え、領事館に働きかけて、日本人娼婦を返すことをやめさせ、かわりに軍が娼婦たちの性病検査を行って管理することにした。その間、領事館は軍にまかせて手を引いた。

ここに紹介したペトロパブロフスクの事例で、海軍当局が実際に関わっていたかどうかは不明だが、領事館が業者に便宜を与えて日本人女性を本土から連れてこさせようとしたといえるかもしれない。

日本外務省・各領事館の意識があくまでも「帝国の体面」を維持しようとするものにとどまっているかぎり、貧しい現地の労働者が日本人女性を「買う」ことは「帝国の体面」を損なうと感じても、日本人が、ましてや日本軍人が日本人女性を「買う」ことは「帝国の体面」とは関わりないことだったのではないだろうか。

これだけの資料からでは断定的なことは言えないが、上海事変や日中戦争において日本軍が導入した軍慰安婦制度の原型は、日露戦争での経験と、さらにはこのシベリア出兵時の軍による「からゆきさん」管理にあったと考えてよいのではないだろうか[13]。

ところで日本軍慰安婦制度については公娼制との関係が議論されることが多い。しかしこれまでの議論では日本本土または植民地（朝鮮、台湾など）の公娼制との関連で議論されることが一般的であるように見受けられる。そのことの重要性は否定しないが、日本軍慰安婦制度の展開が多数の国・地域にまたがったものであることから見ても、国際的な女性の人身売買・買売春のネットワークとの関わり（その中の重要な一つが「からゆきさん」である）のなかで捉えることが重要であると考える。

なおシベリア出兵時においては、日本軍のために女性を連れてきたのは業者たちである。まだ日本軍は女性の徴集には直接関わっていないと見られるが、在外邦人の取締りにあたっていた領事館関係者は、誘拐など悪辣な手段が使われていることを十分に推測することができた。日本軍の慰安婦について、民間業者が勝手に連れてきたのであって軍（さらには日本政府）には責任はないというような議論があるが、日本外務省はそれまでの経験から誘拐や悪辣な手段が採られていることを十分認識していたのであり、それを知りながら、そうして連れてこられた女性を利用したのは悪質であると批判されるべきだろう。

なおシベリアでは日本軍の撤退とともに日本人娼婦たちも潮を引くように減少していった。革命政府側の勝利とともにシベリアにおける「からゆきさん」の歴史は終わったと言ってもよいかもしれない。しかし日本の公娼制は、朝鮮、台湾、関東州やさらには上海など中国諸都市の租界（日本領事館の管轄下の公娼制）にも広がっていった。また朝鮮人の売春業者が満州に広がっていった[14]。これらが後に日本軍が慰安婦制度を導入していく手掛かりになると同時に、女性の人身売買の国際的なネットワークと売春業者たちを利用した経験が、日本軍と政府によって全面的に悪用されていくことになるのである。

【註】

（1）藤永壮「日露戦争と日本による『満州』への公娼制度移植」桂川光正『快楽と規制〈近代における娯楽の行方〉』大阪産業大学産業研究所、一九九八年、参照。

（2）千田夏光『従軍慰安婦』講談社文庫版、一九八四年、二四～三四頁。

（3）吉見義明『従軍慰安婦』岩波新書、一九九五年、一八～一九頁。サハリンの資料は、末尾に資料2として紹介しておいたので参照していただきたい。なおこの資料は吉見義明氏に提供していただいた。シベリア出兵との関わりでは倉橋正直氏が『北のからゆきさん』（一九八九年）、『からゆきさんの唄』（一九九〇年）、『従軍慰安婦問題の歴史的研究』（一九九四年、いずれも共栄書房）で取り上げている。氏の議論については、註（4）の拙稿の付論で批判を行っているので参照していただきたい。

（4）本稿で使用する資料を列記しておく。いずれも外務省外交史料館に所蔵されているものである。
「本邦人不正業取締関係法規雑纂」第一巻、第二巻（以下「法規1」「法規2」と表記）

「本邦人不正業取締関係雑件」第二巻、第五巻、第六巻（「雑件2」「雑件5」「雑件6」）

「海外に於ける本邦醜業婦の員数及其状況等年二回報告方訓達一件」（「訓達一件」）

「国際連盟婦人児童問題一件　東洋に於ける婦女売買実地調査の件」第五巻（「調査5」）

「国際連盟婦人児童問題一件　東洋に於ける婦女売買実地調査の件　準備調査(売笑婦実状取調の件)」(「準備調査」)

なお末尾に関連する資料を紹介しておいたので、あわせてご覧いただきたい。いずれの資料も原文はカタカナであるが、すべてひらがなに直し、旧字体も新字体に直した。

なお本稿は「シベリア出兵時における日本軍と『からゆきさん』」（『季刊戦争責任研究』二四号、一九九九年六月）をもとにして大幅に書き直したものである。その時点では日露戦争の位置付けが落ちていたのでその点を補った。

（5）ウラジオストック総領事代理より外務大臣への報告、一九一六年八月一八日付（「雑件5」）。

（6）以上、外務省が一九二一年までの関連する訓令などをまとめた文書より（「調査5」所収）。

（7）在シンガポール領事館の取り組みについては、吉見義明・林博史編著『共同研究　日本軍慰安婦』（大月書店、一九九五年）の筆者の執筆分（一〇九～一一四頁）参照。

（8）以下、「法規1」所収の「売淫婦女の海外行取締に関する法律制定撤回の件」に収録されている文書より。一八九一年三月三日と五日の二回、貴族院の秘密会で議論されただけに終わった。

（9）琿春副領事より外務大臣宛報告、一九一九年二月一八日付、「雑件5」。ならびに一九一八年一二月二六日付、「法規2」も参照。四五名の娼婦の原籍を見ると、熊本県四一名、佐賀県二名、大分県と山口県各一名となっている。熊本県出身者は一名を除いてすべて天草郡である。残った九名はすべて天草郡出身者である。

（10）琿春副領事より外務大臣宛報告、一九二一年七月四日付、「雑件6」。

（11）憲兵司令部編『西伯利出兵　憲兵史』復刻、国書刊行会、一九七六年。

（12）ウラジオストック総領事より外務大臣への報告、一九二一年一二月四日付、「雑件6」。

（13）防衛庁防衛研究所図書館には、シベリア出兵関係の資料がかなり大量に残されている。それらの軍資料の調査は残された課題である。

（14）藤永壯「朝鮮植民地支配と『慰安婦』制度の成立過程」VAWW-NET Japan編『「慰安婦」・戦時性暴力の実態Ⅰ日本・台湾・朝鮮編』緑風出版、二〇〇〇年、参照。満州事変・上海事変前夜の上海における日本人娼婦の状況と初期の上海の日本軍慰安所とのつながりについては、藤永壯「上海の日本軍慰安所と朝鮮人」（大阪産業大学産業研究所『国際都市上海』一九九五年）を参照。これに関連して一九三〇年一〇月時点における日本人娼婦の状況についての在上海総領事からの報告を資料4として紹介しておく。

【資料】

1　日露戦争時、陸軍から外務省へ密売淫婦取締の依頼（「雑件2」）

陸軍省送達　満発第三七二二号、陸軍大臣寺内正毅より外務大臣小村寿太郎宛、一九〇四年八月二十日付

「韓国駐劄軍隊所在地には多数の密売淫婦来集するの状況にして之を放任するときは軍隊に花柳病を伝播し兵力維持上少なからさる影響を来たすの虞有之候に付当該軍隊には夫れ〳〵取締方内訓可致候へ共尚在韓国領事に於ても密売淫婦に対し相当の取締法を設け病毒の伝播を予防すへき旨訓令相成度為照会候也」

小村外務大臣より元山、釜山、馬山、木浦、群山、仁川、京城、鎮東浦、平壌各領事宛「売淫婦取締の件」一九〇四年八月二三日発

「韓国駐剳軍隊所在地には多数の密売淫婦来集し之を放任するときは軍隊に花柳病を伝播し兵力維持上少なからさる影響を来すの虞あるに付当該軍隊には夫々取締方内訓可致も尚ほ在韓領事に於て右売淫婦に対し相当の取締法を設け病毒の伝播予防方訓令ありたき旨今般陸軍大臣より照会有之候に付貴館管轄内に於ける密売淫婦に対し厳重御取締相成度此如特に為訓令候也」

2　憲兵司令部『薩哈嗹派遣　憲兵史』（中央大学図書館蔵）

「第二款　芸酌婦取締」

「北樺太占領以前より少数の売春婦ありしも民政施行後南樺太を始め北海道其他西伯利方面より芸妓、酌婦先を争ふて渡来し移住者の多数独身者なるに乗し処々に蟠拠して春を売り風紀を紊り花柳病を伝播し弊害少なからさりしを以て青島、樺太及露国の法令等を参酌して左記規則を制定せられ之か健康診断に就ては毎週一回各憲兵分隊職員立会の上ニコラエフスクは地方医師長谷川役市、亜港に在りては軍医の外赤十字社救護班医員に嘱託せられ他の地に在りては軍医之か診察を実施せり　而して大正十一年対岸撤兵に伴ひ此種営業各地に増加するの傾向を示し軍人軍属の風紀衛生を害するの虞あり且同業者を苦境に陥るるに過きさるを以て憲兵隊長は亜港以外の地に於ける之等の数を制限するの必要を認め同年八月三十日付を以て

ルイコフ　料理店　五戸　芸酌婦三十名

デルビンスク　同　二戸　同　九名

を超過せしめさる旨示達せり

部令第五号

芸妓、酌婦取締規則左の通定む

大正九年九月一日

薩哈嗹軍政部長　津野一輔

芸妓、酌婦取締規則

第一条　芸妓又は酌婦の業を為さむとする者は左の事項を具し戸籍謄本及所轄憲兵隊の指示したる医師の健康診断書を添へ当該憲兵隊に□□願出許可を受くへし

一、本籍、居住地、氏名及生年月日

二、芸妓、酌婦の別並芸名ある者は其名称

三、抱主あるときは其居住地、氏名、職業並抱主との契約証の写

四、前居住地、職業、抱主又は雇主ありたるときは其氏名、職業

五、未成年者又は有夫の婦なるときは其親権者又は夫の同意書（同意書に対する印鑑証明書添付）

第二条　左の各号の一に該当する場合は三日以内に所轄憲兵隊に届出つへし

一、本籍、居住地、氏名、芸名、雇主を変更したるとき

二、許可証を毀滅又は亡失したるとき

三、廃業、死亡又は所在不明となりたるとき

前項第一号及第二号の場合は許可証の書換又は再下付を申請し第三号の場合及許可を取消されたる場合は許可証を返納すへし

但し死亡又は所在不明となりたる場合に於ては戸主、家族、雇主又は同居人より其手続を為すへし

第三条　芸妓及酌婦は其就業中許可証を携帯すへし

当該官憲より其提示を求められたるときは之を拒むことを得す

第四条　芸妓、酌婦は所轄憲兵隊の指定したる健康診断を受くへし

疾病其他已むを得さる事故の為前項の健康診断を受くること能はさるときは其事実を証すへき書面を添へ当該憲兵隊に届出つへし

第五条　健康診断の結果若し伝染性疾患又は其疑似症に罹りたる者あるときは所轄憲兵隊の指定したる治療所に入り治

療を受くへし其の費用は抱主、雇主又は本人の負担とす

第六条　芸妓又は酌婦にして公安若は風俗を害する虞ありと認むるときは所轄憲兵隊は其許可を取消し其他必要なる命令を為すことを得

第七条　本則又は本則に基く命令に違反したる者は五十円以下の過料に処す

付則

本令は公布の日より之を施行す

各憲兵分隊長に於て之等営業者の取締に関し訓諭注意を与へたる二三の例を示せは次の如し

イ、大正十年二月十八日亜港憲兵分隊長は料理屋営業者を分隊に招致し

芸酌婦の旅宿に宿泊及出入禁止の件

宿泊及出発客届出方励行の件

衛生及雇人に関する件

賭博行為予防に関する件

を注意したり

ロ、大正十年十月三十日尼港憲兵分隊長は料理店組合長を分隊に招致し左の注意を与ふ

芸酌婦をして軍隊官衙又は其宿舎に紊りに出入せしめさること

客の需めなき飲食物を強供し又は芸妓の招聘を勧めさること

火災予防設備に関する件

組合内会計事務整理方

尚同分隊長は大正十一年四月六日芸酌婦にして外泊者多く風紀上の弊害夥しきに鑑み特に之か取締方厳達せり

ハ、大正十二年九月二十二日ルイコフ憲兵分隊長は芸酌婦健康診断の後之を集合せしめ左の訓諭を与へり

軍隊軍衙及其宿舎に出入すへからさる件

勤険を旨とし速に負債償還正業又は帰還すへく勤むへきこと

衛生に関する件

次て同年十一月十日更に花柳病予防及消毒方法に関する件並に個人衛生思想啓発向上に関し注意するところあり」（一二五～一二七ページ）

3 「からゆきさん」の所在地と人数

（注）ここに参考までに「からゆきさん」の所在地と人数についての外務省資料を紹介しておく。これらは各地の日本領事館からの報告に基づく数字であり、公娼については把握されていると見られるが、私娼をすべて把握できているとは考えられないので、実数はこれよりも多いと推測できる。

「満州及西伯利に於ける本邦醜業婦調査表」一九一八年六月末日現在

（括弧内の数字は一九一七年六月末日現在）（「雑件5」）

満州方面			
牛荘領事館管内	二〇二（一九九）	赤峯	――（〇）
安東	三一九（二四四）	間島	一四三（一一四）
遼陽	二一九（一三九）	チチハル	四九八（四八二）
奉天	五二四（五三四）	計	三三四九（三一七〇）
鄭家屯	三〇（――）	シベリア方面	
鉄嶺	二三四（一八三）	ウラジオストック	四四七（五三四）
長春	四〇四（四四七）	ニコラエウスク	六五（九〇）
吉林	三一（二八）	計	五一二（六二四）
ハルピン	七二五（七九〇）		

「在外本邦醜業婦員数調」一九二〇年六月末現在（「雑件6」）

支那及満州	四九六七	シンガポール	一一三六
シベリア	五四六	マニラ	五〇
香港	二四六	シドニー	四一
ハイフォン	一四四	ブラジル	三九
バンコク	一一	サンフランシスコ	二四
カルカッタ	一九三	ロサンゼルス	三〇
ボンベイ	一四二	ハワイ	一〇八
バタビヤ	一〇八三	計	八八〇七
スラバヤ	四七		

（注）地名は、その都市だけでなく、その方面または領事館管内を指す。したがってシンガポールにはシンガポールだけでなくマレー半島も含まれる。なお「からゆきさん」が最も多かったのは第一次世界大戦前の一九一〇年代初頭と見られる。そのころには二万人を超えていたという数字があるので、それに比べると大幅に減少している。

4 「上海に於ける売笑婦に関する調査」一九三〇年（在上海総領事重光葵から外務大臣幣原喜重郎への報告「売笑婦の実状調査に関する件」一九三〇年一〇月一七日付、付属の調査書）（「準備調査」）

（注）中華民国は一九二八年に首都南京で公娼制を廃止し、上海でも同様の方針をとったので中国当局による公娼はいない。この時点で上海で公娼を認めているのはフランスと日本だけである。なおこの報告は国際連盟による調査のために行ったものであり、日本政府の売春・人身売買に対する態度を正当化しようとする意図があることを念頭に置いて読む必要があるだろう。

中国人ならびに日本人以外の外国人の娼婦に関する箇所は省略した。ここでは上海における娼婦の人数の表と日本人娼婦に関する箇所を紹介する。なお資料中に出てくる「貸席三軒」は、上海事変後、海軍慰安所になったものとみられる（註(14)の藤永論文「上海の日本軍慰安所と朝鮮人」一二七頁参照）。

日本人売笑婦

日本人売笑婦

上海に於ける日本人売笑婦中最も明瞭なるものは公娼（乙種芸妓）及芸妓なるか其他女給、ダンサー等の接客婦女は本来必すしも売春を目的とし居るものにあらさるも当地の実情に照し職業柄多少の差こそあれ売春行為を伴ふものと見らるへき理由あり

又次に多少の疑問なるは所謂「洋妾」なり洋妾も売春行為なりと目すへきや否やは個々の状況に就て之を検するの外なきも上海なる土地柄より推して又幾多の実例に徴し所謂洋妾なるものも一般に売春関係に在るものと看るも左して差支なき実情に在るを以て参考として一通り言及することとせり

日本人売笑婦の種類

上海に於ける日本人売笑婦は支那人売笑婦の如く其の種類複雑し居らす当館に於ける規則の立場より見れは

（イ）乙種芸妓（公娼）

（ロ）甲種芸妓（普通芸妓）

（ハ）私娼

（ニ）洋妾

（附）其他の接客婦女

（一）女給

上海に於ける売笑婦数一覧表

国籍別	公娼	歌妓又は芸妓	私娼	計	備考
支那人	950	800	約15,000	16,750	公娼はフランス租界のみ
外国人	——	——	約　500	500	大部分は白系ロシア人
日本人	32	160	520	712	公娼は支那街で営業
計	982	960	約16,020	17,962	

（注）　項目は原文通り。ただし備考については筆者が要約あるいは省略した。「約」の付け方は原文通り。

（二）ダンサー

公娼

上海には本邦人の経営にかゝる貸席三軒あり之に現在三十二名の娼妓を置けり当館に於ては之を乙種芸妓となし内地の娼妓取締法規に準したる領事館令を以て取締つゝあり乙種芸妓の雇傭は概ね内地に於て希望者を見付け普通壹千圓内外の前借金にて稼業年限を四ケ年位とするを普通とせり而して稼高は全部楼主の所得とし毎月其稼高の百分の六を賞与として給与せらる而して目下一ケ月の稼高は平均一人壹百五、六拾圓位（一回の揚代銀七弗）なるを以て一ケ月僅かに拾圓内外の小遣を得るに過きす尤も年期中の衣類食費は全部楼主持にして年期を勤め上くれは帰国旅費を支給すること、なり居れり而して当地にては従来とも労資間の折合上格別の悪聞なき模様なり

又乙種芸妓の健康診断は毎週一回実施しつゝあるか昭和四年度の診断状況を見るに診断延人員一四七〇人有毒者一八人有毒者治療延人員一〇六人なり

元来此種営業は内地に於ても社会風教上常に問題視せらるゝものなる処殊に海外否列国の重要視する上海に邦人当業者の存在するは我か体面にも関するところなるを以て当館に於ては大正七年以来当業を願出つるものあるも之を許可せす又抱妓も或程度迄制限し来れる外機会のある毎に漸次他の正業に転せしむる方針を執り従来四軒の料理屋中一軒は昭和二年焼失したるを機とし不許可処分とせり尚之等の料理業者は何れも支那街に在るところ最近支那側当局よりも此種営業者に対し兎角難くせを附け来れる関係もあり今後適当の時機に於て自発的に廃業し若くは当館の命令あるときは何時なりとも廃業し得る準備をなし置く様命令したり

甲種芸妓

日本内地に於ける芸妓と同様の稼業をなせり昨年六月初めて検番制度を設け芸妓の待遇改善を計れるか爾来芸妓は検番又は芸妓置屋に抱へられ置屋又は住宅内に居住す芸妓置屋なるものは当分の間料理屋の兼業として許可せられ之等料理業者にして共同租界に存在するものは更に工部局　Tavern Licence　を受け営業し居れり

昭和五年六月末日現在料理店兼置屋の数十三戸芸妓一六〇名なり（舞妓十一名を含む）之等芸妓数も一般財界不況の影響に依りてか昨年来其数漸減の傾向にあり

当地に於ける芸妓か半公然的に売春をなすを常とせるは本邦内地の実情と異ならす

私　娼

私娼の跋扈は植民地の通弊なる処当地に於ては警察行政の複雑なる関係上取締の徹底極めて困難なるか当館昭和四年末調査に拠れは其数五百二十名を算せり（此の中には事実売春婦に非さるものもあると共に他方調査洩れも相当あるを以て大体之位なるへし）概ね支那人の二階等を間借し巧みに取締を逃れつゝあり時々検挙したる際に於ける彼等の供述等に依り其状況を推測するに一回五弗乃至拾弗を得て売淫しつゝある由にて其間媒合容止者の介在するあり或は内地より甘言を以て誘はれ来り其媒合の下に淫売を為すあり彼等は概ね日本人相手にして少数の所謂高等淫売か外人を相手に働きつゝある模様なり

而して彼等の醜業をなすに至れる経路を見るに内地を放浪せし倫落者最も多く当初より上海の土地柄を当にし渡来するものも亦相当の数に上るもの、如く島原、天草方面出身のもの比較的多し

洋　妾

上海に於ては土地柄欧米人と正式に結婚をなし居るものも相当見受けらるゝ処其多くは所謂洋妾関係にあるものなり彼等か欧米人に歓迎せらるゝ理由とも見らるゝは日本婦女は比較的生活程度低く且つ従順なる関係にあるもの、如し昭和四年末調査に依れは此種洋妾百七十名を算し概ね可なりの生活をなし居れるもの多きか如し

（附）其他の接客婦女

（一）女給　（イ）飲食店女中数は現在一六一名飲食店数六九軒なり此種女中の悉くを売笑婦と見做す能はさるも其の三分の一は内密に主として船員海軍兵士其他に対し売淫行為を為し居れるもの、如し（ロ）カフエーの女給現在数三六名カフエー数十四軒なりカフエーは欧米式の飲食店を模倣したるものにして飲食店は純日本式の小料理屋なりカフエーの女給も亦飲食店女中と同様其悉くを売笑婦と見做す能はさるも約其の三分の一は密かに売笑行為あるもの、如し

（二）ダンサー

上海に於ける邦人ダンサーは現下百六十名に及ふも邦人経営「ホール」に稼業せるは僅に三十五名にして他は外支人経営「ホール」に働き居れり然して彼等の多くは本邦より渡来せるものなるも当地にて初めて「ダンサー」となりたるものも少からす

上海に於て一九二七年三月の動乱後英米より多数の海陸兵を派遣したる為「ダンスホール」は俄かに盛賑を呈し之に

伴ひ邦人ダンサー頓に其需要を増したると当時本邦に於て恰も斯業に対する警察取締励行せられたる関係もあり本邦より来滬する邦人ダンサー激増し昭和二年末に於ては一〇五名を算し事実は是れ以上に及ひたる模様なりしか其後英米軍隊の一部引揚けたる為めダンサーの収入漸減するに及ひ内地より渡来したる者は漸次帰国せり昨年度中にても其数凡そ四、五十名に及ひたり唯上海仕込のダンサーは内地に移動するもの殆んとなきか如し

ダンサーか本邦より渡来する経路を見るにダンサー仲間を頼りて来滬するを常とするも中には「伝へらる、所謂上海の歓楽」を見当にて漂然渡来するものあり往々外人経営に係るホール主との間に邦人等介在し内地に於て特約を結ひ二、三百圓位の前借にて同伴せらる、ものあり此方法に依りしもの、中には誘拐せられたる事例もありたるか如し

邦人ダンサーは好況時代平均一人二百圓内外の月収を得たるも目下は一人平均百二、三十圓位にして人妻か内職的に働くものも相当あり又単身者と雖楽手等と共同生活をなすものあり或は部屋借生活をなすものあり当地ダンサーは内地に於ける稼業に比し衣服装身具等の費用嵩み為に僅か宛の内地送金を為す者の外辛して生活費に差支を生せさる程度にあるもの、如し

ダンスホール主とダンサーとの間には前借関係なく単に雇傭契約に基きてホールに出入し稼業時間は午後八、九時頃より午前二時乃至四時迄にして収入の方法は内地人経営のホールを通し一律に「テイケツト」制にて客は「テイケツト」(壹弗三枚乃至五枚)を購ひ一音楽一枚をダンサーに渡し此テイケツトの揚り高の半額及客に対する「ビール」其他の飲食物の売揚高の一割かダンサーの収入となる

日本人ダンサーは欧米人殊に露西亜人ダンサーの如く「ダンス」を以て売春の準備行為と為すものとは多少其趣を異にし居れり先つ職業婦人と称し得へきか如きも其半数位は売春の可能あるもの、如し

而も前記女給等の相手は多く本邦人なるに反し「ダンサー」は欧米フィリピン人を相手とする傾あり因に日本人娼妓及芸妓の売春は多くの場合楼主又は仲居か介在するも「ダンサー」の売春には其間に第三者を介すること少く従て客との間に「トラブル」を惹起するも当事者にて解決するを常とす

日本人売笑婦渡来の経路

日本人売笑婦の上海地方に渡来する経路を見るに当業者は内地に帰還し内地周旋業者と連絡して抱入契約を締結し当地に帯同する場合と長崎、阪神、大連及青島等の当業者か周旋業者の紹介に依り当地に住替し来るものとの二種あり此等婦女

の多数は完全なる家庭に生れたるもの尠きも誘拐其他不法行為に因り当地に伴はるゝもの少し但し朝鮮人私娼に在りては鮮人に誘拐せられたる結果賤業を為すに至りたる事例ありたり

日本人売笑婦に対する保護及取締

上海に於ける租界内警察権は二様態に分れ居れり即ち工部局の警察権と当館の警察権是なり前者は権限上の立場より普通の場合本邦人に対して及はす単に特種営業の設備に関して検査を行ひ「ライセンス」を給するのみなるか故に租界内に於ける邦人特種営業に対する実際の取締は当館警察の手に依り行はれつゝあり（1）公娼、公娼を置ける貸席は目下支那街（即ち租界外）に三軒あるのみにして貸席営業は諸営業に対し総括的に規定したる営業取締規則の一項中に上け居るに止まり特別規定なきも内地に於ける斯業取締規定に準し必要と認むる事項を命令し遵守せしめ居れり其主なるものは娼妓雇傭に関し契約証を提出せしめ検梅並に客室臨検を行ふ等保安衛生上の取締を励行し居れる処営業者及娼妓の数僅少なる為取締容易なり

私娼に対する取締は行政制度の複雑なる土地柄少数の当館警察官にては実際上之か取締至難なる処当館に於ては国際都市たる土地柄にも鑑み毎月少くも一回は戸口調査を実行し如何はしき婦女に対しては其去来を注意せしむる外所謂娼窟方面には随時派警して取締を行はしめ又余り目に余るものあるか如き場合には同区域を一斉に検索せしめ居れるか当館の最近数年間に於ける密淫売検挙実績を見るに

大正十五年	十九件	十九人
昭和　二年	十五件	二十七人
〃　三年	二十四件	二十四人
〃　四年	二十七件	二十七人
〃　五年（九月まで）	十五件	二十八人

にして右人員の半数は朝鮮人なるか一度検挙せられたるものは放免後正業に就かしめ又は其見込なきものは退支処分又は諭示退去処分に附し居れるか其数昭和四年に於ては二十一名（内九名は朝鮮人）同五年（九月迄）に於ては二十五名（内朝鮮人二十四名）に及へり而して当地の関する限り往時行はれし人身売買に依り虐待酷遇を受け居るものあるを見す

芸　妓

上海に於ける芸妓の取締及待遇の改善並に検番の設置は年来の懸案なりし処当館に於ては昭和四年五月当業者を勧説して株式組織にせしむると共に検番、料理店、置屋及芸妓間に於ける貸借関係、稼業期間収得金の分配等に関し命令を以て大要（一）芸妓をして毎月稼高の百分の三を強制貯金せしめ（二）抱主との年期契約は四ヶ年以内とし芸妓の前借金は一ヶ年三百弗を下らさること（三）衣食其他稼業に起因せる疾病及事故の治療及休養費並に稼業生活に要する一切の費用は抱主の負担とし（四）右以外の疾病治療費も半額は抱主の負担とす（五）右疾病期間も年期に計算す（六）何時にても債務を弁済し契約を解除することを得せしめ以て芸妓の待遇改善に資せしめ居れり

「ダンサー」

邦人経営のダンスホールに対しては料理屋営業取締規則を適用し「ダンサー」は其雇女としてホール主に届出を為さしめ居りしを以て邦人経営ホールに働くダンサーに対しては取締の実挙かりしも外人経営のダンスホールに働くダンサーは一般的に規定したる在留規則に基き届出をなさしめ以てダンサーの所在を明にするに勉め保護取締に資したるも外国人経営「ホール」十数ヶ処あることとて此等ホールを転々として渡りあるく邦人「ダンサー」少からす他方租界内に在る「ホール」は当該工部局に対し「ダンサー」の届出をなすこと、なり居るも之亦励行せられ居らさる関係上邦人経営以外のホールに在る本邦人「ダンサー」に対する保護及取締上遺憾の点少かさりしを以て本年五月邦人「ホール」関係者を勧説し職業婦人としての邦人ダンサーの品性及地位の向上並に「ホール」経営者間の関係等を明にする目的を以てダンサー協会を組織せしめ他方当館に於ても館令を改正して「ダンサー」を許可営業中に加へ（一）公安を害し又は風俗を紊す虞ある言辞及扮装其他の行為をなさしめす（二）許可証は就業中常に携帯せしめ之を他人に貸与するを禁し（三）住所及営業所に異動ありたるときは三日以内に届出をなさしむること等を命令条項として遵守せしめ以て保護取締上遺憾なきを期し居れり

売笑婦周旋の邦人当業者に対する取締

上海に於ける邦人周旋人中当館に於て芸娼妓の周旋取扱をも許可し居るは僅に一名なるか同人は当地に於て二十年来当業に従事し居るも未た不都合又は不正の廉に依り当館に於て処罰したることなきものなり尚当館の同業取締要領左の如し

一、周旋簿を調製し依頼者の住所氏名、年齢、周旋先等を記載せしむ

二、手数料又は報酬其他の費用を定め認可を受けしめ夫れ以外の手数料報酬類は其他名義の何たるを問はす請求すへから

さること
三、強て周旋を勧誘し又は故なく周旋を拒絶し若くは依頼の趣旨に反したる周旋を為すを得す
四、毎週一回以上営業所を臨検せしむ
其他の接客業
飲食店女中「カフエー」女給等に対しては営業者の雇女数を制限し雇入の際雇主より本人の写真を添付したる届出を為さしめ其上一々本人に就き必要なる聞取を行ふと共に本籍地に照会を為して不都合なきを期し居る外命令条項として（一）雇女をして歌舞音曲等酌婦又は芸妓に類する行為をなさしめ（二）店頭又は路傍に雇女を佇立せしめ客を勧誘することを禁し（三）雇女をして客引又は送迎、貸金取立の為船舶に出入せしめさる事等の遵守を命し居り又随時営業臨検を行ひつつあり
日本人に対する当館の取締は大体上記の如くなるか要之右は当館現時の警察能力に対比し大体に於て遺憾なく取締られ居るものと認めらる

【追記】

本稿は、二〇〇一年八月に脱稿したものである。その後、関連する研究が進展しており、重要な研究と論点について触れておきたい。藤永壯氏は註（14）の研究をさらに発展させて、「植民地公娼制と日本軍『慰安婦』制度」（早川紀代編『戦争・暴力と女性3　植民地と戦争責任』吉川弘文館、二〇〇五年）を発表している。そのなかで氏は、日露戦争期に、日本の「内地」から植民地や租借地など帝国日本全体をおおう性管理システム（公娼制）が形成され、さらに第一次世界大戦期には、朝鮮人接客業者・女性が帝国内移動を行うようになることを示し、そうした帝国日本の性管理ネットワークがのちに「慰安婦」動員の装置として機能していくことを主張している。東アジアにおける大日本帝国全体の性売買管理・人身売買のネットワークとして理解しようとするものであり、重要な指摘であると言える。そうしたネットワークがのちの日本軍「慰安婦」制度につながっていく側面はその通りであるが、ただその延長線では捉えきれない部分があると思われる。

日本人女性の人身売買・性売買のネットワークについていえば、第一次世界大戦前まではその範囲は、日本帝国の範囲

をはるかに超えて広がっていたが、その後、日本帝国の範囲に縮小する。シンガポールなどでの「からゆきさん」の消滅（少なくとも大幅な減少）はその一つの現れだろう。そこにはイギリスの公娼制廃止の世論が背景にある。帝国日本内部についていえば、公娼制廃止の議論があったことは別としても、たとえば、一九三二年に上海に日本海軍慰安所設置にあたって、「内地」から女性を連れて行こうとした業者らが、女性の国外移送誘拐で検挙され、一九三六年二月に長崎地裁で有罪判決が下され、さらには大審院でも三七年三月に有罪が確定した事件がある（くわしくは、戸塚悦朗「戦時女性に対する暴力への日本司法の対応、その成果と限界」『季刊戦争責任研究』四三号・四四号、二〇〇四年）。警察が当時の法律に基づいて違法であると判断して検挙し司法もそれを支持した。この大審院の判決は帝国日本の性売買ネットワークにとって大打撃になりうるものだった。しかし内務省警保局は翌三八年二月に「支那渡航婦女の取扱に関する件」という通牒を出して、日本軍「慰安婦」の中国への送り出しは「必要已むを得ざる」として認める措置をとったのである。

つまり、第一次世界大戦後、帝国日本を超えて広がっていた日本人女性の性売買のネットワークは、帝国日本の範囲に縮小したこと、その帝国日本の内部においても、それを規制するような動きが、日本の国家レベルにおいてもあったことが指摘できる。日本軍「慰安婦」制度は、帝国日本が「大東亜共栄圏」として東南アジア・太平洋地域にまで拡大したことに対応して、人身売買・拉致のネットワークを地理的に拡大し、さらに公娼制を規制しようとする動きを封じ込めて、制約のない、より暴力的な人身売買・拉致のネットワークを作ったと言えるだろう。とくに戦場や占領地においては、平時の公娼制ではとてもできないような日本軍による拉致・監禁など暴力がむき出しの方法がとられた。したがって、帝国日本の性売買ネットワークがそのまま拡大したというよりは、第一次世界大戦後から一九三〇年代にかけて、それへの一定の規制あるいはなくそうとする動きがあったが、それらを取り払うことによって日本軍「慰安婦」制度が展開できたことも見る必要があると思われる。いずれにせよ国際的な女性の人身売買・性売買のネットワークの中で公娼制や「慰安婦」問題を考える視点は重要であり、藤永氏の研究は重要である。第二次世界大戦後を考えると、東アジアの性売買ネットワークは分断されるが、駐留する米軍将兵を相手として性売買が再建され、それをベースにして東アジア（さらにはそれを超えた）人身売買・性売買のネットワークが作られた。現在では日本はそうした女性たちが送り込まれる主要国になっている。東アジアの性売買・人身売買を考えるとき、近代日本の果たした役割はきわめて重大であると言わざるをえない。

（二〇〇五年一二月記）

第六章　南京事件前後における軍慰安所の設置と運営

——南京・上海・揚州の軍慰安所と上海派遣軍　一九三七—一九三八——

吉見義明

はじめに

一九三七年一一月に上海戦が終了した後、上海派遣軍と第一〇軍は南京に向けて進撃するが、その過程で、両軍による掠奪・放火・虐殺・強姦などの数多くの不法行為が起こったことは否定できない事実であろう。また、その延長上に、南京事件（南京大虐殺）が起こり、掠奪・放火とともに大量の虐殺・強姦があったことも、ますます明らかになっている。また、このような不法行為に慌てた中支那方面軍の指示により、「軍慰安婦」制度（軍性奴隷制度）が、一九三七年一二月から、本格的につくりはじめられたことも事実である。

そこで、本格的な「軍慰安婦」制度創設の最初の動きは、中支那方面軍指揮下の部隊で、上海・南京間の各地で現れることになった。以下では、南京・上海・揚州という三つの都市を取り上げ、その一端を解明したいと思う。(1)

たまたま、ぼくは、ある軍医の日記を古書店から購入した。それは、「江南行　弐　渡辺大尉」と表書きがあるもので、一九三七（昭和一二）年九月二七日から翌一九三八年三月一四日までの記述がある。つまり上海戦と南京攻略戦を中心とする上海派遣軍の侵攻作戦への従軍日記であった。(2)渡辺大尉とは、上海派遣軍軍医部（軍医部長笹井秀恕少将）の渡辺進大尉のことである。ここでは、これを手がかりに、南京と上海に上海派遣軍が設立した軍慰安所に軍医部がどう関わったかを検討したい。また、揚州に関しては、迫四会大隊史編纂委員会『迫撃第四大隊史』（迫四会本部事務局、一九八六年）という本の中に、兵士の従軍日記が収録されており、軍慰安所関係の記述が多いので、これを検討することにしたい。

（以下、資料の引用に際しては、カタカナ書きの部分はひらがなに直し、句読点を適宜追加した。〔　〕は吉見による注記である。文中、敬称は省略させていただいた。）

一　軍慰安所開設と上海派遣軍司令部

本題に入る前に、すでに知られている事実を確認しておこう。飯沼守上海派遣軍参謀長の日記によれば、一九三七年一二月一一日、「慰安施設の件方面軍より書類来り、実施を取計ふ」とあり、(3) 早くも南京陥落の前に、中支那方面軍から上海派遣軍に、軍慰安所をつくるよう指示が出されたことがわかる。なお、同様の指示は第一〇軍にも出されたと思われる。第一〇軍参謀の山崎正男少佐の日記によれば、軍に先行した参謀、寺田雅雄中佐が、湖州で憲兵を指導して地元の女性たちを集め、一二月一八日までに軍慰安所を設置している。(4)

上海派遣軍の方にもどると、南京陥落・入城式終了直後の一九日には、「迅速に女郎屋を設ける件に就き長中佐に依頼す」とある。(5) 上海派遣軍参謀部が軍慰安所を急いで開設するために、その方面に詳しいと見られていた参謀部第二課の長勇中佐に段取りをまかせたということである。これは、憲兵から「一八日中山陵奥の建物に放火し今尚燃へつゝあり。又、避難民区に将校の率ゆる部隊侵入強姦せり」という、日本軍の非行報告が届くなかでの決定であった。(6) 長中佐はただちに上海に飛び、謀略をふくむさまざまな工作を行うが、そのなかに軍慰安所開設問題も含まれていたのである。

そして、飯沼参謀長の二五日の日記には「長中佐上海より帰る。青幇《チンパン》の大親分黄金栄に面会、上海市政府建設等の打合せを為し、先方も大乗気、又女郎の処置も内地人、支那人共に招致募集の手筈整ひ、年末には開業せしめ得る段取りとなれり」とある。(7) 長中佐は、日本人・中国人などの「慰安婦」徴募の段取りをつけて帰ってきたのである。黄金栄にも徴募を依頼したということであろう。こうして、一九三七年末には開業できる見通しとなったのである。

さらに、上村利道上海派遣軍参謀副長の日記によれば、二八日に「軍隊の非違愈々多きが如し。第二課をして各隊将校会報を召集し参謀長より厳戒する如く手続きをなさしむ」という記述の後に、「南京慰安所の開設に就て第二課案を審議す」とある。(8) 長中佐を中心として策定された上海派遣軍参謀部第二課の案が審議され、軍隊の不法行為が多発するなかで、実施に移されることになったのである。なお、第二課の参謀は、長中佐のほか、北島熊男中佐（第一課参謀との兼任）・本郷忠夫少佐（中支那方面軍参謀との兼任）・御厨正幸少佐・大西一大尉・根本純一海軍少佐であった。(9)

二　南京での軍慰安所開設と上海派遣軍軍医部

南京での最初の軍慰安所の開設

南京が陥落するのは一二月一三日で、一七日には日本軍の入城式が行われた。渡辺進大尉が所属する上海派遣軍軍医部は、二二日に湯山鎮（日本側の呼び方では湯水鎮）から南京の最高法院に移転している。

さて、「渡辺進軍医大尉日記」で軍慰安所関係の記述が最初に現れるのは、上海派遣軍が参謀部第二課の軍慰安所開設案を審議した一二月二八日からである。以下、日記から関係部分を摘記してみよう。

〔一二月二八日〕

○豊島大尉を見送り、明日検梅76名の件、13に連絡。〔中略〕
○午后一時、小出少佐はへ会議（軍慰安の件）。〔中略〕
○検梅医官、13より佐伯中尉、平尾少尉来る。明朝よりの検梅の打合せをなす。〔中略〕
○午后五時より小口大尉と共に、第一、第二楼及四達里、瑞芳泉を視察す。

13は野戦予備病院第一三班、は上海派遣軍司令部のことである。また、小出少佐とは上海派遣軍軍医部の小出宗次少佐、佐伯中尉とは野戦予備病院第一三班の佐伯亨中尉、平尾少尉とは同班の平尾昇少尉、小口大尉とは上海派遣軍軍医部附の小口亘大尉のことである。

上海派遣軍による軍慰安所設置の直接の動機は、日本軍人による非行の防止にあったが、軍医部では、職掌がら、軍人の性病罹患防止問題と軍慰安所開設・「軍慰安婦」検梅問題を連動させて考えていることが窺える。また、「慰安婦」にする女性七六名を上海派遣軍が早くも確保していることが注目される。最後の記述は、軍医部の将校として軍慰安所となる施設を視察したということだろう。第一楼・第二楼・四達里・瑞芳泉の四ヵ所を押さえているのである。

〔一二月二九日〕
○小口大尉はP検査の指導に行く。

将校や兵士は、「慰安婦」のことを「ピー」とか、「P」あるいは「妣」などと呼んだり、記したりしている。これは俗称だが、「売春婦」を意味する英語の“Prostitute”に由来しているという説と、女性の性器を意味する中国の俗語の「屄」に由来しているという説がある。もっとも「ピー」はすべて「慰安婦」であるという訳ではなく、民間の「売春婦」を指す場合もある。ここでは、軍医部附の小口大尉は「P検査」、つまり「慰安婦」の性病検査の指導に出かけているのである。以下みるように、渡辺大尉とともに、小口大尉・佐伯中尉・平尾少尉が「慰安婦」問題を主として担当している。

〔一二月三一日〕

○午后、小口大尉は十13佐伯、平尾と現地調弁品の検査を為す。大変な騒きなり。

「現地調弁品」とは、地元で徴募した「慰安婦」のことであろう。その性病検査をしたのだが、兵士たちは興奮して大騒ぎになった。軍慰安所の開所日は、三一日か新年かはっきりしないが、大騒ぎのうちに、一九三七年は暮れた。

ここに南京の軍慰安所開設の写真がある（写真参照）。故洞富雄早稲田大学教授が見つけたもので、「南京正月慰安所開設　當所門前の賑はひ」という説明がついている。[10] この写真は、一九三八年一月に上海派遣軍が開設した軍慰安所のひとつを写したものであることは間違いない。軍慰安所の前に兵士が列をなし、鉄格子のついた軍慰安所の窓に、数名の兵士がへばりついて中をのぞき込んでいる。なんともおぞましい写真だが、当時の上海派遣軍がかかえていた軍紀風紀問題の実情をよく示すものである、ともいえるだろう。

1938年1月早々に開業した南京の慰安所に並ぶ兵士たち（『日支事変上海派遣軍司令部記念写真帖』所収）

なお、京都第一六師団衛生隊のある上等兵は、一月一日午後に外出し、軍慰安所を見学している。その日記には「おやまも出来た。七十人のおやまはんに五百人とはあきれた。二烈〔列〕にならんでわんさ〳〵。此をとりしまる憲兵も並々ならず、したいのはだれもやがな」（一月一日）と、軍慰安所開設初日の模様[11]が生まなましく記されている（「おやま」とは「娼妓」または「遊女」の意）。日次が一致し、光景が似ているので、この上等兵が見た軍慰安所とこの写真のそれとは同じものかもしれない。

軍慰安所の増設

渡辺軍医大尉の日記にもどると、一月二日には、新しい女性たちが連れてこられたことを示す記述がある。

〔一九三八年一月二日〕

○午前、榊原参謀と[十]13に行き、鼓楼飯店にて佐々少佐と共に検査。東和洋行の松原氏夫人か連れて来たものなり。

榊原参謀とは上海派遣軍参謀部第三課の榊原主計少佐、佐々少佐とは同第三課の佐々哲爾参謀である。これは、断定はできないが、東和洋行の松原夫人が上海あたりから連れて来た「慰安婦」の性病検査を新年早々に行ったということではないだろうか。女性たちが日本人か中国人かはわからない。また、参謀部第三課の参謀二人が出てきているということは、軍慰安所担当は第三課になったことを示すものであろう。

〔一月五日〕

○午后三時、将校会報。参謀長より

一、国際問題を起さぬ様、大本営より電報あり（29／12）。不軍規は国を亡すぞ。昨日大使館に入つて食糧をとつた奴がある。〔中略〕

六、国際問題（本〔郷少佐〕）と宣撫

〔中略〕

支那人に対しては防諜。

○上海に〔で〕女に対し機秘密が洩れる。

○書類、地図の遺留、紙屑等。

この日の将校会報で、参謀長等から軍紀風紀問題で厳しい注意があったのである。ここではその一端を引用したが、軍が目を向けているのは、欧米の公館や欧米人に対する日本軍将兵の略奪・暴行などの非行であり、中国人に対する行動では、書類管理以外は、買春などの際、相手の女性を介して軍の機密・秘密が漏れることしか注意していないことが注目される。

〔一月六日〕

○漢口のS十七名来る。大西参謀と之を見る。

Sとは歌手であろうか、妓女であろうか。いずれにしても、「慰安婦」とは関係ないようだ。なお、大西参謀とは第二課の大西一大尉である。大西参謀は三月から南京特務機関長になるが、中国側の研究では、大西機関長と軍慰安所との深い関わりが指摘されている(12)。この点は、今後慎重な検討が必要だろう。

〔一月七日〕

○鮮P来れりとの事にて平賀大尉、鷹津少佐と行く。

平賀大尉とは軍医部の平賀稔大尉、鷹津少佐とは第二野戦化学実験部の鷹津冬一少佐であろう。「鮮P」というのは、いうまでもなく朝鮮人「慰安婦」のことだ。中国人「慰安婦」がいる軍慰安所に続いて、一月七日以降には、朝鮮人「慰安婦」がいる軍慰安所が開設されることになったのである。

〔一月二三日〕

花柳病調査。

〔一月二四日〕

○サック送附の件。

一月末になって、軍医部が改めて性病問題への憂慮を示し、対応策を取ろうとしていることがわかるが、具体的な記述はない。しかし、この問題が、軍医部にとって重大な問題として浮上しつつあったことは窺える。南京の軍慰安所に関する記述はここまでである。

今後の課題

今後の課題であるが、ここに紹介した日記と他の記録資料・証言資料とのつき合わせによる事実の確定が必要であろう。そのいくつかを列挙する。

第一に、金陵女子文理学院の責任者、ミニー・ヴォートリンの日記によれば、一九三七年一二月二四日、難民収容所になっていて約一万人の避難民がいた文理学院に日本軍関係者がやってきて、「認可慰安所」のための女性一〇〇名を避難民の中から選別させてもらいたいと要求し、時間をかけて二一人を確保したという[13]。その後、少女たちがやってきて、残りの七九人は「品行の正しい少女のなかから選ぶのか」と質した、とあるので、この二一人の多くは「売春」経験のある女性たちだったと思われる[14]。ヴォートリンは、自分がいって阻止できればそういうことにはならない、と答えるのが精いっぱいだった。南京安全区国際委員会委員長のジョン・ラーベの日記には、二五日に、「兵隊用の大がかりな売春宿」をつくるために、若い娘も選別された、と記されている[15]。これは、同じ出来事であろう。

日本軍は、これで満足した訳ではなく、その後も徴募を続けたようだ。このようにして南京安全区（難民区）から徴募された女性たちは、「渡辺進軍医大尉日記」一二月二八日に出てくる「76名」に該当するのではなかろうか。彼女たちは、二九日と三一日に性病検査をされて、軍慰安所に送りこまれたのである。

第二に、ラーベの日記によれば、一二月二六日に、日本軍は「兵隊用の売春宿」をつくろうとして安全区になだれ込んだが、上品な紅卍字会のメンバーが娘たちにやさしく話しかけると、「売春婦」だったらしい娘が相当数進み出た、彼女たちはそれを苦にしていなかったようなので、ヴォートリンは言葉を失った、という[16]。これもあるいはヴォートリンの二四日の日記と同じことを指しているのかもしれない。これは、つぎの記録とはよく一致する。

南京駐在ドイツ大使館のゲオルク・ローゼン書記官は、ドイツ外務省に対する一九三八年一月二〇日の報告書で、南京市自治委員会の王承典顧問（通称ジミー）が、自治委員会の最初の公務のひとつとして、夫子廟附近の旧歓楽街の女性たちを集めて日本兵のための「娼館」をつくり、必要な家具類は無償で提供した、また、その後連れてこられた日本女性たちがいる「娼館」の備品も提供したが、こちらは代金を請求した、と記している。[17] 自治委員会は、紅卍字会が中心になってつくった組織であり（会長は紅卍字会総裁の陶錫山、顧問は紅卍字会副総裁の許伝音博士）、ジミー骨董店の王承典も顧問であった。このうち、前者の女性たちも「渡辺進軍医大尉日記」一二月二八日に出てくる「76名」の中に含まれるであろう。

第三に、上海派遣軍野戦郵便隊の佐々木元勝郵便長の記録によれば、一九三八年二月初め、南京の鼓楼公園の近くに将校慰安所があり、一六、七歳のかわいい中国人少女たちが「慰安婦」にされており、帳場は中国人たちがやっていた、という。[18] この軍慰安所にいた年少の「慰安婦」たちは、「渡辺進軍医大尉日記」の二八日にでてくる「検梅76名」の中に入るのであろうか、三一日に「現地調弁品」と書かれた中国人女性たちのことであろうか。あるいは、一月二日に東和洋行の松原夫人に連れて来られ、鼓楼飯店で検査された女性たちであろうか。

第四に、会津若松歩兵第六五連隊第九中隊のある兵士の陣中日記によれば、一月二日に内地を出発した大阪出身の「慰安婦」三〇人が、一〇日に南京対岸の浦口に到着し、すぐに第一線に向かって出発したという。[19] これは、南京のケースではないが、日本人「慰安婦」到着の早い事例である。一月一〇日には、浦口に来ているのだが、南京の軍慰安所に入れられた日本人女性はいつごろ到着したのであろうか。一月二日に東和洋行の松原夫人に連れて来られ、鼓楼飯店で検査された女性たちが日本人だった可能性もある。

第五に、傀儡政権の南京行政院宣伝局が一九三八年に刊行した『南京指南』には、陸軍慰安所として、つぎの九軒が記されているという。[20]

大華楼　白下路三一二号
共楽館　桃源鴻三号
東雲　利済巷普愛新村
浪花　中山東路
菊花館　湖北路楼子巷
青南楼　太平路白菜園
満月　相府営
鼓楼　鼓楼飯店
人民　貢院東街二号

これらの慰安所と上記の資料との関係がどうつなげられるのか、今後の課題である。

三　上海の軍慰安所と上海派遣軍軍医部

軍慰安所と性病治療

ここでも、上海の軍慰安所について知られていることをまとめておこう。上海には、一九三二年の第一次上海事変の時に、陸海軍が慰安所を設置していた。このうち、陸軍の慰安所は、部隊が帰還するとともに閉鎖されたと思われるが、海軍の慰安所は、同年末で軍専用慰安所と軍指定慰安所をあわせて一七軒あり、一九三六年末にも海軍専用慰安所が七軒、海軍指定慰安所（貸座敷）が三軒あった(21)。

一九三七年末になると、陸軍はふたたび上海で軍慰安所の開設に乗り出す。麻生徹男元軍医の回想によれば、一九三八年はじめ、まず上海軍工路近くの楊家宅に、軍直轄の慰安所が設置され、ついで、江湾鎮の一角に数軒の軍慰安所が開設された(22)。歩兵第一〇一連隊第二大隊の荻島静夫伍長の日記によれば、一月一〇日、豊田紡績工場の近くに、軍慰安所が酒保の名目で開設されている(23)。

さて、渡辺大尉は、一月二九日、「上海第三課に当分勤務」の指示を受けて、翌三〇日南京を立ち、夜に上海に着いた。すでに、かなりの軍慰安所が開設された頃である。翌日、「三課の出張所」に出勤し、櫛田正夫参謀の指示を受けている。これは、上海派遣軍参謀部第三課の上海出張所である。派遣軍司令部は南京にある。

〔二月五日〕

○⚑⊙にて慰安所の件打合せ。

一、検梅

南市は南市。当方▲西村中佐が受持。江湾楊家⊞2。呉淞―△。平民村―▲。

二、治療収容器械

各場所へ治療所を作る。設備治療費は軍。当分の内は一切官費。計画設備は▲にて。何れ中央医院を作る。検梅、治療は同時に受持つ。

三、予防施設

サックは切符制度。

これは、上海派遣軍（参謀部第三課出張所）が、上海での軍慰安所の性病検査と治療の管轄担当を決めたものである。⚑⊙は上海派遣軍司令部（第三課出張所）、▲は兵站地区司令部、△は兵站地区隊を示し、⊞2は野戦病院第二班である。各地区毎に性病検査兼治療所を軍の費用でつくり、「慰安婦」の治療費も当分軍が出すこと、そして将来は性病治療専門の「中央医院」をつくることを決めている。軍はここまで踏み込んでいたのである。

性病問題の深刻化

次に、性病問題の深刻化を示すところをみてみよう。「渡辺日記」には次のような記述が現れる。

〔二月二五日〕

○花柳病調査第一回発電。

2／Ⅱ医事第八六号に係る上海派遣軍下花柳病患者数、目下判明せるもの左の如く報告す。

一、Sy.	入院二八	在隊二六	計	五四
二、W.S. Bub.	四九	三七	計	八六
三、Try.	一一五	一〇九		二二四

入院	一九二	三六四
在隊	一七二	

"Sy."は梅毒（Syphilis）、"W.S."は軟性下疳（Weicher Schanker）、"Bub."は横痃《よこね》（Bubo）、"Try."は麻病（Tripper）である。これが、上海派遣軍が把握した指揮下部隊将兵の性病感染者数で、総数三六四名であった。これは各部隊から報告を提出させたものをまとめた最初のものだが、在隊患者で性病罹患を隠している者は少なくなかったから、実態はこれよりずっと多かったと思われる。将兵の戦地・占領地での性病罹患問題は、このように深刻な問題としてたち現れはじめていた。

以上が「渡辺進軍医大尉日記」の「慰安婦」関係記述である。ここから日中全面戦争初期の南京・上海における軍慰安所の開設・管理を、上海派遣軍軍医部が、参謀部とともに中心となって推進していく実態が浮かび上がる。

四　揚州の軍慰安所と追撃第四大隊

軍慰安所利用のシステム化とトラブルの恒常化

追撃第四大隊（大隊長・三枝延寿少佐）は、上海派遣軍直轄部隊であったが、一九三七年九月六日、呉淞に上陸し、善通寺第一一師団に配属されて（第一中隊は名古屋第三師団に配属）、上海戦に参戦した。その後、一二月八日、鎮江附近で第一中隊が大隊に復帰し、第一一師団天谷支隊とともに揚州城を攻撃し、一四日にここを占領した。追撃第四大隊の兵士、AとBの従軍日記から揚州に設置された軍慰安所の実態を解明したい（なお、念のため記しておくと、上海派遣軍は一九三八年二月一四日に戦闘序列を解かれ、三月一四日までに復員するので、それ以後は、追撃第四大隊は、中支那派遣軍第一一軍指揮下の部隊ということになる）。

第二中隊の兵士、Aは、大隊宿舎に指定された揚州中学校に一二月二一日に入った。翌二二日には、大隊長から軍紀風紀の厳正化について訓示があった。この間、連日、徴発に出ている。

軍慰安所の記述が現れるのは一九三八年になってからで、一月六日には、「支那ピーヤ近日開店するさうである」と書きとめている。[24] そして、一月九日には軍慰安所が開設され、中隊長がそれに関する注意をしている。その模様はつぎの通りである。

〔一月九日〕

……ピー屋開設につき中隊は下士官、兵一三枚の札が分配され、小隊に二、三枚、小隊はこれを籤引し、分隊もこれを籤引して、三分隊はCが当選す、時間は三〇分一時間で三〇分接娼して三〇分ピーを休める、代価将校二円五〇銭、下士官一円五〇銭、兵一円。ピー買ひに行く要領左の如し。

自分のピー札を週番下士官より受取り、同時に金を支払ふ、一〇時が一番、其の後一時間おきに接娼許可証を持つて出る。[25]

大隊から各中隊に、軍慰安所入場の札が分配され、それを中隊・小隊・分隊でそれぞれ抽籤し、当選者が週番下士官に代金を払い、許可証を受け取り、午前一〇時から一時間に一名ずつ出かける、というもので、極めてシステム化されていることがわかる。軍慰安所での時間は一人当たり三〇分で、三〇分が休みとされているので、「慰安婦」が相手にしなければならない兵士は一日あたり七、八人といったところであろう。彼は、この抽籤にはずれたためか、一六日の外出では風呂屋に行き、帰りに「姑娘さがし」をしている[26]。二二日には、「ピー札」があたり、早速出かけ、帰ると「皆とピー屋の面白い話」をしている[27]。

しかし、軍慰安所ができても兵士による強姦事件はなくならなかった。二七日には、第三中隊の上等兵と一等兵が水汲みの使役に出て強姦をしているところを憲兵に発見され、営倉に入れられている[28]。これは、軍慰安所の抽籤にはずれた兵士が起こしたものではないだろうか。軍による軍慰安所における買春・性暴力の公認は、強姦事件をなくすことにならず、それを誘発しているのである。

彼は、二月六日から連日、軍慰安所の巡察に出ている。この間、連続して不祥事が起こる。八日、大隊本部の兵士二名、大隊段列の兵士一名が偽名で軍慰安所に来ていた。彼は本部の二名を隠してやったが、段列の一名が憲兵に発見され、憲兵隊に連れて行かれた[29]。九日には、兵用の慰安所に将校が来ていたので、「喧嘩」をした[30]。一一日には、飲食店で名古屋歩兵第六連隊の兵士三名が暴れているとの通報があり、出動する。一二日には、夜九時頃、将校が「慰安婦」を連れ出していたので、これを止めた[31]。また、この日、第六連隊の連隊長のために「慰安婦」を貸してくれと酒保から言ってきたが、これを断ったため、六連隊の将校が「因縁を付け、侮辱の言葉をさんざん吐いて」帰っていった[32]。このように、軍慰安所を巡って、将校であるか、兵士であるかに関わりなく、浅ましいトラブルを起こしているのである。

その後、二月一四日に上海派遣軍の戦闘序列が解かれる。追撃第四大隊第二中隊は、二月二八日、揚州から仙女廟に移るが、ここにも軍慰安所があり、「ピー多々有」であった[33]。彼は、四月二日と八日が中隊の慰安日であったので、軍慰安所に行き、八日には「姑娘に悪戯をして泣かし」ている。[34]

兵士の軍慰安所通いの実態

つぎに、兵士の軍慰安所通いの実態をよく示すものとして、第三中隊のBの日記を検討しよう。この中隊でも、同じ一月九日に軍慰安所の札の抽籤があった。[35] Bは軍慰安所のことを「遊廓」と記しているが、つぎの記述は興味深い。

〔一月二〇日〕

……一一時より遊廓衛生司令上山伍長の所に飯を持つて行く。昼食後、衛兵所に蒲団を持つて行き、帰りに遊廓に寄る。三〇人程女が居り三階まで居る。穢い。それより帰つて休む。[36]

揚州の軍慰安所は三階まであり、「慰安婦」が約三〇名いたこと、軍側には「遊廓衛生司令」という下士官がいたことがわかる。なお、この軍慰安所の開設委員となった第三師団衛生隊の杉野茂の回想によれば、軍慰安所は緑揚旅舎という四階建ての木造家屋を利用したが、建物は中央が八角形の吹き抜けになっており、「慰安婦」は地元の女性を四七名集めた、とあり、[37] この日記と近似している。

彼は、二月二〇日には「慰安場に行き、三三号に遊」んでいる。[38] これは緑揚旅舎（緑揚社）の「慰安婦」第三三号のところに行ったということであろう。別に、彼は、三月一三日・二一日・二七日に大華楼（大華旅館）に出かけているが、[39] こちらには南京出身で一八歳だと称するDという女性がおり、彼女をお目当てにして通っているのである。大華楼は、軍専用の慰安所ではなく、民間の売春宿で、軍指定の慰安所になったものと思われる。

戦友の外出証を借りての二七日の大華楼行きは、衛生曹長に注意されてひき返すが、諦めきれず、また別の外出証を借りて、下士官用の慰安所に出かける。その日の以後の行動はつぎのとおりであった。

〔三月二七日〕

……Eの外出証で下士用に出掛ける。慰安所は非常の人だ。午後二時漸く下士官の女を一人買ふ。一円五〇銭、チップ五〇銭、幼い若い妓だつた。それより又大華楼に至る。……Dは居ない。私は何とも云はれぬ淋しさを覚へた。待たしてあつた車ですぐに帰る。(40)

ここでは、「慰安婦」は下士官用と兵用（そしておそらく将校用もいる）に分けられていたことと、下士官用の女性は幼い少女であったことが注目される。

三一日には、中隊配分の「妣券」を持って、日本人「慰安婦」のところに行ったが、大勢集まっていたので、「支那妣」のところに行き、Dを買おうとしている。(41) しかし、釣りがないというので、お金をくずすために酒保に行って来たが、結局、振られてしまい、別の女性を買う。「小さい子供だつた」と記されている。(42) この頃には、日本人「慰安婦」が到着していることがわかる。

四月二日には、「日本妣」を買い、三日には菊水楼という慰安所に行った（この日は満員で中止している）。(43) 一〇日・一五日にも軍慰安所に行っている。そして、一七日には、つぎのように、朝から三軒の慰安所を巡っている。

〔三月一七日〕

……一〇時に准尉の注意が終り、先の病院に黒石を見舞ふ。……それより南京劇場の所の家に行き、一円二〇銭で妣を買ふ。更に水谷食堂に行き、ビールなどを飲み、緑揚社に至る。満員だつたので、更に大華旅館に至る。Dも居たが、他の兵隊と仲良くして居たので帰る。Fと途中で或る家に引張られたが、高いので又緑揚社に至り先日遊んだ室で遊ぶ。矢張り僕には此処が一番良い。実施後はきれいに洗つてコーヒーなどを飲んで帰る。菓子、仁丹などをやると有難うと云つて居た。(44)

南京劇場側の慰安所（菊水楼か）、緑揚社、大華楼の三軒だが、そのうち二軒に入っている。彼は、二一日と二四日にも、それぞれ二回慰安所に行き、二八日には大華楼のDの所に行っている。なんとも旺盛な性欲だが、このように頻繁な慰安所通いができるのは、彼が古兵だったからであろう（九月九日に伍長任官）。

彼は、五月五日の日記には、軍慰安所が改革され、朝鮮人「慰安婦」のいる軍慰安所もできたと記しており、五日と九日には、大陸旅社という軍慰安所に通っている(45)。この大陸旅社は緑揚社が名称変更したものか、新しい軍慰安所なのかはわからない。まもなく、部隊は移動のため揚州を去ることになる。

以上のように、揚州には、いち早く緑揚旅舎（緑揚社）という日本軍直轄の慰安所ができ、そこには若い中国人女性が多数いた。大華楼にいるのも中国人女性である。その後、日本人女性のいる軍慰安所（南京劇場側の軍慰安所か）ができ、ついで、朝鮮人女性のいる軍慰安所ができた。各部隊には軍から「慰安券」（「ピー券」）が配分され、大隊→中隊→小隊→分隊と下ろされていって、抽籤で軍慰安所通いをすることになるのであった。

おわりに

一九三七年末から一九三八年はじめにかけての南京・上海・揚州における軍慰安所開設の情況について見てきたが、最後に、その特徴のいくつかをのべて、稿を閉じたい。

第一に、軍慰安所の設置と運営が、軍によりシステム化されていったことがよくわかる。上海派遣軍や各師団の参謀部が中心となって創設を進め、軍医部が性病検査を推進し、各軍慰安所には、軍からの「慰安券」の配分と隊内抽籤で、ベルトコンベア式に兵士たちが軍慰安所に送り出され、通わせられるようになる。こうして、将兵の性欲は「解放」され、肥大化していく。

第二に、軍慰安所設置にあたり、軍に協力する中国人や在留邦人の存在が確認される。上海派遣軍が南京に軍慰安所をつくる際、上海の青幇の指導者、黄金栄に助力を求めているようだし、南京では自治委員会の王承典らが協力している。蘇智良教授や経盛鴻教授の研究によれば、金陵大劇場・民生公司大劇場・下関大舞台などを経営したことがある喬鴻年は、南京救済委員会の王承典・孫叔栄から南京特務機関の要請を伝えられ、金陵女子文理学院から一〇〇名の女性を選び出し、傅厚崗（将校専用）と鉄管巷（兵用）に軍慰安所をつくったという。(46) また、日本人が経営する現地の会社、東和洋行が協力しているようだ。このような協力者の解明も今後の重要な課題である。

第三に、軍慰安所設置の主な目的のひとつは、日本軍人による強姦を防止することと、抑圧された兵士の不満が軍に向かうことを抑止することにあったが、後者はともかく、前者は十全には機能しなかったことがわかる。ジョン・ラーベは、ジーメンス中国本社上海取締役会宛の書簡で、日本軍部隊は南京で数週間にわたり掠奪を繰り返し、およそ二万人の婦女子を強姦し、何千人もの罪なき市民を無残に殺害し、外国人の家屋にもお構いなく侵入した、と報告している。(47) ここで挙げられている数字が正確であるかどうかはひとまずおくとしても、このような見境のない掠奪・強姦が数多くあったことは否定できないであろう。そして、このような不法行為が軍慰安所の開設によりある程度おさまったことは事実であろう。(48)

しかし、軍慰安所開設後も強姦等はなくならなかった。松井石根中支那方面軍司令官は一九三八年二月七日になっても「軍の諸不始末」、つまり掠奪・強姦・放火などの防止について注意する訓示を各部隊長に対してしなければならないほどであった。(49) また、すでに見たように、追撃第四大隊でも、軍慰安所開設後に、強姦事件が起きている。

第四に、強姦がなくならない原因をみると、軍慰安所制度をつくるなど、将兵の性欲・欲望を肥大化させたために、軍紀風紀が乱れていったという問題が考えられる。歩兵第六五連隊第七中隊のある上等兵は、一九三八年一月一七日に軍慰安所ができると聞いて、「皇軍の慰問に日本から遊女が来るさうな、それの準備も皆兵隊だからあきれてしまふ」と記しているが、(50) まさに、あきれるようなことを中支那方面軍や上海派遣軍は、はじめてしまったのである。

こうして、すでにみたような、氏名を偽っての軍慰安所通い、泥酔、将校の「慰安婦」連れ出しをめぐるトラブルなど多くの問題が起こってくる。Bの日記によれば、軍慰安所開設後の二月五日には、中隊に事故が多いため、酒・賭博が禁止され、徴発品が回収されている(51)。三月五日には、曹長から枕絵(春画)はないかと質問され、憤慨している(52)。二一日には、外出にあたって准尉から、「淫売」を買うな、大酒を飲むな、服装を正しく、徴発物品を売買するな、という注意を受けている(53)。このような禁止と注意を繰り返さなければならないほど乱れた情況のなかで、彼は欲望を煽られ、軍慰安所通いを続け、班内では「妣の話などをして夜を更かす」ようになり(54)、そのような自分を「愚かな〳〵私」と自嘲するようになる(55)。

このように、日本軍は、軍慰安所をつくり、兵士の性欲を肥大化させることによって、兵士たちを惨めな情況に追い込んでいったのである。このような日本軍の「慰安」政策は、兵士たちを侮辱するものであり、その意味では、兵士たちも日本軍の政策の犠牲者だったといえるかもしれない。こうして、宿営地では軍慰安所に行けなかった兵士による強姦が起こり、外に徴発や討伐に出ればそこで強姦が起こることになる。

第五に、軍慰安所の設置と将兵の性欲の肥大化にともなって、軍慰安所を介して将兵の間に性病が蔓延することになる。渡辺軍医大尉の日記は、上海派遣軍軍医部が真剣にこの問題に取り組まざるをえなくなる情況をよく示している。これをBの日記により補足すれば、彼は三月三〇日の健康診断で第三中隊には「花柳病も相当ある」ことに気づく(56)。また、四月二七日には、同じ中隊の少尉が性病に罹っていて、しかもなじみのDを買っていることを知り、彼の病気がうつりそうで気持ちが悪いと心配している(57)。このように、中支那派遣軍の各部隊では、軍慰安所を介しての性病の蔓延問題が深刻化していくことになるのである。

【註】

(1) 本稿は、拙稿「南京・上海の慰安所と上海派遣軍軍医部」『戦争責任研究』二七号、二〇〇〇年三月に加筆したものである。

(2) 以下「渡辺進軍医大尉日記」と呼ぶ。なお、古書店にあったのは、第二巻のみだった。
(3) 南京戦史編集委員会『南京戦史資料集』偕行社、一九八九年、二一一頁。
(4) 同前、四一一頁。
(5) 同前、二二〇頁。
(6) 同前、二二〇頁。
(7) 同前、二二六頁。
(8) 同前、二八〇頁。
(9) 同前、二五五頁。
(10) 上海派遣軍司令部編纂『日支事変　上海派遣軍司令部記念写真帖』同司令部、一九三八年二月。
(11) 井口和起ほか編『南京事件　京都師団関係資料集』青木書店、一九八九年、三二頁。
(12) 経盛鴻「南京的慰安婦与慰安所」『抗日戦争研究』一九九九年第二期、一九五頁（邦訳、『戦争責任研究』二八号、二〇〇〇年六月、五九〜六〇頁）。
(13) ミニー・ヴォートリン『南京事件の日々』岡田良之助・伊原陽子訳、大月書店、一九九九年、七七頁。
(14) 同前、七七頁。
(15) ジョン・ラーベ『南京の真実』平野卿子訳、講談社、一九九七年、一四四頁。
(16) 同前、一四七〜一四八頁。
(17) 石田勇治編『資料　ドイツ外交官の見た南京事件』大月書店、二〇〇一年、一一六頁。
(18) 佐々木元勝『野戦郵便旗』現代史資料センター出版会、一九七三年、二四七頁。
(19) 「大内利己陣中日記」一九三八年一月一〇日、小野賢二ほか編『南京大虐殺を記録した皇軍兵士たち』大月書店、一九九六年、二七四頁。なお、「大内利己」は仮名である。
(20) 経盛鴻「南京的慰安婦与慰安所」『抗日戦争研究』一九九九年第二期、一九六〜一九七頁（邦訳、『戦争責任研究』二八号、二〇〇〇年六月、六〇頁）。
(21) 吉見義明編『従軍慰安婦資料集』大月書店、一九九二年、九〇頁、九二頁。上海の慰安所については、藤永壯「上海の日本軍慰安所と朝鮮人」(大阪産業大学産業研究所『産研叢書1　国際都市上海』同研究所、一九九五年)参照。また、上海・南京の慰安所に関しては、陳麗菲・蘇智良「中国の慰安所に関する調査報告――上海・南京・雲南を中心に」(西野瑠美子・林博史編『「慰安婦」戦時性暴力の実態』Ⅱ〔『二〇〇〇年女性国際戦犯法廷の記録』四巻〕、緑風出版、二〇〇〇年)、および『戦争責任研究』二七号(二〇〇〇年三月)の上海・南京の慰安所特集や、『週刊金曜日』二〇〇〇年三月一〇日号(林博史「中国上海・南京の日本軍慰安所」、西野瑠美子「上海の地に息づく日本軍慰安所の記録」、川田文子「南京占領直後に始まった慰安所設置」)を参照。

(22) 麻生徹男『上海より上海へ』石風社、一九九三年、四二頁。

(23) 田中常雄編『追憶の視線』下巻、オールプライニング、一九八九年、一〇一頁。

(24) 「A野戦日誌」『追撃第四大隊史』一〇九頁。以下、日記に出てくる兵士・「慰安婦」の名前は記号表記とする。

(25) 同前、一〇九頁。

(26) 同前、一一〇頁。

(27) 同前、一一一頁。

(28) 同前、一一一頁。

(29) 同前、一一三頁。

(30) 同前、一一三頁。

(31) 同前、一一三頁。

(32) 同前、一一三頁。

(33) 同前、一一四頁。

(34) 同前、一一七頁。

(35) 「B野戦日誌」、同前、一四五頁。

(36) 同前、一四七頁。

(37) 杉野茂「揚州の花(天国編)」、第三師団衛生隊回顧録編集委員会編『第三師団衛生隊回顧録』同刊行会、一九七八年、一〇二頁。

(38) 「B野戦日誌」、同前、一五二頁。
(39) 同前、一五六〜一五九頁。
(40) 同前、一五九〜一六〇頁。
(41) 同前、一六〇頁。
(42) 同前、一六〇頁。
(43) 同前、一六一頁。
(44) 同前、一六五頁。
(45) 同前、二四二〜二四三頁。
(46) 蘇智良『慰安婦研究』上海書店出版社、一九九九年、一一五頁。経盛鴻「南京的慰安婦与慰安所」『抗日戦争研究』一九九九年第二期、一九五頁(邦訳、『戦争責任研究』二八号、二〇〇〇年六月、五九〜六〇頁)。なお、南京で慰安所が一二月二二日に開業したというのは早すぎるのではなかろうか。
(47) 石田勇治編『資料　ドイツ外交官の見た南京事件』九六頁。
(48) ローゼンは、慰安所開設で、強姦を繰り返した日本兵の情欲が幾分和らいだと、一月二〇日、ドイツ外務省に報告している(石田勇治編『資料　ドイツ外交官の見た南京事件』一一六頁)。
(49) 「松井石根大将戦陣日記」一九三八年二月七日、南京戦史編集委員会編『南京戦史資料集』Ⅱ、偕行社、一九九三年、一六九頁。なお、追撃第四大隊の兵士は、二月八日に、この松井軍司令官の訓示は「特に掠奪、強姦、放火等及び徴発品売買に対」する注意であったという大隊長の訓示を聞いている(『追撃第四大隊史』一五〇頁)。
(50) 「柳沼和也陣中日記」一九三八年一月一七日、小野賢二ほか編『南京大虐殺を記録した皇軍兵士たち』一七二頁。なお、柳沼和也も仮名である。
(51) 『追撃第四大隊史』一四九頁。
(52) 同前、一五四頁。
(53) 同前、一五八頁。
(54) 四月一八日、同前、一六五頁。

(55) 四月二一日、同前、一六六頁。
(56) 同前、一六〇頁。
(57) 同前、一六八頁。

第七章　南京レイプと南京の慰安所

川田文子

はじめに

私がいわゆる「慰安婦」問題にとりくむようになったのは、一九七七年一二月、沖縄に残された「慰安婦」被害の最初の証言者、ペ・ポンギさんを訪ねたことが決定的なきっかけになった。本多勝一著『中国の日本軍』（創樹社　一九七二年）を手にしたのは、ポンギさんに出会う以前であったか、以後だったか、記憶が定かでないが、写真が多数掲載されているこの書物の中の数葉に私は釘付けになった。それらの写真にはこんな説明が付されていた。「集団で輪姦された上、皆殺しにされた現場の写真」「自分が強姦した女性を、記念に写真に撮った例」「やはり強姦記念に、自分自身も並んで記念撮影」「強姦の後、腹を裂いて内臓をえぐり出した例」。これらの写真は後に侵華日軍南京大屠殺遇難同胞紀念館（以下、南京虐殺紀念館と略）の展示や他の書物でも目にすることになった。なかでも衝撃を受けたのは、少女のズボンを自らの手で膝までひきおろし、視線をカメラに向けている兵士の強姦記念の写真だった。強姦行為もさることながら、対象とした少女の全人間性をいたぶる行為に私は戦慄した。しかし、よく見ると、強姦記念という目的以上に、侵略軍兵士の精神の荒廃を映し出している。私にはそう見えた。

日本軍の慰安所設置が急速に拡大したのは一九三七年一二月の南京占領以後である。南京攻略戦から占領にかけて日本兵による強姦・輪姦事件が頻発した。日本軍は、これらの非違行為が中国民衆の反日感情を強く醸成し、占領地行政に支障をきたすと判断した。慰安所の設置は、性病対策や戦意高揚などの目的とともに、反日感情抑止のための強姦防止策として進められたのである。日本軍の慰安所政策を捉えるうえで南京レイプはきわめて重要な史実である。私は入手できる資料に目を通し、その概要を頭に入れたが、機会があれば、関係者の証言に直接触れたいと思っていた。日本の戦争責任資料センターの調査に参加し、また、都留文科大学教授の笠原十九司さんの調査に同行する機会を得た。この稿はその報告である。

一　南京レイプ

ミニー・ヴォートリンが日記にとどめた「悲しい話」

「長い歴史をもつ南京で何が春まで残るのだろうか」

一九三八年二月、空襲、略奪、放火で無惨な街に変わり果てた南京を慨嘆して、日記にこう記したのはミニー・ヴォートリンである。南京の人びとに「華小姐（華姉さん）」と慕われたヴォートリンは、「わたしの中国での伝道は不成功に終わった」と走り書きして、一九四一年五月一四日、自ら生命を絶った。

日本軍の南京占領時、金陵女子文理学院の実質的な代表者として、構内を女性と子どものための難民施設として開放し、最も多い時には一万人をも受け入れたヴォートリンの働きは決して小さくはない。ヴォートリンの自死は、難民施設の責任者として日本軍の残虐行為を日々目の当たりにした、そのことと無関係ではなかったろう。

ヴォートリンは、金陵女子文理学院の設立母体であるアメリカのキリスト教関係者への報告書を作成するためメモがわりにほぼ毎日日記をつけていた。そこには、期せずして日本軍が中国女性に加えた性暴力が夥しい頻度で記録されることになった。

疲れ果て怯えた目をした女性が続々と校門から入ってきた。彼女たちの話では、昨夜は恐ろしい一夜だったようで、日本兵が何度となく家に押し入ってきたそうだ。（下は一二歳の少女から上は六〇歳の女性までもが強姦された。夫たちは寝室から追い出され、銃剣で刺されそうになった妊婦もいる。日本の良識ある人びとに、ここ何日も続いた恐怖の事実を知ってもらえたらよいのだが。）それぞれの個人の悲しい話——とりわけ、顔を黒く塗り、髪を切り落とした少女たちの話——を書き留める時間のある人がいてくれたらよいのだが。(1)

日本軍が南京の城門を破り城内に攻め込んだのが一九三七年一二月一三日、残兵狩りを名目に大量殺戮が行われている渦中の一二月一七日の記録だ。

難民施設となった金陵女子文理学院に二歳の子と生まれたばかりの子を連れて避難した女性、李錦如さん（八四歳）は語った。

「大学の中はアメリカの華姉さんがいたから強姦の心配はなかったよ」

錦如さんばかりでなく避難民となった女性たちにとってヴォートリンは心強い存在だったろう。

日記を読むと、ヴォートリンは、食糧確保をはじめとする難民受け入れの諸雑務に追われるなかで、不埒な目的で侵入してくる日本兵を追い払うため、始終、広い構内を駆けずりまわらなければならなかったことがわかる。知らせを受けて駆けつけると、「兵士が不運な少女をすでに強姦している最中」であることもあった。

金陵女子文理学院に避難した約一万人のうちのひとりである錦如さんにとっては「強姦の心配」はなかったように思えたが、その責任者であったヴォートリンのもとには日々、日本兵侵入の知らせが入っていたのである。

当時、南京に残った外国人の手によって国際安全区が設定された。その区域内に避難した住民の安全は守るという取り決めに日本軍も応じた。金陵女子文理学院は国際安全区の中にあり、門前には日本大使館の布告を掲げていた。他の地域に比べればよほど安全であったアメリカのキリスト教系大学を難民施設にした、その中でさえ日本兵は強姦を繰り返したのである。

「男を見れば殺し、女を見れば強姦」

私が証言を聞いた何人もの女性が、当時の恐怖をことばで言い表わしきれず、こう語った。

ヴォートリンが日本人に知ってほしいと痛恨を込めて記した「恐怖の事実」と少女たちの「悲しい話」を掘り起こすには、あまりにも時間がたちすぎている。そんな危惧を覚えつつ、私は南京に向かった。宿舎は南京師範大学の留学生や来賓用の宿泊施設であった。南京師範大学は、かつての金陵女子文理学院の施設を受け継いでおり、当時の建物が現在も使用されている。六〇数年前、一万人余の女性と子どもの難民を厳寒の季節に擁した構内を、私はたびたび散策した。ヴォートリンがこよなく愛したというキャンパスは、色とりどりの花々が咲き競い、新緑が目にしみた。

楊明貞さんの証言

明貞さんは大柄な方である。東京で行われた集会で私は一度、明貞さんの証言を聞いたことがある。南京への旅の目的のひとつは、再度、明貞さんの証言を聞くことであった。南京虐殺紀念館の協力でそれが実現した。

明貞さんは、両親が再婚同士で年をとってから生まれた子だったので、とても可愛がられて育った。南京が日本軍の空襲を受けるようになったのは一九三七年八月一五日からだ。東文思巷にあった明貞さんの家も空襲で焼かれ、夫子廟に近い建康路に小屋を立てて暮らしていた。日本軍が最初に侵入した城門のひとつ中華門の近くだった。経済的に余裕のある人は周辺の村や町に疎開した。父は五五歳、母は五三歳、両親は、年寄りと子どもに危害が及ぶはずはないといって、南京に止まった。

ある朝、ご飯を食べようとしていた時、突然、日本兵が小屋に入ってきた。明貞さんは、確かな日にちは覚えていないけれど、日本軍が城内に入ってきた最初の日だったと思う、と語った。その日、日本兵は何度も小屋にやってきた。母は怯えながらも、「どうぞお座りください」と、あいさつしたが、殺気立っていた日本兵に押し倒された。そのときは日本兵はすぐ外に出て行った。その後、また、日本兵が来た。地面に文字を書いてたばことマッチを要求したので、父がそれを渡すと、日本兵は立ち去った。

明貞さんの家と同じように路上に何軒も掘立小屋が並んでいた。突然、隣に住んでいた五、六〇歳の男性が銃弾を受け、命を絶たれた。なぜその男性が殺害されたのか、理由はまったくわからなかった。その場にいたおばあさんも腹部を撃たれた。父も腕を撃たれ、血まみれになった。

午後やって来た日本兵は、布団と壁にかけておいた塩漬けの肉と魚を盗んで行った。

翌日の午後、小屋の中は寒いので、明貞さんが路上のひなたに出ていた時のことである。日本兵が通りがかり、髭面のひとりが突然、側に来て明貞さんのズボンをひきおろした。そして、膣に指を差し込んだ。

「この子はまだ子どもです。やめてください」

母が悲鳴をあげた。日本兵から明貞さんを取り返そうとした父は、顔を殴られ、銃剣で首を三ヵ所突かれた。父が受けた傷は深く、起き上がれない状態になった。

数日後、二人の日本兵がまた小屋に入ってきた。日本兵は瀕死の状態で寝ている父の口を刀でこじ開けたり、目を押し開いたりして、死んでいるかどうか確かめようとした。そして、ひとりが、日本兵に狙われないよう煤で顔を黒くした母を「汚い」とでもいうように罵りつつ犯し、母の下腹を銃で痛めつけた。もうひとりが明貞さんにも手をかけたので、大きな声をあげると顔を銃剣で傷つけられた。日本兵は、身体は大きかったが、わずか数え八歳の明貞さんをも犯したのである。日本兵が去って、しばらくして、ふと気づくと、頭と下腹から多量に出血していた。

それから何日かして、父は息をひきとった。その後、母も亡くなった。

国際安全区に避難していた父の弟の童養媳《トンヤンシー》（口べらしのため他家の小間使いとなり、将来、その家の息子と婚姻する少女）が、若い男性は日本軍に連行されて殺されているという話を耳にして、安全区を出て夫を探しに来た。両親を失った明貞さんは、将来は叔母になる一六歳のその少女を頼りにし、二人で一緒に暮らそうと話していた。その矢先、その少女は日本兵に輪姦され、明貞さんの目の前で殺された。

明貞さんは強姦された時受けた傷の治療もできず、痛くて歩けなかったので数年間は這っていた。排尿も自分の意思通りにはできなかった。冬の寒空の下、空腹を抱え物乞いをして、一人で生きなければならなかった。靴がなくて足を赤く腫らし、夜は小屋の藁のなかにもぐって寝た。幼い物乞いを人びとは憐れみ、衣類などをくれる人もいた。

一九三八年三月二八日、傀儡政府である中華民国維新政府が成立した。日本軍の占領下、焼け跡の南京がそれなりの秩序を取り戻していくなかで、明貞さんは、人びとの恩恵にすがって生き延びた。そして、次第に朝は揚げ餅や焼いた餅を売り、夕方はお茶を売るようになった。

一五も年上の人の童養媳になったのは、数え一二歳の時である。明貞さんに同情して、ある人が、貧しくて結婚できずにいた竹細工師を引き合わせたのだ。

明貞さんは、一人前の仕事ができないのに食べるばかりだと、夫にも、夫の姉にも邪魔物扱いされた。夫の姉の子は明貞さんより年上で、その子たちからもいじめられた。明貞さんは、両親がなく、何の後ろ盾もないからそんな扱いを受けるのだと感じていた。

「父親のことを思うと泣いて泣いて、六〇年余の時間を泣きました」

明貞さんは、大きな身体を丸め、幼子のように泣きじゃくりながら嗄れ声で証言をした。父親は明貞さんを日本兵から守ろうとして殺された。六十数年間、自分のために父親は殺されたのだと反芻し続けてきたのだろう。

明貞さんは瀕死の父のそばで、わずか八歳で母とともに日本兵に強姦された。自分が受けた被害以上に、自分を守るために両親が殺されたことを悲嘆していた姿が脳裏に深く残っている。

張秀英さんの証言

約束の時間に訪ねると、張秀英さんは細い路地の玄関先で小さな椅子に腰掛けて待っていてくれた。いつも、そんな風に自宅の玄関先に座って、日がな一日過ごすのだそうだ。

秀英さんが、煉瓦作りで生計をたてていた夫とともに三歳の息子を連れて、南京から安徽省の烏衣街《ウイジェ》に疎開したのは、二三歳のときである。藁葺き屋根の家を借り、夫は、家主の堂おばあさんの家の短工（短期の雇用人）となった。堂おばあさんの家は、その辺一帯の大地主だった。秀英さんは、疎開してまもなく、女の子を出産した。日本軍が烏衣街に姿を現したのは、赤ん坊が生後一ヵ月の時だ。日本兵は、花姑娘《ホワクーニャン》（きれいな娘、妓女の意味もある）を探し回った。が、その日は村の人が豚や鶏を差し出すと、立ち去った。

三日後のことである。雪が降っていた。夫は、堂おばあさんに三番目の息子の嫁を実家に送り届けるよういいつけられ、留守だった。午前中、日本兵がやってきて、秀英さんを引っ立てようとした。秀英さんは抵抗した。側にいた堂おばあさんは、生命がたいせつだからとにかく日本兵のいう通りにするように、といった。子どもは私がみているから、と。秀英さんは外に連れ出され、雪の中で強姦された。

午後になって、再び、秀英さんは日本兵に連れ出された。四、五〇人の若い女性が広場に集められていた。銃剣を持った大勢の日本兵が周囲を取り巻いていた。女性たちは全員綿入れを脱がされ、下着姿で広場を走りまわされた。羞恥心より恐怖が先立った。真冬だというのに寒さを感じるどころか、冷や汗が出ていた。走らなければ撃たれると思い、走った。周囲の日本兵は手を叩いて笑っていた。

日本兵から解放され、家の近くまで来ると、火の手が上がっているのが見えた。不安に駆られ走って帰ると、近隣の家も自分たちが借りた藁葺きの家も燃えていた。中に子どもがいる。助け出さなければ子どもが死ぬ。だが、劫火は人間を寄せ付けなかった。子どもの名を絶叫するばかりで、なす術はなかった。生後一ヵ月の子は家とともに焼かれた。三歳の息子は家から外に出ていて無事だった。布団も衣類も金もすべて焼けてしまった。

その夜、人びとは村から逃げ出した。誰もが無言で硬く凍てついた道を歩いた。

そして、寺に避難した。広間の隅に男たちが固まり、もう一方の隅に女たちが固まって寝た。村を出る時、堂おばあさんに布団を恵んでくれるよう頼んだが、もらえなかった。仕方なく息子を自分が履いていた綿入れのズボンの中に入れて抱いて寝た。産後、まだ充分回復していない時期に無理をし、身体を冷やしたためであろう、ひどい下痢をして、血便になった。以後長い間、関節炎を患った。

寺にも日本兵が来た。秀英さんはまた連れ出された。日本兵は長い時間歩き回って空き家を探し当てた。だが、秀英さんのズボンの紐を解いて、生理であることが分かると、怒り出し、剣を抜いて刺しかかってきた。無我夢中で剣を手で避けようとした。その傷痕が、いまも曲がった人差し指に残っている。

堂おばあさんの夫である七〇歳を過ぎた地主は、長い白い髭をたくわえていた。ある日、日本兵はその老人をひざまずかせ、顔面めがけて小便を放った。老人が顔にかかった小便を手で拭き払った瞬間、発砲され、その場に倒れた。

その夜、老人の四男と五男が死体を取りに行ったが、そのまま帰っては来なかった。堂おばあさんは夫も息子二人も失ったのだ。

寺も安全な場所ではなく、村の人びとはそこを出た。秀英さんら親子三人は、日本軍の行く手を人づての情報を頼りに避け、施しを受けながら四〇日後に南京に近い哺口に辿り着いた。日本軍が中国で略取した鉄や石炭の積出港のある揚子江沿いの町だ。夫は石炭運搬の仕事に就いた。

秀英さんが息子を連れて夫に昼食を届けた時のことである。検問所で良民証明書を見せると、日本兵が返してくれず、秀英さんの手をとって、にやけて放さない。

「なかなかの別嬪さんだね。俺の女にしてやるぜ」

「いいえ、私の夫はいま、生活のために港で石炭を運んでいます」

きっとした口調で秀英さんがいうと、銃の台尻で殴られた。そして、「死ね、死ね」と喚きながら、秀英さんを揚子江の河っ淵まで引きずって行った。

「おかあさんは殺されてしまう」

秀英さんは息子に叫んだ。泣き叫ぶ秀英さんと息子の姿を見て、日本兵はようやく手を放した。

息子は現在六七歳、娘はもし生きていれば六四歳、日本軍に焼き殺された子の年を秀英さんは来る年も来る年も数えてきたのだろう。

李家崗で起きた虐殺事件と女性に対する性暴力

南京虐殺は、城壁に囲まれた市内だけで起こったのではない。その周辺の多くの町や村でも無辜の住民が虐殺されている。李家崗で起こった事件もそのひとつだ。

李家崗を訪ねたのは、南京周辺の村々で起こった虐殺事件を掘り起こすことが当初の目的だった。李家崗では働き盛りのほとんどの男たちが日本軍に殺された。事件の概要が明らかになったとき、その前後に女性に被害は及ばなかったのだろうか、ふと、気になった。それで、通訳を引き受けてくれた南京師範大学の日本語教授羅翠翠さんとともに、南京から車で小一時間ほどの李家崗に通いはじめたのである。

棲霞寺への参詣客で賑わう棲霞鎮から並木道を車で数分走り、脇道に入ると、青々と広がる田園地帯にぽつんとひとつ小山が見えた。村の出入り口で道端に車を止め、路地に入るとすぐに池があった。周囲を木々に覆われて深い緑を水面に映している。現在の戸数は約一〇〇戸、当時は二七戸の村だった。

陳家宝さん（八一歳）と陳有明さん（六七歳）が語った事件の概要はこうである。

この辺一帯では、日本軍が南京を占領する前から治安はきわめて悪化し、土匪が出没していた。そのため、李家崗では自衛団である大刀会を組織した。村の中心にある広い家を拠点にして大刀や槍を装備し、師匠を招いて訓練を受け、夜、男たちはその家に寝泊まりした。何事か起きた場合には隣の村とも助け合う約束になっていた。

李家崗が日本軍に包囲されたのは、一九三八年の冬、まもなく旧正月を迎えようという日の夜明け前だった。李家崗の人びとは知らなかったが、別の村の李書義という男が土匪の頭領を殺害した。その報復のため、土匪は李書義の村は新四軍（共産軍）と通じているとデマを流し、日本軍に襲わせた。日本軍は、李家崗を李書義のいる村と誤って襲撃したのである。

その夜、大刀会には二十数人が泊まり込んでいた。村が日本軍に包囲された時、徹底抗戦を主張する者もいた。だが、日本軍と戦えば、女性、老人、子どもにも被害が及び、村は壊滅状態に陥るだろう。日本軍に捕らえられても、金品を差し出せば村に帰れるに違いない。金を払いさえすれば土匪の場合は人質を返すことを知っていたので、村の人びとはそう考えたのである。二十数人は抵抗せずに屋外に出た。しかし、日本軍のやり口は土匪とは違っていた。

大刀会が使っていた家の前には井戸があった。男たちの多くは井戸の側で捕らえられ、後ろ手に縛られた。そして、近くの田んぼの側の土手まで連れて行かれた。日本軍は、男たちを田んぼに向かってひざまずかせると、即座に銃剣で刺し殺したのである。土を柔らかくするためわずかに水を入れた、だが、種籾を蒔く時期までにはだいぶ間のある田に蹴落とされ、遺体は、次々に折り重なった。日本軍が村を出、その姿が見えなくなると、肉親を殺された村中の人びとがその現場にやってきた。遺体の下敷きになっていた六人が、奇跡のように生きていた。六人は棲霞鎮の江南セメント工場の病院に運ばれ、外国人医師の手当てを受けて回復した。戸数二七戸の小さな村で、働き盛りの一六人もの男たちが新四軍に通じていると誤認され、日本軍に殺されたのである。

陳家宝さんは、その夜、大刀会にいたが、生き残ったひとりである。大刀会から外に出てみると、真っ暗闇で何も見えなかった。暗闇の中で日本兵に背中を切りつけられた。恐怖のあまり無我夢中で西の方角へ走った。裾の長い綿入れを着ていたので傷は深くなかった。だが、後々まで、自分も日本軍に捕らえられ、殺されるのではないかという恐怖を拭い去ることができなかった。

李学順さん（四七歳）は、江南セメント工場の病院に運ばれて傷の手当てを受けた李書盛の息子である。父書盛は二年前、八五歳で亡くなった。折りある毎に父からその日のことを聞いていた。

父は下ろしたばかりの新しい布靴を履いていた。明け方四時頃だった。井戸の傍で捕らえられ、田んぼのところまで連れて行かれた。すぐ前にいた人が腹を銃剣で突かれた。日本兵が銃剣を腹から引き抜いた時、腸も一緒に出てきた。こんな無惨な姿で死ぬのはいやだ。咄嗟に父は日本兵の隙をつき、一目散に土手道を駆け出したのである。背後で自分を狙う銃声が聞こえた。だが、銃弾はかすりもしなかった。逃げおおせて、ふと気づくと新しい布靴は擦り切れて、見る影もなかった。

陳有明さんの父親は田んぼの傍で殺された。当時、数え四歳だったから父のことは何も覚えていない。かすかに、母に背負われて父の遺体を見に行った記憶があるだけだ。母方の祖父も殺された。祖父は隣の村、江城に住んでいたが、銃声を聞いて、村の人びとともに李家崗に駆けつけようとした。村を襲ったのが土匪ではなく、日本軍であることに気づいて、驚いて引き返そうとしたところを撃たれたのである。

李学盛さんの父親も田んぼの傍で殺された。当時、やはり数え四歳、父の記憶はまるでない。ただ、いつも泣いていた母の姿が強く脳裏に刻まれている。老いた父方の祖母と四人の子どもが残された。将来は長兄の嫁になる童養媳もいた。父が亡くなって間もなく、妹も産まれた。家族八人の生活を母はまだ一三歳の長兄と二人で支えなければならなかった。

李学盛さんは、南京市内に住む五歳年上の姉李学英さんなら、もっと詳しく知っているはずだと教えてくれた。学英さんを訪ねたのはいうまでもない。さらに、学英さんは、長兄の童養媳として李家で暮らしていた李華鳳さん（七五歳）が李家崗で健在であることを教えてくれた。二人の女性から私は村の男たちが語らなかった事実を聞くことになる。

「父が殺された年月ははっきり覚えていますよ。旧暦の一二月二六日に父が日本人に殺されて、旧暦の一月二八日に末の妹が産まれたんです」

学英さんは、開口一番、そう語った。殺された一六人が日本軍に土手から蹴落とされた田んぼは李家の土地だった。学英さんの脳裏にまざまざと残っているのは、田んぼの泥と混じり合って凍っていた血の色だ。

華鳳さんは、あたりが明るみはじめた頃、その田んぼへ行ったという。生き残った人が傷口を手で押さえ這っている姿が見えた。

村中の人がその場に集まっていた。折り重なった遺体の中から、それぞれの家族が父や夫、兄や弟、叔父や甥を探した。変わり果てた肉親を探し当てると、その場にへたり込む者、甲高く号泣する者、息を吹き返してくれとばかり遺体に取りすがる者、明るみはじめた土手下の田んぼは阿鼻叫喚の様相を呈した。働き盛りの大多数の男手を失い、女性と老人と子どもたちが残された村で、遺体をそれぞれの家に容易には運べず、棺を用意しても、墓に運ぶこともできなかった。その日、激しい慟哭が村中のいたる所でいつまでも響き渡っていた。棺は、近隣の村の人に頼んでようやく山の墓地に納めたのである。

葬式には女性は細い白布を髪に巻き、腰にも下げる。村中の女性が白い布をつけた。子どもたちは白い靴を履いた。夫が亡くなると妻は三年間喪に服す。女性の普段着は淡い藍色だが、村中の若い女性が濃い藍の喪服で野良仕事をしていた。それは、悲しい風景だった、と、華鳳さんは語った。

華鳳さんが李家の長男の童養媳になったのは、数え一一歳、舅が日本軍に殺された年だ。その事件の一ヵ月くらい前から、村の人びとは、家では生活できなくなっていた。小山のふもとに池があった。夏は水を湛えているが、冬になると涸れる、その池のほとりの林に避難していたのである。さらに深い小山の木立の中に避難する人もいたが、狼が出るので華鳳さんらは池のほとりにいた。冬に入っていたが、布団は持ち出せず、藁のなかに寝ていた。食べるものもろくになく、枯れた野草を取って食べた。始終下痢をし、腹痛がしたが、地を這いまわりながら我慢するほかなかった。

日本軍が来たと聞くと、村中の人が逃げ出した。華鳳さんの実家は李家のすぐ近所だった。実家の五歳の妹が逃げる時、走れなくなり、座り込んでしまった。母は周囲の人に迷惑をかけることを気遣い、せっぱ詰まって、妹を置いて逃げようといった。他の家の二、三歳の子があまり泣くので、日本軍に隠れ場所が見つかれば大勢の犠牲者を出すからと池に捨てられた、そんな状況だった。祖母が妹を憐れんで引っ張って行き、置き去りにされずにすんだのである。前の年に生まれた李家の末の男の子は、連れては逃げ切れないと、華鳳さんは舅から池に捨ててくるようにいいつけられた。けれど、華鳳さんにはそんな残忍なことはできなかった。結局、舅が捨ててきた。

父が末の弟を捨てたことを学英さんも記憶している。その翌日、母は、他の四人の女性と米や飼料用の草を積んだ屋根裏に隠れた。日本兵はその家に押し入り、かすかな物音に気づいたが、女性たちを見つけられず、終日、見張っていた。夜になって諦めて引き揚げて行ったのである。母がまだ母乳を与えていた末の弟を連れていれば、隠れとおすことはできなかった、と、学英さんは子を捨てた父親の行為を擁護した。

父は、自家の一〇畝《ムー》の他に一三畝の田畑を借りて耕していた。農業だけではなく、冬はウサギやキジなどの猟をし、淡水魚も池で育てて売った。魚の卵が孵る季節、揚子江で稚魚を獲り、売る漁師がいる。父は生命力の強い稚魚を見分けて買い付け、帰ってくると、豆腐のすり餌を与えた。少し大きくなると池に放ち、一キロ、二キロ大になると町に売りに行った。父の生前は、けっして裕福ではなかったが、食べるものに事欠くようなことはなく暮らせたのである。

学英さんによれば、日本兵は最初、花姑娘を探しに李家崗に来たのだという。以後、村ではどこの家も女性が隠れる洞穴を掘った。

ある日、日本兵が馬に乗ってやってきた。母たちはすでに洞穴に隠れていた。なんとしたことか、学英さんは近所のふたつ年上の友達と馬の足が林立する合間に追い込まれていた。遠くへ逃げようとしたが、友達は、あまり遠くへ逃げたらおかあさんが自分たちを探すのがたいへんだから、といったので洞穴の方へ走った。子どもが洞穴に近づいたら、日本兵に見つかってしまう、と、学英さんは後で母親に叱られた。

学英さんは、小山のふもとの道を逃げて行った自分よりずっと年上の女性が、日本兵に捕らえられたのを遠くから見たことがある。また、逃げ遅れた妹が村で日本兵に捕まるのを、小山に先に逃げていた兄が目撃したが、距離が離れていてどうすることもできなかった、そんな事件もあった。

学英さんが強く印象に残っているのは、上海から童養媳として李家崗に来て、まだ日の浅かった一五、六歳の少女のことだ。地元の娘たちが皆髪を長くしているなかで、髪が短かったので、その髪型を揶揄され二刀毛という渾名で呼ばれていた。

少女が童養媳となった家のおばあさんが、日本兵から馬の飼い葉を取ってくるよう命じられた。その家には孫娘もいたが、おばあさんは孫娘は早く逃がし、孫の嫁にその仕事をさせたのである。若い女性はすでに姿を消した村に取り残されて、少女は何人もの日本兵に輪姦された。そのことが村の人に知れたのは、藁束のなかに隠れていた親戚のおばあさんの、目と鼻の先の部屋で少女は輪姦されたからだ。舅はどこにもぶつけようのない怒りの矛先を少女に向けた。少女は舅にさんざん殴られた。隣の人に、悪いのは日本兵であって少女に非があったわけではないと諫められ、舅はようやく殴るのをやめたのである。

少女の夫となる若者も、田の傍で日本軍に殺された。少女は、亡くなった若者の従兄と結婚した。だが、子どもが産まれなかった。そのため、夫は他の女性と関係し、その女性が妊娠すると家に入れ、彼女を追い出した。その後、再婚したが、相手がまもなく死亡、再々婚後、内臓疾患になり、病気を苦に揚子江に身を投げた。日本軍に夫となる人を殺害されたうえ、自らは輪姦され、その衝撃から立ち直る間もなく、新たなる不幸にとりつかれ、自ら命を絶ったのである。

李家崗にもうひとり、日本兵に繰り返し輪姦された女性がいた。手も足も不自由な上、耳が聞こえない女性だった。すでに結婚しており、子どもも二人いた。日本兵が来たと聞けば、他の女性は皆逃げ出したのに、彼女は状況をつかむのが遅れ、足も不自由で逃げ遅れたのだろう。足腰が弱って逃げられず村に止まって息をひそめていた老人たちが、日本兵に犯されて抵抗する彼女のことばにならない叫び声を何度も耳にしていた。そのむごい叫び声は、静まり返ったあたり一帯に響き渡っていた。

李家崗の男性に、女性が受けた被害を尋ねると、果敢に日本兵と闘って、その場から逃げてきたという豪気な一人の女性の逸話を笑い話のようにしてくれただけだった。聞き手が加害国の女性という、考え様によっては二重に話しづらい相手だったからだろうか、それとも、単に当時幼くて、そうした事実に触れることがなかったからだろうか。男たちが語らなかった日本兵の性犯罪は、学英さんや華鳳さんの脳裏には深く刻まれていたのである。

ところで、学英さんの母親が妹を出産した翌日、つまり、一九三八年の旧暦一月二九日、日本軍が通訳を伴ってやってきた。出産直後で母は恐怖におののいたが、通訳は「心配しないで下さい。あなた方は良民です」といって、甘いくだものの缶詰を配った。日本軍は、李家崗が新四軍とは無関係の村だと気づいたのだろう。しかし、缶詰ごときで殺された者の霊は慰められようがない。肉親を失った遺族の悲しみも癒されるはずがない。

幼子を連れて逃げると大勢の村の人の生命が脅かされるからと、夫が末の男の子を捨て、その夫も日本軍に殺されて約一ヵ月後、女の子を出産した三〇歳を少し過ぎた姑は、呆けてしまった。その姿をともに働いた華鳳さんが語った。村では便器を常用していたが、用便を終えてもいつまでも便器に座り込んだまま立ち上がらず、ぼんやりしていた。かと思うと、紙でもなんでも食べた。食事も誰かが止めなければ、いつまでも食べ続けた。まだ正式に婚姻を結んでいなかった華鳳さんの夫は、母親がおかしくなってしまったと泣いた。

働き者だった姑は、呆けてからも必死に働いた。が、一家の生活の責任は一三歳だった夫の肩にもずしりとかかってきた。夫は、牛が引く犂を自分では担げず、人に頼んで田まで運んでもらわなければならないほど、まだ身体が小さかった。

水汲みは、華鳳さんの仕事になった。桶にいっぱい水を汲むと運べなくなるので、半分だけ入れて、午前中も午後も水汲みをした。雪が降る日も外で、生まれた赤ん坊のおむつ洗いをした。牛の飼料になる草を取って売り、家計も助けた。

夫の肩にかかっていた責任を次第に華鳳さんも負うようになり、暗いうちから姑を起こし、一緒に野良に出た。貧しいと世間から笑い者にされると思い、必死に働いたのである。夫と正式に結婚したのは一八、九歳の頃だ。日本軍が土匪の謀略に乗せられて、しかも村を間違えられて一六人の男たちがあっけなく殺された。残された人びとは悲しみを呑み込んで、日本軍の侵略戦争下で生活しなければならなかった。

死者も遺族も何ら償われることなく長い年月が冷酷に過ぎてきた。日本では、李家崗で六〇数年前に起きた一六人の虐殺事件を知る人はきわめて稀だろう。しかし、だからといって、この事実がなかったことにはならない。

李家崗の虐殺は日本軍が南京を占領してから一ヵ月半ほど過ぎた頃の出来事だ。南京市内では、大量虐殺の遺体の埋葬がまだ続いていた時期である。南京周辺には、李家崗のように無残な事件が起きながら記録に留められていない村がいくつもあるに違いない。

二　南京の慰安所

中支那方面軍、慰安所設置を指示

冒頭で記したとおり、南京を占領した直後から慰安所の設置が急速に進められた。南京攻略戦に参加した飯沼守上海派遣軍参謀長の日記に次のような一文がある。

慰安施設の件方面軍より書類来り実施を取計ふ(2)

三七年一二月一一日付の記述だ。上海派遣軍の南京突入を目前にして、中支那方面軍は慰安所の設置を指示した。日中双方の軍隊が死闘を繰り広げている最中、このような指令が派遣軍に届いているのである。南京に向かう途上、各地で日本軍は強姦、輪姦を繰り返していた。早急に対策を講じなければならなかったのだ。

さらに一二月一九日、

迅速に女郎屋を設ける件に就き長中佐に依頼す

とある。まだ、陸軍の慰安所設置が常態化していなかったこの時点の上海派遣軍参謀長の認識では、慰安所は「女郎屋」であった。慰安所開設の準備を命じられた長中佐とは、後に沖縄戦で多くの犠牲者を出し、牛島満中将とともに自決した長勇である。

上村利通上海派遣軍参謀副長の日記では、一二月二八日、次のように記されている。

軍隊の非違愈々多きか如し。〔参謀部〕第二課をして各隊将校会報を召集し参謀長より厳戒する如く手続きをなさしむ

南京慰安所の開設に就て第二課案を審議す(3)

「非違」行為には陸軍刑法で「掠奪の罪」に併記されていた強姦が多く含まれていた。南京占領から二週間後、上海派遣軍参謀長の目に余るほど非違行為が頻発し、厳しく戒めなければならなかったのである。

鼓楼慰安所と安乃家

南京に日本の傀儡政府である中華民国維新政府が成立した一九三八年に行政院宣伝局新聞訓練所が編集し、部隊に配布した小冊子『南京案内』に九ヵ所の慰安所の名称と所在地が掲載されている。(4)南京を占領して一年も経

たないうちに九ヵ所の慰安所が設置されていた。この小冊子に南京のすべての慰安所が掲載されたかどうかは不明だ。首都占領の混乱に乗じて強姦、輪姦が繰り返されたその土地で、占領下、中国の女性だけではなく、植民地朝鮮や日本の女性も日本軍の組織的な性奴隷制に組み込まれたのである。

『南京案内』に記されていた慰安所の所在地を訪ねてみた。

鼓楼慰安所は、鼓楼病院から歩いて一〇分前後の黄泥巷三三号から三五号にあった。案内してくださったのは南京虐殺紀念館の元副館長段月萍さんである。

当時の建物は十数年前に取り壊され、現在は電力省の職員寮になっている。近くに住んでいて、当時を知る銭さんが来て説明してくれた。

三八年三月頃になると、周辺の村々に避難していた人びとが所持金を使い果たすなどで南京に戻りはじめた。日本軍の攻撃を受けて危険になった地域からも多くの人びとが南京に流入してきた。

銭さんもこの年に南京に来て車の運転を習い、三九年に免許を取得、仲間と協力してタクシー会社を設立した。会社で電話連絡を受け、料理屋などから日本の軍人をしばしばこの慰安所へ送って来たという。門前で客を降ろすので、中の様子はわからなかったが、夜も煌々と明かりを灯していた。もとは鼓楼飯店と呼ばれた二階建ての旅館で、玄関に辿り着くまでに五つもの門があった。

鼓楼慰安所は将校用だったろうか。銭さんの車で料理屋などから来た軍人は将校だったに違いない。

利済巷で東雲慰安所だったと思われる煉瓦建ての四棟の住宅にカメラを向けていると、小柄なおばあさんが話しかけてきた。中国語はわからないが、習性で耳を傾けていると、日本語の単語が混じっている。九二歳になる、その楊さんは、当時この近くでたばこや酒を売る店を商っていた。毎日、日本兵が店に来たので日本語を覚えたそうだ。楊さんは田舎に疎開していて、南京での日本軍の残虐行為は直接目にしていなかった。

東雲慰安所としてカメラに収めた風情のある四棟は、周囲に集まってきた近隣の人びととの話では、日本軍の指導官が住んでいた建物で、慰安所ではなかったという。結局、東雲慰安所は確認できなかった。

近隣の人びとは、利済巷一八号に日本窰子《ヤオズ》、二〇号に朝鮮窰子があったといった。通訳の説明によると、「窰子」は妓楼を意味する庶民的な表現で、知的な階層では「妓院」[5]を使う。しかし、この場合の窰子は一般的な妓楼ではなく、慰安所である。

この地域の居住委員会の主任だという女性が利済巷一八号に案内してくれた。彼女は主任を引き受ける時に前任者から聞いて、その慰安所のことを知っていた。建坪三〇坪前後だろうか、灰色の壁の二階建て集合住宅が何棟も並んでいた。このうちの五棟が慰安所として使用された。路地の入り口にアーチがあり、「安乃家」の看板が掛けられていた。

そこは「日本窰子」と聞いて行ったのであるが、張万宣さん（八〇歳）によれば、「慰安婦」は中国の女性だったそうだ。だが、業者は日本人だった。張さんは、日本軍が攻めてきた時、六合に逃げ、四一年に南京に戻ってこの近くで米の販売店を営んでいた。アーチのある入り口に日本人が住んでいた家が二軒あり、そこで軍人に切符を売っていた。中国人が慰安所に近寄ることは厳しく禁じられていた。傍を通った中国人が褌姿の日本人に殴られるのを見たことがある。酒に酔った日本兵が剣を振り回し、中国人が殺されたので保安隊を呼んできたこともあった。慰安所には近寄れなかったので中の様子はわからない。「慰安婦」の姿は見たことがない。「慰安婦」は決してアーチの外へは出てこなかったからだ。

慰安所利用規定は、その名称も内容も各部隊によって多少異なるが、「慰安婦」の外出禁止はほぼ例外なく定められている。「慰安婦」の逃亡と風紀紊乱を防止するためであった。また、慰安所の敷地内への一般住民の立ち入り禁止を明文化した例もある。軍の機密漏洩防止と風紀紊乱防止のための規定である。

難民施設で「慰安婦」募集

南京師範大学の経盛鴻教授の「南京の慰安婦と慰安所[6]」に一九三七年一二月、日本の特務機関長大西が南京の自治委員会の王承典と孫叔栄に慰安所をつくるよう命じたことが記されている。大西の名は、在南京総領事館の「在留邦人の各種営業許可及取締に関する陸海外三省関係者会同決定事項[7]」(一九三八年四月一六日)の陸軍側出席者七名の中に「南京特務機関　大西少佐」として見られる。上海派遣軍参謀であった大西一は特務機関長になって、まだ日が浅かった。

ちなみに、その「議決事項」の㈥軍以外にも利用せらるる酒保慰安所の問題」では次のように定められている。陸海軍専属の「酒保及慰安所は陸海軍の直接経営監督」するものであり、「領事館は干与」しないこと、一般人が利用する「所謂酒保及慰安所」は「業者に対する一般の取締は領事館」が行い、「之に出入りする軍人軍属に対する取締は憲兵隊に於て処理」すること、「憲兵隊は必要の場合随時臨検其の外の取締を為す」などである。また、将来「兵站部の指導」によって設置される「軍専属の特殊慰安所は憲兵隊」が取り締まり、「既設の慰安所」(一般の妓楼)に対しては「兵站部に於て一般居留民の利便をも考慮に入れ其の一部を特殊慰安所に編入整理する」とした。

大西に慰安所をつくるよう命じられた王承典と孫叔栄は、その任にあたる者として喬鴻年を推薦した。冒頭に挙げたミニー・ヴォートリンの日記に、クリスマス・イブに金陵女子文理学院に「慰安婦」の募集に来た人物がいることが記されている。

一二月二四日　金曜日

あしたはクリスマス。一〇時ごろわたしの執務室に呼び出されて、——師団の高級軍事顧問と会見することになった。さいわい、大使館付の年輩の中国人通訳を同伴してきた。ここの避難民一万人のなかから売春婦一〇〇人を選別させてもらいたいというのが日本軍側の要求であった。彼らの考えでは、兵士が利用するための正規の認可慰安所を開設することができれば、何の罪もない慎みある女性にみだらな行為を働くことはなくなるだろう、というのだ。以後は女性を連行しないことを彼らが約束したので、物色を始めることを承知した。〔中略〕かなりの時間が経過してから、彼らはようやく二一人を確保した。〔中略〕大勢の少女が次つぎにわたしのところへやってきて、残り七九人は品行正しい少女のなかから選ぶのか、と質したが、わたしとしては、わたしが言って阻止できるのであれば、そういうことにはならないはずだ、と答えるのが精いっぱいだ。(8)

残りの七九人を金陵女子文理学院の難民の中から連行した記述はヴォートリンの日記にはみられない。難民収容所に「慰安婦」にする女性を探しにきた人物が大西と喬鴻年であったかどうかは不明である。しかし、「高級軍事顧問」が「慰安婦」募集に直接たずさわっていることが注目される。

経教授の案内で夫子廟に行った。その近くに喬がつくった「人民慰安所」があったという。『南京案内』には「人民慰安所」の所在地は貢院東街二号とあった。

秦淮河に沿う孔子を祀る廟の周辺は、現在はみやげ物屋や食堂、露店などが立ち並び、賑わっている。日本軍占領時代、夫子廟側の周辺には旅館や料理屋が建ち並び、秦淮河の対岸には妓院が密集していた。高級な妓院も、料金の安い妓院もあり、中国人も日本人も出入りしていた。経教授によれば、数百年間、女性の性が売買された地域だったという。将校は高級妓院へ、一般の下士官や兵は慰安所へ、古参兵などの中には慰安所より料金の安い妓院へ性病を怖れず通った者もいた。

夫子廟の近くの居住委員会で、近隣に住んでいる馬培秀さん〔八三歳〕と周敏さん〔七三歳〕の話を聞いたが、人民慰安所のあった場所は確かめられなかった。

馬さんによれば、現在の大光明映画館の裏の平江府九号に慰安所があったという。もう、その建物は残っていない。細長い看板に「○○慰安所」と書かれていた。「慰安婦」は下駄を履いていた。日本の女性だと思っていた。「朝鮮人ではなかったか」の問いには「日本人と朝鮮人の見分けはつかなかった」と答えた。日本兵が怖かったのでめったに慰安所には近寄らなかった。慰安所の傍で酔った兵隊に中国人が刺されたと聞いたことがある。慰安所の門前にいた守衛は日本人だった。入り口は狭かったが、解放後、中に入ってみると七号から九号までが慰安所で、ずいぶん広いので驚いた。針巷四号、七号にも慰安所があった。

軍施設内への立ち入りはもちろん厳禁されていたが、一般住民にとっては慰安所も近寄ることさえ怖れた異空間だったのである。

南京とその周辺の慰安所では、中国人「慰安婦」が多かったことを示す資料がある。第一五師団軍医部「衛生業務要報」(9)である。その「㈥　地方接客業者衛生施設指導並特種慰安婦検診に関する事項」には、南京、蕪湖、鎮江、その他の小地区に毎週一回軍医将校が赴き、「地方接客業□〔一字空白〕店」つまり慰安所の「衛生巡察を実施」し、「衛生思想の普及向上同施設の改善を促進」すると記されている。週一回の衛生巡察の際、軍医は「慰安婦」の性病検査を行い、その結果を「特種慰安婦検診の状況左表の如し」として表にしている。その一九四二年一二月―一九四三年二月の表をみると、第一五師団が利用した慰安所の「慰安婦」数は南京では四一三から四三七名である。毎月「平均一日現在人員」の数が異なるのは、「慰安婦」が移動その他の理由で流動していることを示している。検査延べ人員の割合から計算すると、一九四二年一二月は、日本人は五三・〇八％で二三〇人、朝鮮人は三・五四％で一五人、中国人は四三・三七％で一八八人である。南京では日本人「慰安婦」が最も多い。だが、蕪湖以外の「小地区」には、ほとんど日本女性は行っていない。朝鮮人「慰安婦」は意外に少ないが、日本軍侵略地全域の分布図を描けば朝鮮女性は各地の慰安所に連行されていることは明らかになるだろう。そして、この表では中国女性は南京とその周辺のどの町の慰安所にも配置されており、その数も多かった。

日本軍が中国の首都南京を占領した後、日本からさまざまな接客業に従事する女性が流入していた。在南京総領事館警察署が作成した「管内状況及警察事務統計表」(10)に収められた「昭和十四年度末現在」の「藝妓、酌婦〔娼妓」其の他の接客婦女表」をみると、酌婦の「前年末人員数」、つまり、一九三八年末は九四だった。ところが、一九三九年は二一七と二倍以上に増えている。芸妓、仲居、女給もそれぞれ二倍から三倍増で、酌婦も含めた総数は三〇四から七四〇になった。日本軍の慰安所設置は南京占領後、急速に拡大したのだが、南京のような大都市には、慰安所だけではなく各種の性サービス産業が持ち込まれたのである。

もうひとつ、南京の慰安所に関する資料をみてみよう。

「昭和一五年度」の「管内状況及警察事務統計表」に、「南京在留朝鮮人職業別戸口表」がみられる。その職業の欄に「慰安所」の項目があり、戸数六、人口男七、女八、計一五となっている。「娼妓」は八四である。さらに「南京在留朝鮮人有力者調査表」に有力者一八人があげられているが、その中に職業を「慰安所」とする者が三人もいる。資産額「三萬円」の高木鳳仁の住所は「瑞□里」(一字不明)、資産「二萬円」の元致福は「下関大馬路」、同じく金仮健は「浦口大馬路」である。「南京在留朝鮮人資産階級別表」をみると資産額三万円以上の者は七人しかいない。高木鳳仁は一九三九年一月一五日に結成された朝鮮人親睦会の副会長であった。日本軍と結びついた慰安所業者が、南京の在留朝鮮人の間で相当な権勢を振るっていたことがうかがえる。

南京虐殺紀念館に、第六師団の師団長谷寿夫に対する南京軍事法廷の判決文が展示されている。

谷寿夫在作戦期間共同縦兵屠殺俘虜及非戦闘員並強姦・槍劫・破壊財産処死刑

一九四七年にすでに南京攻略戦から占領にかけて日本軍が中国女性に対して行った強姦は戦争犯罪として裁かれていたのである。しかし、日本社会では今日なお、「強姦は戦争につきもの」などといい、日本軍が犯した犯罪を封印しようとする者がいる。しかし、南京およびその周辺で頻発した日本軍の女性に対する戦争犯罪は、けっして封印することなどできない史実である。

強姦被害の証言者が少ないのは、強姦後、殺された例が多かったからだといわれる。その実態を掘り起こすには遅すぎるのではないかと危惧しながら私は南京に向かった。だが、当時を知る女性たちの脳裏にはその事実は深く刻まれていた。もう、すでに亡くなった被害者の方が多数になっただろう。しかし、「慰安婦」にされた女性の大多数がそうであったように、被害の事実を誰にも明かせず、その日の無惨な記憶を思い起こす度、嫌悪に身を震わせているであろう被害者が存在していることは確かだ。現在、公に証言しているのは、そのうちの本当にごく一部の方々である。

おわりに

南京攻略戦から占領にかけて頻発した強姦事件は、一五年戦争のなかでも特筆すべき異常な現象であった。それは、掠奪、放火、殺戮など頻々と繰り返された残虐行為が大量虐殺にまで至ったことと無関係ではないだろう。しかし、戦線の拡大に伴い日本軍が侵略していった中国各地、アジア太平洋地域でも、規模の違いはあるにしても類似の事件が起こっている。

冒頭に記した通り、日本軍は南京占領後、ひとつには反日感情抑止のための強姦防止策として慰安所の設置を進めていった。だが、慰安所設置の常態化が強姦を防止するどころか、むしろ、増長させる結果になったことはこの間の研究で明らかにされている。慰安所の「慰安婦」が置かれた状況は、性奴隷制以外のなにものでもない。女性に対する重大な人権侵害を公的に犯す日本軍の体質は個々の将兵にも浸透し、交戦地、占領地において少女・女性に対する実に多様な性暴力をひき起こす結果になったのである。(11)

【註】

(1)『南京事件の日々――ミニー・ヴォートリンの日記』岡田良之助・伊原陽子訳、大月書店、一九九九年、六一頁。
(2) 吉見義明編『従軍慰安婦資料集』大月書店、一九九二年、一一八頁より孫引き。

（3）　同前、二九頁より孫引き。
（4）　蘇智良『慰安婦研究』上海書店出版社、一九九九年、一二〇頁。
（5）　中国では一般に慰安所は軍妓院とよばれた。
（6）　『抗日戦争研究』一九九九年第二期。
（7）　前掲『従軍慰安婦資料集』一七七頁。
（8）　前掲『南京事件の日々』七七頁。
（9）　前掲『従軍慰安婦資料集』二七三〜二七七頁。
（10）　外交資料館所蔵、岡山大学名誉教授石田米子さんが発見。石田さんの好意により掲載。
（11）　石田米子・内田知行編『黄土の村の性暴力』（創土社、二〇〇四年）には、「山西省性暴力被害者損害賠償等請求事件」の原告一〇人が受けた被害とその背景が詳述されている。日本軍に村を襲われた際、逃げ遅れて拉致され、山上の駐屯地の側に掘られた「強姦所」ともいうべき洞穴に監禁されて輪姦され続けた原告、一人の下士官に性的対象として独占され、拘束されていた原告、二人の兵士に何度も家に押し入られ、両親に暴力を振るわれ、くりかえし強姦されていた原告、抗日ゲリラ活動の報復として拷問と性暴力を受けた原告などなど。また、山西省盂県の河東村に駐屯した少ない時には十数人、多い時期でもせいぜい数十人規模の小部隊が実に甚大な被害を村の女性たちにもたらしたことも明らかにされている。
　拙著『インドネシアの慰安婦』（明石書店、一九九七年）で、文字通り多様な日本軍の性暴力被害者の証言を紹介した。①慰安所の「慰安婦」、②村に駐屯した日本兵数人に突然家から連れ出され、接収家屋に監禁され、毎日輪姦され、移動の際には一緒に連行され慰安所に入れられた例、③家の近くの教会に駐屯した日本兵に姉妹三人が強姦された例、④将校宿舎に監禁され、妊娠したことがわかると、将校はその宿舎によりつかなくなったので、当番兵の了解をとり、自宅に帰って出産し、子どもを育てた例などなど。

【付記】

この稿は、「南京レイプと南京の慰安所」（『季刊戦争責任研究』二七号）、「日本軍が南京でしたこと」（『潮』二〇〇一年九月号）、「語られなかったもうひとつの『南京虐殺』」（『潮』二〇〇一年一〇月号）に加筆、整理したものである。証言者の年齢はインタビューをした一九九九年、および二〇〇一年当時の年齢である。

第八章　南京大虐殺と中国国民党国際宣伝処

井上久士

はじめに

かつて鈴木明氏は『「南京大虐殺」のまぼろし』の末尾で、南京事件とは「昭和十二年十二月、日本軍が国民政府の首都南京を攻め落とした時に起きた。この時、中国側に、軍民あわせて数万人の犠牲者が出たと推定されるが、その伝えられ方が当初からあまりに政治的であったため、真実が埋もれ、今日に至るもまだ、事件の真相はだれにも知らされていない」と書いている。(1) 鈴木氏の言説の特徴は、資料に基づき事実を考証しようというより、その「伝えられ方」に専ら関心を寄せて、真相を闇の彼方へ追いやるということである。虐殺自体を否定も肯定もしないですりぬけ、しかし、いわゆる「大虐殺」はまぼろしだと言うのである。その手法は彼が四半世紀後に著した『新「南京大虐殺」のまぼろし』(2)でも基本的に同様である。鈴木氏はこの冗長にして大部の著作でもティンパリーやエドガー・スノーによる南京事件の伝えられ方の恣意性を問題にしている。あえて新しい知見と言うなら、中国社会科学院近代史研究所編の『近代来華外国人名辞典』(3)の記述に依拠して、ティンパリーが中国国民党中央宣伝部顧問であったことを指摘したことである。彼は「ティンパリーが『国民党中央宣伝部顧問』であったとしても、『南京事件はなかった』などというつもりはない」(4)と述べる一方で、「『宣伝部』という国民党組織と一緒になってあの本〔『戦争とは何か』〕を書いた、ということ」[5]をいわくありげに強調する。

この手法を引き継ぎながら、学問的装いをこらした著作が、北村稔氏の『「南京事件」の探究』[6]である。北村氏は『近代来華外国人名辞典』のほか『曾虚白自伝』などを引用して、ティンパリーは「情報工作者」であるとしたうえで、「『南京事件』をいち早く同時代の世界に知らしめたとして最重要視されている二つの英文資料〔『戦争とは何か』と『南京安全区檔案』〕の背後には、国民党国際宣伝処が控えていたことが確実となった。ティンパリーもスマイスも単なる『正義感に燃えた第三者』ではない。その記述には、国民党の外交戦略に『奉仕する部分』が存在している筈」[7]と叙述する。

雑誌『諸君!』での北村氏との対談で櫻井よしこ氏は、「〔ティンパリーは〕中立的立場の欧米人ジャーナリストを装いながら、実は国民党中央宣伝部顧問でもあった。そしてその出版にあたって、国民党からの偽情報の提供や資金援助が行われていた事実を初めて北村さんがつきとめています」と北村氏を褒めちぎっている。[8] そのうえで、「日本を徹底的に悪者に仕立てあげていくストーリーがこうしてつくられていった。驚くべき事実が右の記述〔『曾虚白自伝』の一節―後述〕から明らかになったと言えます」[9]と、中国側の「情報操作」こそが南京事件の最大の問題であるかのように語っている。

東中野修道氏も、台北の中国国民党党史館所蔵の「中央宣伝部国際宣伝処工作概要（二十七年迄三十年四月）」によって、「『戦争とは何か』は宣伝本であったことが、一〇〇パーセント確実になった」、「全ては宣伝から始まった」[10]などと鬼の首でも取ったように歓喜している。

鈴木氏、北村氏などのかような言説は、要するに事実の確定よりもその「伝えられ方」を問題にするところに大きな特徴がある。「伝えられ方」の背後には、中国のおどろおどろしい情報工作、西洋人情報工作者の暗躍があり、お人好しの日本はとうとう「悪者に仕立てあげ」られたというわけである。北村氏などが、日本のかつての戦争犯罪を否定しようとする人々に、大いに受け入れられている理由もここにある。

しかしこうした議論には致命的な弱点が存在する。第一に国民党の宣伝が存在したかしなかったかにかかわらず、南京で起こった事実は変わらないということであり、第二に南京大虐殺に関する国民党の宣伝工作が全く事実を曲げた謀略であったことを十分説得的に証明できていないということである。本稿は、南京大虐殺について国民党の対外宣伝活動を具体的に言及しつつ上記の言説について批判的に検討しようとするものである。

一　国際宣伝処の成立と活動

中国国民党と国際宣伝

南京国民政府が成立した後、中国国民党の対外宣伝機関として一九三〇年はじめ中央政治会議外交組のなかに国際宣伝局を設けることが決議されたが、具体化は行われなかったようである(11)。満州事変後の中国の国際宣伝活動を強化する必要性は、一九三四年頃から本格的に議論されはじめ一九三五年一一月の国民党第五回全国代表大会を経て、同年一二月一二日に中央宣伝部のもとに国際宣伝処（処長・黄友逢）が設置された(12)。

日中全面戦争開始後、国民党の国際宣伝は本格化する。一九三七年九月、国民政府軍事委員会が改組され、軍事委員会第五部が国際宣伝を担当することとなった。しかし一一月六日、活動を十分展開しないまま取り消され、新たに軍事委員会宣伝部の下に国際宣伝処が設けられて、第五部の活動を引き継ぐことになった(13)。

曾虚白の自伝によれば、はじめに国際宣伝計画を書いたのは曾であり、盧溝橋事変直後、董顕光がそれをもって盧山で蔣介石に面会したという(14)。その結果、第五部が設置されることとなった。このときの第五部の部長は後に汪精衛政権に参加することとなる陳公博、副部長は谷正綱（国内宣伝担当）と董顕光（国際宣伝担当）であった。汪精衛派の陳公博と蔣介石派の董顕光は実際には対立しており、陳が南京で活動していたのに対し、董は上海で活動していたというから(15)、第五部から国際宣伝処への改組は、国際宣伝を董顕光の実質的指導下におくための措置でもあったと思われる。これには蔣介石の意向が強く働いていたと推測される。南京陥落後の一九三八年二月、国際宣伝処は軍事委員会から国民党中央宣伝部に移管され、中央宣伝部副部長の董顕光が責任を負い、曾虚白が国際宣伝処処長となった(16)。しかし軍事委員会から国民党中央宣伝部に移管された後も、国際宣伝処と軍事委員会との関係はなくなったわけではなく、経費は軍事委員会から支出され、処員も軍人待遇を受けていた(17)。

ところで上記曾虚白の国際宣伝計画書のなかで、曾は国際宣伝を実効あるものにするための原則を三点あげている。第一は、絶対に嘘を言って人を騙したり、誇張してごまかしてはならず、事実に基づいて本当のことを言ってこそ真に人を動かすことができる。第二に敵の残虐さを暴露し、これを広く宣伝して国際的な同情と援助を獲得するようにする。第三に最も重要なことであるが、共同抗敵の連合戦線を作るようにする(18)。ここに当初からの国民党の国際宣伝の意図が明確に示されている。要するに日本軍の残虐さを暴露し、アメリカなど第三国に働きかけて中国の抗戦に有利な国際環境を作るようにつとめるが、その宣伝は事実に基づいて行われるべきであるということであろう。

国際宣伝処の組織と活動

国際宣伝処が実質的に活動を開始したのは、中央宣伝部に移管されてからである。当時本部は武漢におかれ(一九三七年一一月南京から移転)、英文編撰科、外事科、対敵科、総務科の四科と対敵宣伝研究委員会およびニュース写真室からなっていた(19)。英文編撰科では月刊誌 *China at War* とエスペラント語月刊誌『東方呼声』の編集と発行などを行い、外事科は、国際的団体や外国の知名人士を招待したり、政府・党の要人との会見をセットしたり、外国人記者・作家・外国通信社との連絡などを担当した。対敵科はほとんど日本留学経験者からなっており、日本語文書の収集と翻訳、日本軍と日本人向けの反戦宣伝などを行っていた。対敵宣伝委員会は一九三八年三月に成立し、対日宣伝の方針・方法・内容を研究していた。『敵情報告』『敵情検討』『敵情資料』『敵方謬論』などの刊行物を政府政策担当者の参考用として編集していた[20]。一九三八年一〇月の武漢陥落以後国際宣伝処も国民政府とともに重慶に移った。重慶では国際放送局も国際宣伝処の管轄となった。

武漢時代に国際宣伝処は本部のほかに、上海・香港・ロンドン・ニューヨーク・ジュネーブ・ベルリン・モスクワに事務所を設けていたが、重慶に移ってからは香港・上海・ロンドン・ニューヨークの四事務所となった。

国際宣伝処が対外的に最も重視したのは対米工作であった。アール・リーフ、張彭春らが一九三八年春からアメリカで活動を開始した[21]。またジョージ・フィッチはマギーの撮影した南京のフィルムをもって渡米し、ワシントン・ニューヨーク・サンフランシスコなどで上映をし、講演を行った。こうした対米活動のなかで、中国支援・対日制裁をめざすアメリカの民間団体として「日本の侵略に加担しないアメリカ委員会」（ACNPJA）が一九三八年八月正式に設立された[22]。さらにアジア太平洋戦争開始後になると、宣伝対象に、「同盟国や中立国だけでなく、アジアの被抑圧民族も含める。その目的は日本をして腹背に敵を受けるようにさせ、その崩壊を加速させることにある[23]」とベトナム・ミャンマーなどの東南アジアへの働きかけも重視されるようになる。

二　南京大虐殺と国際宣伝

ティンパリーと国際宣伝処

ハロルド・ジョン・ティンパリー（一八九八〜一九五四年）はオーストラリア生まれの新聞記者であり、一九三八年に南京大虐殺の資料集である『戦争とは何か』（中国語題名『外人目睹中之日軍暴行』）を出版して、南京の惨劇を世界に知らせた人物として知られている。北村氏は、『曾虚白自伝』の次の部分を引用して、ティンパリーは国際宣伝処の工作員であると主張する。

ティンパーリーは都合のいいことに、我々が上海で抗日国際宣伝を展開していた時に上海の『抗戦委員会』

に参加していた三人の重要人物のうちの一人であった。オーストラリア人である。そういうわけで彼が〔南京から―北村〕上海に到着すると、我々は直ちに彼と連絡をとった。そして彼に香港から飛行機で漢口〔南京陥落直後の国民政府所在地―北村〕に来てもらい、直接に会って全てを相談した。我々は秘密裏に長時間の協議を行い、国際宣伝処の初期の海外宣伝網計画を決定した。我々は目下の国際宣伝においては中国人は絶対に顔をだすべきではなく、我々の抗戦の真相と政策を理解する国際友人を捜して我々の代弁者になってもらわねばならないと決定した。ティンパーリーは理想的人選であった。かくして我々は手始めに、金を使ってティンパーリー本人とティンパーリー経由でスマイスに依頼して、日本軍の南京大虐殺の目撃記録として二冊の本を書いてもらい、印刷して発行することを決定した。〔中略〕このあとティンパーリーはそのとおりにやり、〔中略〕二つの書物は売れ行きのよい書物となり宣伝の目的を達した。(24)

まず問題にしなければならないのは、この『曾虚白自伝』の内容の信憑性である。事件から半世紀以上経って出版されたこの自伝の記述は、すべて正しいのであろうか。すでに渡辺久志氏が指摘していることであるが、ティンパリーが南京から上海に来たというのは誤りである。(25) この引用文の前の文に、曾虚白は「うまい具合に二人の外国人がおり、南京に留まってこの惨劇の進展を目撃していた。一人はイギリス『マンチェスター・ガーディアン』の記者ティンパリーであり、もう一人はアメリカの教授スマイスであった」(26)と書いている。北村氏はそう信じているのかもしれないが、ティンパリーは当時上海にいて、南京のできごとは目撃していない。南京に滞在していた外国人のリストにもあがっていない。(27)

最も問題なのは曾虚白が金を渡してティンパリーに本をかかせたというくだりである。ティンパリーの中国語版の訳者言には、「訳者は上海にいた当時テインバーリイ氏が数多の貴重な資料を蒐集し、本書を著述して帰国のうえ出版する計画のあることを知った。そこで彼の離滬以前にテ氏に対し図書の翻訳権譲渡方を依頼し、原稿の写本を得た。日夜打ち通して翻訳を急ぎ、原書の出版と同時期に上梓し得るよう努力した」(28)とある。つまり原稿を書き始めた後でそれを買い取ったと言っているのである。ティンパリー自身は、「本書の出版は全く余個人の意志であって、幾人かの友人が材料の整理選択に当たって余を援助されたとはいえ、その責任は余一人にある」[29]と述べているのであるが、当然ながら金銭のことをふれてはいない。しかし上記の訳者言と符合するように、「中央宣伝部国際宣伝処二十七年度工作報告」（中国第二歴史檔案館所蔵）には、「われわれはティンパリー本人および彼を通じてスマイスの書いた二冊の日本軍の南京大虐殺目撃実録を買い取り、印刷出版した。その後彼が書いた『日軍暴行紀実』とスマイスの『南京戦禍写真』の二冊は、大いにはやりベストセラーになって宣伝目的を達成した」[30]とある。つまり国際宣伝処が金を渡して本を書かせたのではなく、ティンパリーが「正義感に燃え」て編集した原稿を国際宣伝処は買い取ったのである。金を払って書いてもらうということは、作者の主体性が全くないという印象を与える。さらに書かせるからには、中国と国民党に都合のよいことを書いてもらわなければ割に合わないのである。

しかし『戦争とは何か』の編集方針としてティンパリーは当初から、「証言は、客観的で確実性のあるものを慎重に選ばなければなりません。伝道団が南京の日本当局に提出したような資料・記録類に、多くを依拠しようと思います。……編集方針としては、資料自身にできるだけ多くを語らせるようにして、編集者である私の仕事は、証言資料の選択（ベイツ夫人、ポイントン夫人および他の人とも相談してやります）と、それらを本の体裁に編集することに限定いたします」[31]と、客観性、確実性に重きをおいていた。ティンパリーはまた、「この本の序には、編集の目的は現代の戦争というものがいかに恐ろしいものであるか、それはある程度現在の戦争にもあてはまることを知らせることにあり、日本人に対する敵愾心を煽るためではないことを書くつもりです。終章では人間のモラルについて指摘し、この種の再発を防止することがわれわれすべての責任であることを述べるつもりです」[32]と、戦争の非人間性というより普遍的なテーマにアクセントをおいていたのである。したがって刊行された本は、こうした方針に貫かれていたわけであり、事実の歪曲とか「謀略宣伝工作」などと評されるものではなかった。

北村氏もティンパリーの著書の内容について、「当初、筆者は日中戦争中の英文資料には、国民党の戦時対外宣伝政策に由来する偏向が存在するはずだと考えた。しかし、ティンパーリーの *WHAT WAR MEANS*『英文中国年鑑』など代表的な国民党の戦時対外刊行物には、予想に反し事実のあからさまな脚色は見いだせなかった。虐殺行為の暗示や個人的正義感に基づく非難は見られるが、概ねフェアーな記述であると考えてよいのではないか。少なくとも、一読して『嘘だろう』という感慨をいだかせる記述は存在しない。これは、欧米人インテリゲンチアとしての自負や、中国人外交担当者としての矜持に由来するものなのであろうか。或いはすでに述べたロイター社主の言葉である、『戦時宣伝は半分は本当でなければならない』を実践しているのであろうか。さしずめ宣伝効果とは、全くの嘘でも全くの真実でもない『虚実皮膜の間』に存在するのであろう[33]」と述べている。つまり内容的にもティンパリーは、その収集した資料を御都合主義で書き換えたりしていないのである。となれば、ティンパリーは「情報工作者」で怪しげな人物であるという北村氏などの議論は、根拠がなくなることになる。

国際宣伝処とティンパリーとの関係について、東中野氏にいたっては、「中央宣伝部国際宣伝処工作概要（二十七年迄三十年四月）」に「本処編印」とあることのみを根拠に、「本の編集、作成、印刷、翻訳、写真などの資金を出して宣伝本を企画したのは、ほかでもない国民党中央宣伝部であった[34]」と断定しているが、以上述べたことから明らかなように事実の検証を全く欠いた独断的謬論である。実は筆者は土田哲夫氏のご教示により、東中野氏が閲覧したより前にこの資料を見ていたが、その時、国際宣伝処は全部自分の手柄として報告に書いたのだなと思った次第である。ティンパリーらがおこなった作業を国際宣伝処が自らの「編印」としただけのことである。

なおついでに述べれば、東中野氏は、国民党中央宣伝部は「南京の実情として殺人や虐殺を認識していなかった[35]」のに、ベイツの四万人大虐殺説が世間に広まってしまった。そこで、「曾虚白は良心の呵責を覚えて、『宣伝

〈プロパガンダ〉』の内幕を〔自伝で〕吐露したのではないか[36]」などと勝手な想像を述べているが、全く噴飯ものである。なぜ曾虚白が「良心の呵責を覚え」なければならないのだろうか。

中国国民党が南京大虐殺を当時から認識していたことは、蔣介石が一九三八年一月二二日の日記に、「倭寇〈日本軍〉は南京であくなき惨殺と姦淫をくり広げている。野獣にも似たこの暴行は、もとより彼ら自身の滅亡を早めるものである。それにしても同胞の痛苦はその極に達しているのだ[37]」と書いていることからも明らかである[38]。もちろん抗日戦争を戦っていた当時の中国で事件の全貌を調査することはできなかったし、認識が不十分なものであったことは当然である。しかし曾虚白が自分で信じてもいない南京大虐殺が世間に広まってしまったので、「良心の呵責を覚えて、『宣伝』の内幕を吐露した」などとする東中野説は、全く間違っている。東中野氏は、『曾虚白自伝』を少しも読んでいないようだ。上記北村氏の引用の前の部分で、曾虚白は、「事後に得た資料によれば、当時日本軍はなんと幾度となく幾千幾万の人びとを針金でひとつに縛りあげ、機関銃で掃射した後、息のある者は刀で殺戮し、遺体はすべて石油をかけて焼いたことをわれわれは知った。そのほか男と見れば殺し、女と見れば強姦した後殺害した。至る所で掠奪をおこない家屋に放火した。殺害された人の総数は三十万人にのぼる。実に人類戦争史上空前絶後の大虐殺であった[39]」と述べているのである。曾虚白は、そのような大虐殺を世界の多くの人びとに知らせ、中国の対日抗戦を支援する国際輿論を形成しようとした当時の国際宣伝処の活動に誇りをもって自伝を記述しているのである（しかし、自伝によくある自分の過去の活動への自画自賛や記憶の誤りが存在していることは、すでに述べた通りだ）。

ところでティンパリーが本書を編集している段階で、本当に国際宣伝処の顧問であったかどうかは疑問である。北村氏は、『近代来華外国人名辞典』の記述によると「ティンパーリーが日中戦争開始直後から国民党の対外宣伝に従事した[40]」とあると述べている。これも渡辺久志氏が指摘していることであるが、注意して読んでみると、この原文には「盧溝橋事変後」とあるだけで、時期が特定されているわけではない。「直後」とは言えないのである。渡辺氏は、「ティンパリーは、一九三九年にマンチェスター・ガーディアンを辞して中国政府機関の顧問となり、顧問を辞して現在の国連の前身である連合国機関で勤務したのであり、ティンパリーの立場は明快で何も秘すような要素はない(41)」と述べている。一方、文俊雄はティンパリーが「一九三八年七月、正式に中国国民党中央宣伝部国際宣伝処顧問に就任し、同処のヨーロッパ駐在事務所主任となった(42)」と記述している。いずれにしても、『戦争とは何か』を執筆している段階では、まだ国際宣伝処顧問にはなっていなかったことになる。『曾虚白自伝』の言う国際宣伝処が金を使ってティンパリーに本を書かせたというのは、この点からも不正確な記述とみなすことができよう。

日本への宣伝

第二歴史檔案館所蔵の董顕光から蔣介石宛の報告によれば、国際宣伝処は南京大虐殺の事実を日本国内にも知らせるために、日本へも要員を派遣したという。一九三八年五月六日付の董顕光から蔣介石宛の報告と英文の付属文書は、要旨次のように述べている。

対敵宣伝工作に日本に行っていた四人の外国人のうち三人は相当の成果をあげ、任務を終えて中国に帰ってきた。彼等は密かに持っていった英語と日本語の宣伝物をそれぞれ手渡し、それらは各方面に伝えられた。三人のうち一人は、外国人が南京で撮影した四〇〇フィートの日本軍の暴行のフィルムを持って行き、東京の各国大使館員と若干の開明的な日本人士に数回上映した。四月中旬までのところ、彼等の行為はまだ日本当局に発覚していない。

彼らは、各国の外交官と記者、日本の経済界の指導者・キリスト教徒・政党関係者と個別に面会した(43)。

ここで述べられている四人の外国人とはいったいどのような人たちであったのであろうか。中国へ戻った三人とは、郭必強氏が指摘しているようにキリスト教関係の日本人であると推定される(44)。南京国際救済委員会の一九三八年六月からの名簿には、総計一七人のなかで唯一人S・安村という日本人が見出される。(45)安村という名前は、おそらく実名ではなく仮名であろう。この人物は、一九三七年一一月から一九三八年六月の国際委員会の名簿にはなく、一九三九年二月南京を去ったと注の説明にある。所属は日本浸信会とあるからキリスト教徒である。国際委員会の委員となったくらいであるから、南京に留まっていた西洋人と行動を共にしていたと思われる。郭必強氏は、南京の惨劇を伝えるため、資料を携え危険を冒して秘かに日本へ渡ったのは、安村の友人ではないかと推論している。(46)筆者もその可能性が高いと考えるが、三人のうちの一人は、安村その人であったかもしれない。

四人のうちの残りの一人は、西洋人であろうと思われる。この外国人である可能性が最も高いのは、ムリエル・レスター(Muriel Lester)である。彼女は、ジョージ・フィッチの回想録に登場する。フィッチはマギー牧師の撮影したフィルムを南京から上海に持ち出し、上海で数回上映会を開いた。その場面について次のように記述している。

英国のレコンシィリィエイションの会員のミス・ムリエル・レスターは、その上映会のひとつをたまたま見て、これを日本でクリスチャンや政治指導者の何人かが見ることができれば、彼らはただちに戦争停止のために動くだろう、という思いつきを述べた。もし、われわれがコピーを提供すれば、彼女はそれを持って日本へ渡り、特定のグループにそのフィルムを見せたいと申し出た。彼女の計画が成功するとはあまり信じなかったが、それでもそのとき持っていたコピーのひとつを彼女に渡した。何週間かのち、彼女はそれを東京の指導的キリスト教徒の小グループに見せたところ、このフィルムをさらに多くの人々に見せようとすれば、危害が加えられるだけで何の利益もないと言われ、彼女の計画を断念せざるをえなかった、と報告してきた。(47)

この記述からレスターの日本行きは、南京の惨状を日本人に知らせ、それを通じて継続中の日中戦争を抑制できるのではないかという無謀とさえ言えるほどの正義感にかられての行動であったことが理解できる。

董顕光はまたその英文の回想録のなかで、レスターとは明記していないが、ある女性について次のように記述している(48)。

ある勇敢な女性宣教師が、のちにフィルムを密かに日本に持ち込み、日本人のクリスチャンにそれを見せ、彼らの人道的な気持ちを喚起させ、日本の軍国主義者が中国で何をしていたかを正確に彼らに理解させようとした。彼女は、それが日本の憲兵に摘発されないまま一年間それを上映した。

彼女が日本へ行ったというフィッチの記述と、董顕光の報告及び回想録は時期的にも矛盾せず、また南京のフィルムを日本で上映したことなど内容も重なっている。日本へ行った四人の外国人の一人がレスターであると推察される所以である。

董顕光の報告によれば、レスターと思われる人物は五月はじめの段階でまだ中国へ帰還していないようであり、董の回想録では一年間も日本で上映活動をしたかのように描いているが、フィッチの記述からみておそらく間もなく上海に戻ったものと考えられる。

さてこうした日本への宣伝行動も、北村氏や東中野氏らに言わせれば、国際宣伝処の対日謀略工作の一齣にすぎないということになるのかもしれない。しかし危険を冒して戦争の悲惨さと日本軍の蛮行を日本人に伝えようとしたその勇気と正義感こそ評価されるべきであるし、あの時代にあってあえて日本人に南京の惨状を伝えようとした日本人がいたことを筆者はむしろ誇りに思う。国際宣伝処はそうした自発的行動を裏でバックアップしたところに特徴があるのである。

おわりに

日本軍の侵略を受けた中華民国政府と国民党がその首都を占領された時におこされた惨劇を世界に訴えようと

したことは、少し考えてみれば当然のことである。それは、ことさら「日本を悪者に仕立てる」ということでない。しかし、「伝えられ方」を問題にする人々は、そこに怪しい「情報工作」とか「プロパガンダ」とかを無理に見いだそうとする。彼らは、「ティンパリーの著作の背後には国民党の宣伝戦略が存在した」[49]、「『戦争とは何か』は宣伝本であった」[50]と言いながら、「国民党の宣伝戦略」によって南京でおきた事実がいかに誇張され、捏造されたのかは結局何も証明できていないのである。反対に、北村氏でさえ「概ねフェアーな記述」[51]と認めているのであるから、思わせぶりに「その記述には、国民党の外交戦略に『奉仕する部分』が存在している筈」[52]などと述べた意味は、自らによって否定されているとも言える。自己矛盾しているにもかかわらず、北村氏は、ティンパリーが「情報工作者」だったから、東京裁判では「姿を晦ました」[53]などと書くのだ。北村氏は、こうした怪しさのみをできるだけ読者に印象づけようとしているとしか考えられない。

では、以上述べたことから、国民党国際宣伝処の南京大虐殺に関する工作なるものはいかなる特徴をもっていたと言えるだろうか。ティンパリーの『戦争とは何か』出版の経緯と外国人四人の日本への宣伝についての場合から明らかなように、行動の主体はティンパリーやレスターにあった。彼らは自らの正義感や良心に従って、南京の惨劇を世界に知らしめようとしたのである。まずこの点が基本である。国際宣伝処はこうした活動計画を聞き及ぶや、資金援助や各種の便宜を供与した。これは事実であろう。彼らが情報を最も多くもっていたし、第三者に宣伝してもらう方が、宣伝効果が期待できたからである。のちに国際宣伝処はその報告書をまとめるにあたって、それらの活動を国際宣伝処がすべてお膳立てをして実行したかのように記述したのである。それは国民党党組織のなかで自らの活動実績を示すことが必要だったからであろう。曾虚白も自伝で、自画自賛的に国際宣伝処の活動を記述した。そこに飛びついたのが、北村氏らである。

少し異なる例であるが、中国共産党史の回想録で、共産党の地下組織が国民政府支配下でいかに大衆運動を組織・指導したかというような記述にしばしばお目にかかる。それらを文字通り信じると、中国の大都市の抗日救国運動や民主化運動はすべて共産党の秘密指令でおこなわれていたかのような錯覚に襲われる。しかし少しでも当時の中国の現実を調べれば、ものごとはそれほど単純なものではないと気がつくはずである。それに気づかないでいると、一種の陰謀史観になる。見えない影の組織が、社会や歴史を操っているという類である。物語としては面白いので世間の耳目を集めやすいが、学問とは言えなくなる。国際宣伝処をめぐる言説も、筆者にはこうした陰謀史観の匂いがしてならないのである。

われわれがまずもって注目すべきは、南京で実際におこったことそのものでなければならない。「伝えられ方」は、それに比べれば二次的なものである。「伝えられ方」を問題にする言説からは、その怪しさや謀略性を印象づけ、事件そのものを闇の彼方へ追いやろうという意図が透けて見える。

さらに「大虐殺」とは被害者三十万人のことであると決めつけて、そうでないから「大虐殺」はなかったという議論もあまりに非生産的である。われわれはそろそろこうしたためにする議論から卒業すべきではないだろうか。

もう一度歴史学の基本に立ち返り、それこそ北村氏も述べている「実事求是」の精神で、謙虚に事実に基づいて真実を探求する必要があるのではないだろうか。

【註】

（1）鈴木明『「南京大虐殺」のまぼろし』文藝春秋、一九七四年。
（2）鈴木明『新「南京大虐殺」のまぼろし』飛鳥新社、一九九九年。
（3）中国社会科学院近代史研究所編『近代来華外国人名辞典』中国社会科学出版社、一九八一年。
（4）『新「南京大虐殺」のまぼろし』二九三頁。
（5）同前。
（6）北村稔『「南京事件」の探究』文春新書、二〇〇一年。

（7）同前書、四四頁。
（8）「発掘！『新資料』が証かす『南京虐殺』の虚構」『諸君！』二〇〇二年一月号、二六頁。しかし「国民党からの偽情報の提供」とは具体的に何を指すのであろうか。櫻井氏は北村氏を持ちあげるだけで、その内容は全く言及していない。おそらく櫻井氏は、一九三八年一月二一日の『ノースチャイナ・デーリー・ニューズ』の「社説」をティンパリーが記事にして上海から打電しようとしたところ日本側の検閲で差し止められたことを言っているのであろうが、ではこの「社説」のどこが「国民党からの偽情報」とみなせるのだろうか。北村氏もさすがにそこまでは言っていないのである。櫻井氏の発言は、「情報工作者」、「スパイ」という印象が具体的事実の確定をあいまいにしていかに一人歩きするかの好例である。なおティンパリーの差し押さえられた記事については、『大公報（漢口）』一九三八年一月二三日、南京事件調査研究会編『南京事件資料集』二、中国関係資料編、青木書店、一九九二年、三〇～三一頁を参照。
（9）同、二八頁。
（10）東中野修道「南京『大虐殺』を覆す決定的証拠を発掘した」『正論』二〇〇三年四月号、一一三頁・一一八頁。
（11）中国国民党中央委員会党史委員会編『中国国民党歴次全国代表大会重要決議案彙編（上）〈革命文献　第七六輯〉』中央文物供応社、一九七八年、一九八頁。
（12）土田哲夫「中国抗日戦略と対米『国民外交工作』」、石島紀之・久保亨編『重慶国民政府史の研究』東京大学出版会、二〇〇四年、一三二頁。
（13）陳雁『抗日戦争時期中国外交制度研究』復旦大学出版社、二〇〇二年、二六九～二七〇頁。
（14）『曾虚白自伝』上、聯経出版、一九八八年、一七七頁。
（15）曾虚白訳『董顕光自伝』台湾新生報社、一九七三年、七一～七二頁。
（16）陳雁、前掲書、二七〇頁。
（17）土田、前掲論文、一三二頁、郭必強「国民政府秘密組織赴日掲露南京大屠殺真相述評」『南京社会科学』二〇〇二年第一二期、四四頁。
（18）『曾虚白自伝』上、一七五～一七六頁。
（19）陳雁、前掲書、二七〇頁。

(20) 同前書、二七〇〜二七一頁。
(21) 土田、前掲論文、一三五頁。
(22) 土田、前掲論文、一三六頁以下。
(23) 王淩『中国国民党新聞政策之研究』近代中国出版社、一九九五年、一九一頁。
(24) 北村、前掲書、四三頁（なお訳文は一部手直ししている）、『曾虚白自伝』上、二〇〇〜二〇一頁。
(25) 渡辺久志「もとめているのは『実像』か『虚像』か?・」『季刊中帰連』第二一号、二〇〇二年六月、七〇〜七一頁。
(26) 『曾虚白自伝』上、二〇〇頁。
(27) 朱成山「親歴南京大屠殺的外国人士人数考」『抗日戦争研究』二〇〇五年第四期。なお土田、前掲論文も「ティンパレーは、……南京陥落後の惨状を取材した後、資料を携えて上海に出ていた」（一三三頁）と、ティンパリーが南京にいたように記述しているが、この部分は訂正されるべきである。
(28) 日本語訳者不詳『外国人の見た日本軍の暴行』評伝社、一九八二年、一五頁。
(29) 同前書、六頁。
(30) 文俊雄「田伯烈与『外人目睹中之日軍暴行』」『民国檔案』二〇〇四年第一期、五八頁。
(31) 一九三八年一月二九日、ティンパーリーからベイツへの手紙、南京事件調査研究会編『南京事件資料集』一、アメリカ関係資料編、青木書店、一九九二年、三五二〜三五三頁。
(32) 同前書、三五二頁。
(33) 北村、前掲書、一二三〜一二四頁。
(34) 東中野、前掲文、一一三頁。
(35) 東中野、前掲文、一一八頁。
(36) 同前。
(37) 『蔣介石秘録　第一二巻　日中全面戦争』サンケイ新聞社、一九七六年、七〇頁。
(38) この点については、南京事件調査研究会『南京大虐殺否定論13のウソ』（一九九九年、柏書房）の拙稿「戦争当時中国でも問題にされていた」を参照されたい。

（39）『曾虚白自伝』上、二〇〇頁。

（40）北村、前掲書、三三頁。北村氏は、「ティンパーリーに関する『近代来華外国人名辞典』の記述の信憑性は確認された」（同書、三六頁）とまで述べている。

（41）渡辺、前掲論文、七五頁。

（42）文俊雄、前掲論文、五四頁。

（43）「董顕光匯報国際宣伝処派員赴日掲露南京大屠殺真相致蔣介石密呈」（一九三八年五月六日）『民国檔案』二〇〇〇年第四期、「国際宣伝処密派之外国友人赴日宣伝日軍在華暴行報告」（『民国檔案』二〇〇一年一期）

（44）郭、前掲論文、四五頁。日本人であろうというのは、付属文書の英語原文に、Three out of four foreigners who went to Japan on our behalf to conduct propaganda among the enemies in their own country have returned to China. とあるところから推計される。

（45）章開沅編訳『天理難容——美国伝教士眼中的南京大屠殺』南京大学出版社、五〇〇頁。

（46）郭、前掲論文、四五頁。

（47）「フィッチの南京事件についての講演旅行」、『南京事件資料集』一、アメリカ関係資料編、三四七～三四八頁。

（48）Hollington K.Tong, *dateline: CHINA: The Beginning of China's Press Relations with the World*, 1950, New York, Rockport Press, p.47.

（49）北村、前掲書、三一頁。

（50）東中野、前掲文、一一三頁。

（51）北村、前掲書、一二四頁。

（52）同前書、四四頁。

（53）同前書、三四頁。

●執筆者略歴（五十音順。＊は編者）

伊香 俊哉（いこう・としや）
1960年生まれ。立教大学文学研究科博士課程後期課程退学。都留文科大学比較文化学科教授。著書に『七三一部隊と天皇・陸軍中央』（共著、岩波ブックレット、1995年）、『近代日本と戦争違法化体制』（吉川弘文館、2002年）、『記憶の比較文化論』（共著、柏書房、2003年）など。

井上 久士（いのうえ・ひさし）
1950年生まれ。一橋大学大学院社会学研究科博士後期課程単位取得。駿河台大学法学部教授。著書に『中国国民政府史の研究』（共著、汲古書院、1986年）、『中国河北省における三光作戦』（共編、大月書店、2003年）、『重慶国民政府史の研究』（共著、東京大学出版会、2004年）など。

笠原 十九司（かさはら・とくし）＊
1944年生まれ。東京教育大学大学院修士課程中途退学。都留文科大学比較文化学科教授。著書に『南京事件』（岩波新書、1997年）、『南京事件と日本人』（柏書房、2002年）、『南京難民区の百日』（岩波現代文庫、2005年）など。

川田 文子（かわた・ふみこ）
早稲田大学文学部卒業。ノンフィクション作家。著書に『赤瓦の家――朝鮮から来た従軍慰安婦』（筑摩書房、1987年）、『自傷――葛藤を〈生きる力〉へ』（筑摩書房、2004年）『イアンフとよばれた戦場の少女』（高文研、2005年）など。

戸谷 由麻（とたに・ゆま）
1972年生まれ。カリフォルニア大学バークレー校歴史学部博士課程修了。現在ハーバード大学ライシャワー日本研究所ポストドクトラルフェロー。博士論文「東京戦犯裁判――歴史学、誤解、修正」[The Tokyo War Crimes Trial：Historiography, Misunderstandings, and Revisions]（2005年）を出版に向けて改訂中。

林 博史（はやし・ひろふみ）
1955年生まれ。一橋大学大学院社会学研究科博士課程修了。関東学院大学経済学部教授。著書に『裁かれた戦争犯罪――イギリスの対日戦犯裁判』（岩波書店、1998年）、『沖縄戦と民衆』（大月書店、2001年）、『ＢＣ級戦犯裁判』（岩波新書、2005年）など。

吉田 裕（よしだ・ゆたか）＊
1954年生まれ。一橋大学社会学研究科博士課程単位取得退学。一橋大学大学院社会学研究科教授。著書に『天皇の軍隊と南京事件』（青木書店、1986年）、『現代歴史学と戦争責任』（青木書店、1997年）、『日本人の戦争観』（岩波現代文庫、2005年）など。

吉見 義明（よしみ・よしあき）
1946年生まれ。東京大学大学院人文科学研究科修士課程修了。中央大学商学部教授。著書に『草の根のファシズム』（東京大学出版会、1987年）、『従軍慰安婦』（岩波新書、1995年）、『毒ガス戦と日本軍』（岩波書店、2004年）など。

現代歴史学《げんだいれきしがく》と南京事件《なんきんじけん》

2006年 3 月25日　第 1 刷発行

［編　者］　笠原十九司・吉田裕
［発行者］　富澤凡子
［発行所］　柏書房株式会社
〒113-0021　東京都文京区本駒込 1 -13-14
Tel. 03-3947-8251［営業］　03-3947-8254［編集］
［装幀者］　森　裕昌
［印刷所］　大盛印刷株式会社
［製本所］　株式会社ブックアート

ISBN 4-7601-2885-9

柏書房

〈価格税別〉

■素朴な疑問にやさしく答える

南京大虐殺否定論13のウソ

南京事件調査研究会［編］　四六判上製・256頁　1600円

■国境を越えた歴史認識はいかにして可能か

南京事件と日本人——戦争の記憶をめぐるナショナリズムとグローバリズム

笠原十九司［著］　四六判上製・336頁　2500円

■「記憶の戦争」のメカニズムを解明する

歴史学のなかの南京大虐殺

J・フォーゲル［編］　岡田良之助［訳］　四六判上製・288頁　2500円

■比較文化論の新たな地平を切り拓く

記憶の比較文化論——戦争・紛争と国民・ジェンダー・エスニシティ

都留文科大学比較文化学科［編］　A5判上製・356頁　3200円